BS-Remittende
Vollbeschäftigung – Chance oder Illusion?

Programme – Pläne – Perspektiven

Josef Siegers (Hrsg.)
unter Mitarbeit von Jobst R. Hagedorn

Mit Beiträgen von

Dr. Gisela Babel
Dr. Norbert Blüm
Prof. Dr. Friedrich Buttler
Dr. Ursula Engelen-Kefer
Dr. Hans-Wolfgang Hirschbrunn
Prof. Dr. Lutz Hoffmann
Bernhard Jagoda
Dr. Manfred Lennings
Dr. Klaus Murmann
Prof. Dr. Karl Heinrich Oppenländer
Prof. Dr. Anton Rauscher
Dr. Günter Rexrodt
Ottmar Schreiner
Christa Thoben
Pastor Eduard Wörmann

Wirtschaftsverlag Bachem Köln

CIP-Titelaufnahme der Deutschen Bibliothek
Vollbeschäftigung – Chance oder Illusion?: Programme – Pläne – Perspektiven/hrsg. von Josef Siegers; Jobst R. Hagedorn. – Köln : Wirtschaftsverl. Bachem, 1994
ISBN 3-89172-281-8
NE: Siegers, Josef (Hrsg.)

© Wirtschaftsverlag Bachem 1994
Umschlagentwurf: Bettina Hartmann, Köln unter Verwendung eines Fotos der ZEFA, Düsseldorf
Gesamtherstellung: Druckerei J.P. Bachem & Co. GmbH KG Köln
ISBN 3-89172-281-8

Vorwort

Der Arbeitsmarkt ist das zentrale Problemfeld der Gegenwart und – bei düsteren Prognosen für die nächsten Jahre – auch der nahen Zukunft.

Der Arbeitsplatz ist nicht nur der Ort, an dem Wohlstand, soziale Rolle und persönliches Schicksal des einzelnen festgemacht sind; am Faktor Arbeit – wie die Summe aller Arbeitsplätze in der technisierten ökonomischen Fachsprache bezeichnet wird – hängen auch der Bestand der sozialen Sicherungssysteme, das Funktionieren der Wirtschaft als Kreislaufsystem und letztlich das Wohl der ganzen Gesellschaft.

Die Frage, welche Anstrengungen Politik, Wirtschaft und Gesellschaft unternehmen müssen, um möglichst allen interessierten Menschen Gelegenheit zur Arbeit zu bieten, ist deshalb zu Recht das Kardinalthema der politischen Diskussion. Bei Meinungsumfragen über die wichtigsten Themen steht die Sorge um einen gesicherten Arbeitsplatz mit Abstand an der ersten Stelle. Weltweit ist die Suche nach Arbeit das drängendste Problem vieler Menschen und der Politik.

Versucht man nun, die Möglichkeiten, Bedingungen und Chancen einer modernen Beschäftigungspolitik konkreter in den Blick zu nehmen, so tut sich eine ganze Fülle von Detailfragen auf.

- Ist das Ziel „Vollbeschäftigung" angesichts eines weltweit geradezu explodierenden Arbeitskräftepotentials und des grenzenlosen Austauschs von Wirtschaftsleistungen überhaupt noch realistisch?
- Können wir ein Wachstum erwarten oder überhaupt herbeiwünschen, das genügend Beschäftigung nach sich zieht?
- Gilt überhaupt am Arbeitsmarkt die reine Lehre der Marktwirtschaft oder ist menschliche Arbeit am Ende doch eine andere Ware als Bananen und Autos, weil Menschen mit ihren Erwartungen, Bedürfnissen und Schicksalen involviert sind?
- Läßt sich in Knappheitssituationen Arbeit gefahrlos so umverteilen, daß möglichst viele partizipieren?
- Wie lassen sich die Ausgleichsvorgänge auf dem Arbeitsmarkt optimieren?
- Wie gehen wir mit den Menschen um, die mit dem hohen Tempo der Leistungsgesellschaft nicht Schritt halten können?

- Welche Antworten lassen sich auf die speziellen Beschäftigungsprobleme der Frauen finden?
- Läßt sich dort, wo rentable Arbeit zu Marktpreisen nicht möglich ist, künstlich, d.h. mit öffentlichen Subventionen, Arbeit generieren?
- Wieviel finanzielle Masse ist dafür ohne Gefahren für andere Politikbereiche verfügbar zu machen?
- Läßt sich der deutsche Arbeitsmarkt so abschotten, daß der Ansturm billiger ausländischer Arbeitskräfte uns nicht überrollt?
- Wie läßt sich der Standort Deutschland so attraktiv gestalten, daß Arbeitsplätze nicht nur nicht auswandern, sondern hier verstärkt angesiedelt werden?
- Was läßt sich arrangieren, um monostrukturierte Regionen im Zuge tiefgreifender Strukturänderungen vor dem Absinken in Armut und Bedeutungslosigkeit zu retten?
- Wie kann man den Menschen in den neuen Ländern, die den Anprall der Systemänderung über sich ergehen lassen mußten, klarmachen, daß die frühere „geplante" Arbeitsplatzsicherheit unwiderruflich dahin ist?
- Ganz generell gefragt: Ist es denn überhaupt richtig und zukunftsweisend, an der zentralen und existentiellen Bedeutung der Berufsarbeit festzuhalten? Oder muß nicht dem Phänomen Arbeit ein völlig neuer Stellenwert gegeben werden?

Fragen über Fragen, jede von ihnen bedeutsam, tief in gesellschaftliche und ökonomische Zusammenhänge hineinreichend und vielfach verknüpft mit anderen Fragekomplexen.

Trotz der zunehmend enger und schwieriger werdenden Handlungsmöglichkeiten moderner Volkswirtschaften gilt es mit allem Nachdruck daran festzuhalten: Es muß das vorrangige Ziel gemeinsamer Anstrengungen sein und bleiben, für möglichst viele Menschen Gelegenheit zur Arbeit zu schaffen und denjenigen, die vorübergehend nicht zum Zuge kommen können, solidarisch zu helfen. Die Erfahrungen der Vergangenheit, vor allem der 80er Jahre, in Deutschland und die vielen ermutigenden Beispiele in anderen Ländern berechtigen zu der These, daß ein hoher Grad an Beschäftigung kein unerfüllbarer Traum, sondern eine realisierbare Vision ist. Alle intellektuellen Anstrengungen, alle ökonomische Phantasie und alle politischen Mühen müssen darauf gerichtet werden, diesem Ziel näherzukommen.

Im vorliegenden Sammelband wird der Versuch unternommen, die derzeit diskutierten Konzepte in ihrer ganzen Vielfalt und auch Widersprüchlichkeit darzustellen. Einfache Rezepte gibt es nicht. Hoffnung ist nur auf einen breiten Dialog zu setzen, in dem aus vielen Ansätzen die tragfähigen herausdestilliert werden, sowie auf eine Politik, die die konsensfähigen Konzepte beherzt umsetzt.

Köln, Juni 1994   Dr. Josef Siegers

Die Autoren:

Dr. Gisela Babel
MdB, Sozialpolitische Sprecherin der F.D.P.-Bundestagsfraktion

Dr. Norbert Blüm
Bundesminister für Arbeit und Sozialordnung

Prof. Dr. Friedrich Buttler
Direktor des Instituts für Arbeitsmarkt- und Berufsforschung

Dr. Ursula Engelen-Kefer
Stellv. Vorsitzende des Deutschen Gewerkschaftsbundes

Dr. Hans-Wolfgang Hirschbrunn
Personalvorstand der Daimler-Benz AG

Prof. Dr. Lutz Hoffmann
Präsident des Deutschen Instituts für Wirtschaftsforschung

Bernhard Jagoda
Präsident der Bundesanstalt für Arbeit

Dr. Manfred Lennings
Präsident des Instituts der deutschen Wirtschaft

Dr. Klaus Murmann
Präsident der Bundesvereinigung der Deutschen Arbeitgeberverbände

Prof. Dr. Karl Heinrich Oppenländer
Präsident des Ifo – Institut für Wirtschaftsforschung

Prof. Dr. Anton Rauscher
Leiter der Katholischen Sozialwissenschaftlichen Zentralstelle

Dr. Günter Rexrodt
Bundesminister für Wirtschaft

Dr. Josef Siegers
Mitglied der Hauptgeschäftsführung der Bundesvereinigung der Deutschen Arbeitgeberverbände

Ottmar Schreiner
MdB, Sozialpolitischer Sprecher der SPD-Bundestagsfraktion

Christa Thoben
Mitglied des Präsidiums und Vorsitzende des Bundesfachausschusses 'Wirtschaftspolitik' der CDU Deutschlands

Pastor Eduard Wörmann
Beauftragter des Rates der Evangelischen Kirche für Fragen der Arbeitslosigkeit

Inhaltsverzeichnis

Vorwort 3

Die Autoren 6

Sozialpartner

Dr. Ursula Engelen-Kefer
Beschäftigungspolitik – Die Sicht des Deutschen
Gewerkschaftsbundes 9

Dr. Klaus Murmann
Beschäftigungspolitik – Die Sicht der Bundesvereinigung der
Deutschen Arbeitgeberverbände 25

Politik

Dr. Gisela Babel
Beschäftigungspolitik – Die Sicht der F.D.P. 45

Ottmar Schreiner
Beschäftigungspolitik – Die Sicht der SPD 57

Christa Thoben
Beschäftigungspolitik – Die Sicht der CDU Deutschlands 71

Unternehmen

Dr. Hans-Wolfgang Hirschbrunn
Beschäftigungspolitik – Die Sicht eines Unternehmens 85

Bundesanstalt für Arbeit

Bernhard Jagoda
Beschäftigungspolitik – Die Sicht der Bundesanstalt für Arbeit 99

Zuständige Bundesminister

Dr. Norbert Blüm
Beschäftigungspolitik – Die Sicht des Bundesministers
für Arbeit und Sozialordnung 109

Dr. Günter Rexrodt
Beschäftigungspolitik –
Die Sicht des Bundeswirtschaftsministers 125

Wissenschaft

Prof. Dr. Friedrich Buttler
unter Mitarbeit von Christian Brinkmann, LtdWDir beim IAB
Herausforderungen an die Beschäftigungspolitik – Die Sicht
des Instituts für Arbeitsmarkt und Berufsforschung (IAB) 137

Prof. Dr. Lutz Hoffmann
Vollbeschäftigung –
Vordringliche Aufgabe der Wirtschaftspolitik 157

Dr. Manfred Lennings
Beschäftigungspolitik – Der Deutsche Arbeitsmarkt
in der Strukturkrise 173

Prof. Dr. Karl Heinrich Oppenländer
Beschäftigungspolitik – Die Sicht des Instituts
für Wirtschaftsforschung 187

Kirchen

Prof. Dr. Anton Rauscher
Beschäftigungspolitik – Die Sicht der katholischen Kirche 199

Pastor Eduard Wörmann
Beschäftigungspolitik – Die Sicht der evangelischen Kirche 213

Nachwort 229

Ursula Engelen-Kefer

Beschäftigungspolitik – Die Sicht des Deutschen Gewerkschaftsbundes

Lage und Perspektiven des Arbeitsmarktes

Die Lage auf dem deutschen Arbeitsmarkt ist trotz einiger Anzeichen für eine konjunkturelle Belebung und optimistischer Prognosen über ein künftiges Wirtschaftswachstum nach wie vor miserabel. Ein Ende der anhaltenden Massenarbeitslosigkeit ist auf absehbare Zeit nicht in Sicht. Im Gegenteil: Bisher ist der Sockel der Arbeitslosigkeit von Konjunkturzyklus zu Konjunkturzyklus angestiegen. Es besteht die Gefahr, daß die Arbeitslosigkeit bis weit über das Jahr 2000 hinaus hoch bleiben wird.

Anfang 1994 überstieg die Zahl der offiziell registrierten Arbeitslosen in der Bundesrepublik erstmals die Vier-Millionen-Marke. Mit mehr als 2,7 Millionen Arbeitslosen im Januar und Februar 1994 wurde in den alten Bundesländern die bisher höchste Arbeitslosenzahl in der Nachkriegsgeschichte erreicht. Obwohl die Arbeitslosigkeit vor allem saisonbedingt im Frühjahr 1994 leicht rückläufig war, hat sich der Beschäftigungsabbau weiter fortgesetzt: in Westdeutschland lag die Zahl der Erwerbstätigen Mitte 1994 um ca. 500.000 unter der des Vorjahres und um knapp 1 Million unter der des Sommers 1992. Selbst 1983, im bisher schwierigsten Jahr für den Arbeitsmarkt, fiel der Rückgang der Erwerbstätigenzahl mit -1,4 Prozent geringer aus als 1993 mit -1,6 Prozent.

In Ostdeutschland ist die Zahl der Erwerbstätigen wegen des enormen Beschäftigungsabbaus der vergangenen Jahre und insbesondere infolge der massiven Deindustrialisierung von mehr als 9 Millionen 1989 auf ca. 6 Millionen 1993 zusammengeschrumpft. Auch 1993 hat die Beschäftigung in den neuen Bundesländern trotz Stabilisierungstendenzen relativ stärker abgenommen als in den alten. Die Arbeitslosigkeit ist weiterhin erschreckend hoch: im Jahresdurchschnitt 1993 waren 1,15 Millionen Menschen arbeitslos, die Arbeitslosenquote betrug 15,8 Prozent (West: 8,2 Prozent). Nach wie vor stellen Frauen in den neuen Bundesländern fast zwei Drittel der Arbeitslosen, ihre Arbeitslosenquote lag mit 21 Prozent 1993 fast doppelt so hoch wie die der Männer mit 11 Prozent.

Mit zunehmender Dauer der hohen Arbeitslosigkeit droht eine weitere Verfestigung der Langzeitarbeitslosigkeit. Die Zahl derjenigen, die länger als ein Jahr arbeitslos sind, hat sich zwischen 1992 und 1993 in Westdeutschland um 25 Prozent und in Ostdeutschland um 31 Prozent stark erhöht. In Ostdeutschland sind wiederum Frauen besonders betroffen: drei Viertel aller Langzeitarbeitslosen sind Frauen, sie waren 1993 mit durchschnittlich 53 Wochen beinahe doppelt so lange arbeitslos wie Männer mit 29 Wochen.

Die offiziell registrierte Arbeitslosigkeit erfaßt jedoch noch nicht das gesamte Ausmaß der Beschäftigungslücke. Rechnet man die Personen in der Stillen Reserve hinzu – also diejenigen, die nicht (mehr) arbeitslos gemeldet, aber dennoch an Arbeit interessiert sind bzw. in einer besseren Arbeitsmarktsituation auf dem Arbeitsmarkt präsent wären – ergibt sich ein noch weitaus größeres Defizit an Arbeitsplätzen. Vor dem Hintergrund der anhaltend schlechten Beschäftigungslage ist die Stille Reserve ebenfalls stark angestiegen und umfaßte 1993 nach Schätzungen des Instituts für Arbeitsmarkt- und Berufsforschung ca. 2 Millionen Personen.

Dramatisch ist aber nicht nur die aktuelle Arbeitsmarktbilanz, auch mittel- und langfristige Prognosen bieten wenig Anlaß zum Optimismus: selbst bei einem unterstellten Wachstum des Bruttoinlandsprodukts um 2 Prozent in den alten und etwa 9,6 Prozent in den neuen Bundesländern wird sich nach Einschätzung der Prognos AG bis zum Jahre 2000 kein nachhaltiger Rückgang der Arbeitslosigkeit einstellen. Die Zahl der registrierten Arbeitslosen erreicht nach diesem (mittleren) Szenario im Jahre 2000 immer noch knapp 3,4 Millionen Personen, hinzu kommt eine Stille Reserve von etwa 2,5 Millionen Personen (einschließlich der Teilnehmerinnen und Teilnehmer an Weiterbildungsmaßnahmen). Dabei ist zu berücksichtigen, daß die im „Prognos Deutschland-Report" angenommenen Wachstumsraten für die Jahre 1991/92 insbesondere in den neuen Bundesländern bereits hinter den Erwartungen zurückgeblieben sind. In den nächsten Jahren ist daher voraussichtlich mit einer Arbeitsplatzlücke von ca. 6 bis 7 Millionen zu rechnen. Erst nach der Jahrtausendwende wird der demographische Wandel eine Entlastung des Arbeitsmarktes mit sich bringen, wobei die registrierte Arbeitslosigkeit bis zum Jahre 2010 nur auf ca. 2,6 Millionen Personen zurückgeht, da ein erheblicher Abbau der Stillen Reserve erfolgt. Unter diesen Voraussetzungen ist zu erwarten, daß die Langzeitarbeitslosigkeit weiterhin beträchtlich ansteigt.

Aktive Beschäftigungsförderung muß in den Mittelpunkt rücken

Das Ausmaß der Arbeitslosigkeit wäre noch weitaus größer, wenn nicht der Einsatz arbeitsmarktpolitischer Instrumente insbesondere in Ostdeutschland in den vergangenen Jahren den Arbeitsmarkt in erheblichem Umfang entlastet hätte. Infolge der finanziellen Kürzungen bei der Arbeitsmarktpolitik ist der Entlastungseffekt allerdings deutlich geringer geworden: so lag die Entlastungswirkung in den neuen Bundesländern im Dezember 1991 bei insgesamt 1,962 Millionen, Ende 1992 bei 1,732 Millionen und sank bis Mai 1994 auf 1,217 Millionen. Drastisch eingeschränkt wurden vor allem die Maßnahmen der aktiven Arbeitsmarktpolitik. Ihr Anteil im Haushalt der Bundesanstalt für Arbeit ist bei steigender Arbeitslosigkeit in den letzten Jahren von 45 Prozent 1991 auf 35 Prozent 1993 stetig gesunken. Im Vergleich zum Vorjahr begannen 1993 in Ostdeutschland 67 Prozent weniger Personen eine berufliche Weiterbildung, in Westdeutschland verringerten sich die Eintritte um 39 Prozent. Frauen sind weit überdurchschnittlich von diesem Rückgang betroffen. Die Zahl der Beschäftigten in Arbeitsbeschaffungsmaßnahmen verringerte sich im gleichen Zeitraum um etwa ein Drittel (35 Prozent in West- und 33 Prozent in Ostdeutschland).

Die Einschränkungen bei den Maßnahmen der aktiven Arbeitsmarktpolitik sind Teil eines umfassenden Kataloges einschneidender Leistungskürzungen in der Arbeitsmarktpolitik und im Sozialbereich. Hier ist nur an die letzten Novellierungen des AFG und an das sogenannte „Beschäftigungsförderungsgesetz 1994" zu erinnern. Der DGB lehnt den eingeschlagenen Weg des fortgesetzten Sozialabbaus und der Einschränkungen in der Arbeitsmarktpolitik auf Kosten der gesellschaftlich Schwächsten ab. Er wendet sich gegen die Bestrebungen, arbeits-, sozial- und tarifrechtliche Schutznormen für Arbeitslose auszuhöhlen. Diese Politik wird weder die Finanzkrise des Staates lösen, noch trägt sie dazu bei, die Wirtschaftskrise zu überwinden. Sie wirkt stattdessen kontraproduktiv und eher krisenverschärfend, da die massiven Leistungskürzungen im Sozialbereich sowohl die Arbeitslosigkeit als auch die Sozialhilfebedürftigkeit erhöhen; sie führen darüber hinaus zu einem Verlust der Massenkaufkraft und haben somit einen wachstumsmindernden Effekt. Die Verlängerung der Arbeitszeit für Beamte in einigen Bundesländern weist ebenfalls in die falsche Richtung. Zugleich zeichnet sich die Politik der Bundesregierung durch eine auffällige wirtschafts- und konjunkturpolitische Zurückhaltung aus, es fehlt an Initiativen zur Ankurbelung der Konjunktur und an beschäftigungswirksamen Maßnahmen.

Angesichts der katastrophalen Beschäftigungssituation und der düsteren Arbeitsmarktprognosen ist ein Kurswechsel dringend erforderlich, die schnelle Bekämpfung der Massenarbeitslosigkeit muß in den Mittelpunkt gerückt werden. Die Wirksamkeit der Beschäftigungspolitik muß erheblich verbessert werden. Eine aktive und vorausschauende Beschäftigungsförderung muß Vorrang vor der passiven Finanzierung von Arbeitslosigkeit erhalten. Neue und kreative Initiativen sind notwendig. Mit rasch wirksamen, auch unkonventionellen Maßnahmen müssen Arbeitsplätze gesichert und geschaffen werden. Erfolgversprechend kann nur ein Zusammenwirken verschiedener Politikbereiche und Handlungsansätze sein. Der DGB plädiert für eine gesellschaftliche Initiative für mehr Beschäftigung, für ein koordiniertes Vorgehen aller entscheidenden gesellschaftlichen Kräfte: der staatlichen Institutionen, der Wirtschaft und der Gewerkschaften.

Wichtigste Ziele beschäftigungspolitischer Initiativen sind insbesondere:

O Arbeitsplätze auf dem regulären Arbeitsmarkt zu sichern und zu schaffen,

O die vorhandene Arbeit gerechter zu verteilen.

O über den Ausbau eines öffentlich geförderten Arbeitsmarktes Brücken in den ersten Arbeitsmarkt zu bauen und den Arbeitslosen neue individuelle Zugänge zu eröffnen.

Beschäftigungsorientierte Wirtschafts- und Strukturpolitik

Die EU hat in ihrem Weißbuch „Wachstum, Wettbewerbsfähigkeit, Beschäftigung" ein positives Signal gesetzt und alle nationalen Regierungen aufgefordert, die Bewältigung der Beschäftigungskrise endlich zum obersten Ziel der Politik zu erklären und Maßnahmen zu ergreifen, um die Arbeitslosigkeit bis zum Jahre 2000 zu halbieren. Bei der Überwindung der Rezession und der Bekämpfung der Arbeitslosigkeit ist insbesondere eine mit den europäischen Partnerländern abgestimmte Wirtschafts- und Strukturpolitik gefordert. Aktive Beschäftigungspolitik muß integraler Bestandteil der staatlichen Wirtschaftspolitik werden.

Die konjunkturelle Entwicklung ist nicht tragfähig genug, um den weiteren Abbau von Arbeitsplätzen aufzuhalten und neue aufzubauen. Der DGB fordert zusätzliche konjunkturelle Impulse:

○ Das Vorziehen vergabefertiger öffentlicher Investitionen, insbesondere im Umwelt-, Verkehrs-, Telekommunikations- und Energiesektor,

○ die unverzügliche Umsetzung der beschlossenen Aufträge für das Aufbauprogramm Ost,

○ die Auflage einer befristeten Investitionszulage von 7,5 Prozent,

○ die Senkung des Diskont- und Lombardsatzes auf drei bzw. vier Prozent durch die Bundesbank,

○ die Umsetzung der gegenüber dem Europäischen Rat eingegangenen Verpflichtungen zur raschen Ausarbeitung von Investitionsprogrammen.

Die verschärfte weltwirtschaftliche Konkurrenz der Unternehmen sollte durch erweiterte wirtschaftspolitische Kooperation der Regierungen abgefedert werden. Die Gewerkschaften unterstützen deshalb die geplante Aufnahme von umweltpolitischen Mindestnormen in internationale Handelsverträge und fordern deren Ergänzung durch die verbindliche Einführung elementarer sozialer Grundnormen.

Erfolgreicher Strukturwandel und die Orientierung der Wirtschaft an Zukunftsbedarfen, z. B. im Bereich umweltgerechter Produkte und Produktionsprozesse, ist eine wesentliche Voraussetzung für zukunftsträchtige Arbeitsplätze. Der Strukturwandel muß sozial verantwortlich, umwelt- und regionalverträglich gestaltet werden. Auf diesem Weg sind Innovationsstrategien im privaten wie im öffentlichen Sektor erforderlich, die diesen Zielsetzungen genügen. Dabei müssen über technische und technologische Erneuerungen hinaus gerade die Qualifikationen und Erfahrungen der Arbeitnehmerinnen und Arbeitnehmer noch besser als bisher genutzt und weiterentwickelt werden.

Die staatliche Politik muß solche innovativen Impulse für den sozialökologischen Umbau massiv unterstützen. Sie müssen von einem gesellschaftlichen Zukunftsdialog begleitet und befruchtet werden. Der DGB fordert deshalb die Berufung eines industrie- und technologiepolitischen Sachverständigenrates unter Beteiligung von Wissenschaft, Unternehmen und Gewerkschaften.

Eine moderne Industriegesellschaft braucht zeitgemäße Infrastrukturen. In vielen Bereichen sind immer noch ökologische und energiesparende Erneuerungen überfällig. Großer Nachholbedarf besteht noch in den neuen Bundesländern, bei der Ausgestaltung transeuropäischer Netze und der Einbindung Deutschlands in diese Netze.

Betriebliche Innovationen setzen eine leistungsfähige Forschungs- und Entwicklungslandschaft voraus. Hier darf nicht gekürzt, sondern die Potentiale müssen ausgebaut werden. Notwendig sind Forschungseinrichtungen und Forschungsförderung, insbesondere im Bereich des wissenschaflichen Nachwuchses. Der Transfer von Forschungsergebnissen in die industrielle Anwendung und die Markteinführung von Produkten und Verfahren müssen gestützt werden. Die Kooperation von Wissenschaft, Unternehmen und Gewerkschaften muß auch auf diesem Gebiet weiterentwickelt werden.

Eine moderne Industriegesellschaft braucht entwickelte öffentliche und private Dienstleistungen. Ohne öffentliche Dienstleistungen und Infrastruktur wäre die Daseinsvorsorge für eine Mehrzahl der Menschen nicht gesichert. In mancher Hinsicht besteht noch offenkundiger Nachhol- und Ausbaubedarf. Gleichwohl müssen auch diese Bereiche veränderten Bedürfnissen angepaßt und weiter modernisiert werden, z.B. durch mehr Bürgernähe. Der private Dienstleistungsbereich muß weiter ausgebaut und seine Entwicklung gefördert werden. Voraussetzung für eine gezielte Förderung sind aus Sicht der Gewerkschaften menschenwürdige, tariflich geschützte und sozialversicherungspflichtige Beschäftigungsverhältnisse.

Die Qualität des Wirtschafts- und Lebensstandortes Deutschland darf nicht dadurch beeinträchtigt werden, daß die regionalen Ungleichheiten immer größer werden. Gerade angesichts der Entwicklung in den neuen Bundesländern bekräftigt der DGB die Forderung nach gleichwertigen Lebensbedingungen in den verschiedenen Regionen. Neben dem Bund-Länder-Finanzausgleich ist eine aktive regionale Entwicklungspolitik erforderlich, um insbesondere den Gefahren der Deindustrialisierung und Verödung ganzer Landstriche entgegenzuwirken. Der DGB fordert integrierte regionale Entwicklungskonzepte als Grundlage für den gebündelten und effektiveren Einsatz aller regional wirksamen

Fördermittel. Arbeits- und Wirtschaftsförderung sollen nach Meinung der Gewerkschaften besser in Einklang gebracht werden. Die Förderung von Frauenbeschäftigung muß zu einer verbindlichen Anforderung bei der Vergabe öffentlicher Fördermittel werden. Stärker als bisher sollten die Sozialpartner in die Planungen und Maßnahmen der regionalen Entwicklung und Förderung einbezogen werden, so wie es bereits in den Strukturrichtlinien der EU gefordert wird.

Beschäftigungswirksame Arbeitszeitpolitik

Selbst bei optimistischen Annahmen kann nicht davon ausgegangen werden, daß das wirtschaftliche Wachstum die zu erwartenden Produktivitätssteigerungen so weit übersteigen wird, daß dadurch die Arbeitslosigkeit beseitigt werden könnte. Die Gewerkschaften des DGB haben daher die Sicherung und Schaffung von Beschäftigung in den Mittelpunkt ihrer Tarifpolitik gestellt. Sie setzen sich für Vereinbarungen zur Verkürzung der Arbeitszeit und äußerste Anstrengungen zur Vermeidung betriebsbedingter Entlassungen ein. Der DGB und die Gewerkschaften rufen die Arbeitgeber dazu auf, sich an einer gemeinsamen Initiative für mehr Beschäftigung zu beteiligen. Die Gewerkschaften sind ihrerseits bereit, nachweislich kostenwirksame beschäftigungspolitische Maßnahmen lohnpolitisch zu berücksichtigen.

Je nach der konkreten Situation des Tarifbereiches kommen verschiedene Formen allgemeiner, betriebsbezogener, gruppenspezifischer und individueller Verkürzungen der Arbeitszeit in Frage. Regelungen zur flexiblen Arbeitszeitgestaltung müssen gewährleisten, daß die Zeitbedürfnisse der Arbeitnehmerinnen und Arbeitnehmer vorrangig berücksichtigt werden.

Die beschleunigte Verkürzung der Wochenarbeitszeit in allen Wirtschaftsbereichen auf 35 Stunden pro Woche könnte rund 1,5 Millionen Beschäftigungsverhältnisse erhalten bzw. neu schaffen. Dabei sollte auch das Vorziehen bereits vereinbarter Stufen bzw. die vorfristige Vereinbarung möglichst großer Stufen der Arbeitszeitverkürzung angestrebt werden. In einzelnen Unternehmen oder Branchen in besonderen Krisensituationen kann durch außerordentliche darüber hinaus gehende Arbeitszeitverkürzungen in Verbindung mit einer Beschäftigungsgarantie ein massenhafter Personalabbau gebremst und können Hunderttausende von Arbeitsplätzen gerettet werden. Dies zeigen u. a. das Beispiel VW wie auch Vereinbarungen im Steinkohlenbergbau und in der Stahlindustrie, wenngleich sie nicht umstandslos auf andere Branchen oder Betriebe zu übertragen sind.

Schicht-, Nacht- und Wochenendarbeit bedeuten erhebliche gesundheitliche Belastungen bzw. soziale Beeinträchtigungen. Eine Umwandlung der Geldzuschläge in einen Freizeitausgleich könnte beschäftigungspolitisch genutzt werden – die Zulagen für Nacht- und Sonntagsarbeit entsprechen rechnerisch einem Volumen von 700.000 Arbeitsplätzen. Pro Jahr werden zur Zeit durchschnittlich pro Beschäftigten in Westdeutschland 57 und in Ostdeutschland 43 Überstunden geleistet. Ein Abbau der Mehrarbeit könnte ebenfalls positive Beschäftigungseffekte erzielen; so entspräche beispielsweise eine Halbierung rein rechnerisch einem Arbeitsvolumen von 500.000 Beschäftigten.

Auch die Ausweitung des Angebots an Teilzeitarbeit sowie an anderen Formen individuell reduzierter Arbeitszeiten wie z. B. Blockfreizeiten, Sabbaticals oder flexiblen Regelungen eines gleitenden Übergangs in den Ruhestand könnte große Potentiale neuer Beschäftigungsmöglichkeiten erschließen. Darüber hinaus könnte dadurch den Bedürfnissen vieler Menschen nach flexibleren Erwerbsarbeitszeiten und mehr Zeitsouveränität Rechnung getragen werden. Bei der Forderung nach einer Ausweitung der Teilzeitarbeit ist allerdings nicht zu vergessen, wie die gegenwärtige Realität der Teilzeitarbeit aussieht: die überwiegende Mehrzahl der Teilzeitarbeitsplätze zeichnet sich durch niedrige Einkommen, schlechte Arbeitsbedingungen, geringe Qualifikationsanforderungen und häufig große Unsicherheit aus; Teilzeitbeschäftigte sind fast ausschließlich Frauen. Mehr Teilzeitarbeit darf nicht bedeuten, daß Frauen verstärkt in prekäre Beschäftigungsverhältnisse abgedrängt werden und daß sich ihre Diskriminierung am Arbeitsmarkt verstärkt.

Um die bestehenden Benachteiligungen abzubauen und um Teilzeitarbeit für mehr Beschäftigte, insbesondere auch auf den höheren Hierarchieebenen, attraktiv zu machen, müssen die Rahmenbedingungen über tarifliche und gesetzliche Regelungen verbessert werden. Ein Benachteiligungsverbot gegenüber Beschäftigungsverhältnissen auf der Basis der „Normalarbeitszeit" muß abgesichert werden. Grundsätzlich müssen alle Teilzeitarbeitsverhältnisse der Sozialversicherungspflicht unterliegen. Alle Beschäftigten sollten das Recht haben, die Arbeitszeit auf eigenen Wunsch durch individuelle Verkürzung ihrer Arbeitszeit oder befristete Freistellung zu reduzieren, die Rückkehr zur Vollzeitarbeit muß innerhalb angemessener Fristen möglich sein.

Ergänzend zu den Arbeitszeitverkürzungen verschiedener Art sind weitere Maßnahmen der Beschäftigungssicherung erforderlich. Dazu gehören beispielsweise die Verbesserung der Möglichkeiten zur Durchführung von Qualifizierungsmaßnahmen während der Kurzarbeit oder Verpflichtung der Unternehmen zu Auffangmaßnahmen bei unvermeidlichen betriebsbedingten Kündigungen, z. B. durch die Gründung bzw. Beteiligung an Beschäftigungsgesellschaften. Entsprechende tarifvertragliche oder betriebliche Regelungen sollten durch geeignete Leistungen der Sozial- und Arbeitsmarktpolitik flankiert werden.

Stabilisierung und Erweiterung von Arbeitsmarktbrücken

In Anbetracht der anhaltenden Massenarbeitslosigkeit und der auf absehbare Zeit großen Beschäftigungslücke sind neben den wirtschaftspolitischen Anstrengungen und kräftig dosierten Arbeitszeitverkürzungen weiterhin auch erhebliche Aktivitäten der Arbeitsmarktpolitik notwendig, um die Beschäftigungsprobleme sozialverträglich bewältigen zu können. Dabei ist es nicht die Aufgabe von Arbeitsmarktpolitik, eigenständig dauerhafte und reguläre Arbeitsplätze zu schaffen, sie kann aber insbesondere über Qualifizierung und befristete Beschäftigung sowie über finanzielle Anreize Brücken in den regulären Arbeitsmarkt bauen und neue individuelle Zugänge für die Menschen eröffnen. Nicht der Abbau der Arbeitsmarktpolitik, sondern vielmehr eine gezielte Weiterentwicklung und Ausweitung der arbeitsmarktpolitischen Instrumente sind erforderlich, die Arbeitsmarktbrücken müssen stabilisiert und erweitert werden.

Vorrangiges Ziel muß die Förderung von Arbeit und Qualifizierung statt der Finanzierung von Arbeitslosigkeit sein. Im Mittelpunkt der arbeitsmarktpolitischen Initiativen muß das Bemühen stehen, Arbeitslosigkeit möglichst zu verhindern, die Integration von Arbeitslosen in den normalen Arbeitsmarkt zu verbessern und zusätzliche arbeitsmarktpolitische Brücken zu schaffen. Präventive Elemente der Arbeitsförderung müssen gestärkt werden. Arbeitsmarktpolitik muß möglichst schon tätig werden, bevor Arbeitslosigkeit eingetreten ist. Die aktive

Arbeitsmarktpolitik muß auf hohem Niveau fortgeführt und ausgebaut werden.

Das arbeitsmarktpolitische Instrumentarium muß erweitert werden, um den sich verschärfenden Arbeitsmarktproblemen besser gerecht werden und den Strukturwandel besser flankieren zu können. Insbesondere ist notwendig:

○ der Langzeitarbeitslosigkeit, die sich zu verfestigen droht, entgegenzuwirken,

○ die Gleichstellung der Frauen auf dem Arbeitsmarkt zu fördern,

○ von Arbeitslosigkeit bedrohte Qualifikationspotentiale der Menschen zu erhalten und zu erweitern

○ sowie die Verzahnung der Arbeitsmarktpolitik mit anderen Politikfeldern, wie der Strukturpolitik und der betrieblichen Personalpolitik, zu verbessern.

Ausweitung öffentlich geförderter Beschäftigung

Eine wichtige Bedeutung kommt vor dem Hintergrund der großen strukturellen Einbrüche und der Dimension der Arbeitslosigkeit einer Ausweitung der öffentlich geförderten Beschäftigung zu. Neue arbeitsmarktpolitische Beschäftigungsmöglichkeiten und -projekte – z. B. Beschäftigungsgesellschaften vor Ort – müssen entwickelt, die Arbeit bestehender Projekte muß verstetigt werden. Öffentlich geförderte Beschäftigung darf allerdings nicht dazu genutzt werden, die gesetzlichen und tariflichen Mindeststandards auszuhöhlen und einen zweit- oder drittklassigen Arbeitsmarkt mit Dumping-Löhnen und Arbeitsverhältnissen mindern Rechts zu installieren. Aus gewerkschaftlicher Sicht müssen insbesondere folgende Anforderungen erfüllt werden:

○ Es handelt sich um öffentlich geförderte, aber arbeits-, sozial- und tarifrechtlich normale Arbeit.

○ Die Einstellungen richten sich nach arbeitsmarkt- und sozialpolitischen Kriterien; die Beschäftigungsprojekte sollen zielgruppenorientiert Personengruppen entsprechend ihrem Auftrag und der arbeitsmarktpolitischen Notwendigkeit aufnehmen.

○ Die Arbeiten müssen vom privaten Marktwettbewerb sowie von Aufgaben des öffentlichen Dienstes abgrenzbar sein, um vorhandene Arbeitsplätze nicht zu gefährden.

○ Es müssen gesellschaftlich sinnvolle und nützliche Arbeiten erbracht werden.

○ Das Überwechseln in den regulären Arbeitsmarkt muß ermöglicht bleiben.

○ Die Ausgründung in private Betriebe und damit in Existenzgründungen ist möglich.

Der DGB sieht zahlreiche unversorgte Bedarfsfelder, die durch den Markt nicht oder nicht ausreichend bedient werden. Als Beschäftigungsfelder bieten sich beispielsweise die wirtschaftsnahe Infrastruktur, Wohnumfeldverbesserungen, Innovationen im Entsorgungs- und Energiebereich, soziale Dienste und ökologische Sanierungsaufgaben an. Die Projekte sollten ausgehend von den regionalen Problemen vor Ort und in Kooperation mit den gesellschaftlichen Gruppen, die entscheidene Akteure der Beschäftigungs- und Arbeitsmarktpolitik sind, entwickelt und abgestimmt werden.

Zielgruppen für derartige Beschäftigungsinitiativen sind insbesondere:

○ Arbeitslose und von Arbeitslosigkeit bedrohte bereits in der Vor- und Anfangsphase von Arbeitslosigkeit;

○ qualifizierte arbeitslose Arbeitnehmerinnen und Arbeitnehmer, um sie möglichst qualifiziert zu beschäftigen und so einer Entwertung ihrer Qualifikation oder einer individuellen Abstufung ihrer Arbeitsbedingungen entgegenzuwirken;

○ Langzeitarbeitslose, um so ihre Integration für den allgemeinen Arbeitsmarkt vorzubereiten;

○ Frauen – besonders Rückkehrerinnen –, um ihren Anspruch auf Berufstätigkeit umzusetzen;

○ Schwervermittelbare, um hier längerfristig wirkende Integrationsaufgaben anzugehen.

Die Beschäftigungsinitiativen selbst sind längerfristig und ohne zeitliche Begrenzung zu konzipieren. Für die individuelle Teilnahme von Arbeitslosen sollten drei- bis fünfjährige Maßnahmezeiten vorgesehen werden. Die Projekte benötigen ein professionelles Management, Stammkräftepersonal und eine orts- und branchenübliche Ausstattung. Für die Finanzierung der Beschäftigungsgesellschaften sollten alle entsprechenden Möglichkeiten öffentlicher Fördertöpfe einschließlich der EU-Mittel in Anspruch genommen werden. Es sollten flexible und sachorientierte Verbundsysteme für die Finanzierung geschaffen und genutzt werden. Denkbar sind beispielsweise Kombinationen von betrieblichen Sozialplanmitteln, Lohnkostenzuschüssen und anderen arbeitsmarktpolitischen Mitteln der Bundesanstalt für Arbeit sowie verschiedenen Sachkostenzuschüssen der öffentlichen Hände.

Weiterentwicklung der Arbeitsmarktpolitik

Neben dem Ausbau eines öffentlich geförderten Beschäftigungssektors müssen die klassischen Instrumente der Arbeitsförderung stabilisiert und fortentwickelt werden. Arbeitsbeschaffungsmaßnahmen, Lohnkostenzuschüsse, Fortbildung und Umschulung, Einarbeitungszuschüsse, Kurzarbeitergeld und Schlechtwettergeld waren und sind nach wie vor erfolgreiche Hilfen bei der Integration in den Arbeitsmarkt. Ihr Finanzvolumen darf bei steigender Arbeitslosigkeit nicht reduziert, sondern sie müssen entsprechend dem Anwachsen der Arbeitslosigkeit verstärkt und ausgebaut werden.

Da in Ost- und Westdeutschland ein erheblicher Anstieg der Langzeitarbeitslosigkeit droht, müssen die arbeitsmarktpolitischen Fördermöglichkeiten insbesondere für diesen Personenkreis ausgeweitet werden. So sollten auch jene Personen, die aufgrund unzureichender Beitragszeiten keinen Anspruch (mehr) auf Förderung nach dem AFG haben, an Maßnahmen der aktiven Arbeitsmarktpolitik teilnehmen können. Entsprechende Maßnahmen müssen aus Steuermitteln finanziert werden. Die Dauer der Weiterbildungsförderung darf nicht verkürzt, sondern sie muß für Langzeitarbeitslose auf drei bis vier Jahre erweitert werden; anzustreben ist ein Anrecht auf Teilnahme an einer Bildungsmaßnahme. Die Berufsausbildungsbeihilfe sollte hinsichtlich der Laufzeit und der Altersbegrenzung ausgeweitet werden.

Wie Modellprojekte zeigen, sind die Integrationserfolge weitaus größer, wenn Arbeitsbeschaffungsmaßnahmen, berufliche Weiterbildung und betriebliche Arbeitserfahrung zu flexiblen Förderketten verknüpft und auf die spezifische Situation der jeweiligen Arbeitslosen zugeschnitten werden können. Es ist erforderlich, daß Projekte, die auf eine Kombination von Arbeit und Qualifizierung ausgerichtet sind und einen beruflichen Abschluß anstreben, längerfristig konzipiert werden können. Betriebliche Praktika sollten auch im Rahmen des AFG, insbesondere in Verbindung mit beruflichen Weiterbildungsmaßnahmen gefördert werden können.

Frauen sind nach wie vor auf dem Arbeitsmarkt benachteiligt und überdurchschnittlich von Arbeitslosigkeit betroffen. Um dieser Benachteiligung entgegenzuwirken, ist im AFG durch eine verbindliche Quotierung festzulegen, daß Frauen entsprechend ihres Anteils an den Arbeitslosen an den Maßnahmen der aktiven Arbeitsmarktpolitik beteiligt werden. Insbesondere muß der Anteil von Frauen in frauenuntypischen und höherqualifizierenden Maßnahmen erhöht werden. Darüber hinaus sollten spezielle Frauenförderprogramme aufgelegt werden, um besondere Zielgruppen unter den Frauen zu fördern. Um die Initiativen für eine Frauenförderung effizienter zu gestalten, bietet sich eine Verstärkung der Kompetenzen der Frauenbeauftragten in den Arbeitsverwaltungen an. Die gesellschaftliche Zuweisung von familiären Aufgaben an die Frauen darf keine Benachteiligung beim Zugang zu arbeitsmarktpolitischen Fördermöglichkeiten zur Folge haben. Zeiten für die Kindererziehung und die Pflege von Angehörigen sollten analog zum Rentenversicherungsrecht mit einer sozialversicherungspflichtigen Tätigkeit gleichgestellt und aus dem Bundeshaushalt erstattet werden.

Arbeitslosigkeit muß soweit wie möglich vermieden werden. Daher müssen die Arbeitsmarktinstrumente so ausgestaltet werden, daß sie betriebliche Umstrukturierungsprozesse stärker als bisher flankieren können; dies gilt in besonderem Maße bei drohendem Beschäftigungsabbau. Bei Branchen- oder Regionalkrisen ist es erforderlich, die Zusammenarbeit zwischen Betrieben, Arbeitsverwaltung und anderen Förderinstitutionen zu intensivieren. Dringend verbessert werden müssen die Möglichkeiten, unterschiedliche Fördermittel miteinander zu verknüpfen. Das Prinzip „Qualifizieren statt Entlassen" muß stärker zum Tragen kommen. Insbesondere die Bedingungen für eine bessere Abstimmung und Verbindung von betrieblicher Aus- und Weiterbildungspolitik und öffentlicher Arbeitsmarktpolitik, z.B. in der Kombination von Kurzarbeit und Qualifizierung, müssen weiterentwickelt werden. Benachteiligte Beschäftigtengruppen sind verstärkt zu fördern.

Eine wirksame Gestaltung des Strukturwandels setzt außerdem voraus, daß die Arbeitsmarktpolitik stärker mit der Wirtschaftspolitik und insbesondere mit der regionalen Strukturpolitik verzahnt wird. Die Anbindung von arbeitsmarktpolitischen Maßnahmen erfordert die Kooperation der gesellschaftlichen Gruppen und eine regionale Zusammenarbeit.

Um die Finanzierungsbasis für die Beschäftigungsförderung zu erweitern und um Ungerechtigkeiten bei der Finanzierung der Einheitskosten zu beseitigen, muß die Finanzierung der Arbeitsmarktaufgaben der Bundesanstalt für Arbeit auf eine breitere Basis gestellt werden. Neben einer Beitragsfinanzierung durch Arbeitnehmer und Arbeitgeber in einem finanziell vertretbaren Rahmen gehört dazu eine Arbeitsmarktabgabe von Freiberuflern, Selbständigen, Abgeordneten, Ministern und Beamten. Für Beamte hat der Arbeitgeber, wie auch sonst üblich, die Hälfte der Abgabe zu übernehmen. Ein regelmäßiger Bundeszuschuß zu den arbeitsmarktpolitischen Leistungen und zum Finanzausgleich zwischen den west- und ostdeutschen Arbeitsämtern sollte etwa ein Drittel der Ausgaben an aktiver Arbeitsmarktpolitik und an Arbeitslosengeldleistungen abdecken. Damit die notwendige Kontinuität gewährleistet werden kann, muß ein Mindestniveau an Ausgaben – gemessen an den Gesamtausgaben der Bundesanstalt für Arbeit- für die aktive Arbeitsmarktpolitik festgelegt werden. Nicht zuletzt sollte die Versicherungsfreiheit bei geringfügiger Beschäftigung weitgehend beseitigt werden.

Fazit

Die gegenwärtige Massenarbeitslosigkeit und das prognostizierte Ausmaß der Unterbeschäftigung machen ein schnelles Handeln erforderlich. Eine beschäftigungspolitische Neuorientierung ist dringend geboten. Gefordert sind in erster Linie konjunkturpolitische Impulse im Rahmen einer beschäftigungsorientierten Wirtschafts- und Strukturpolitik, die mit den europäischen Partnerländern abgestimmt sein sollte. Der Strukturwandel muß sozial verantwortlich, umwelt- und regionalverträglich gestaltet werden. Ergänzend sind weitere Schritte verschiedener Formen der Arbeitszeitverkürzung und Arbeitszeitflexibilisierung erforderlich. Dabei sind die Zeitbedürfnisse der Beschäftigten vorrangig zu berücksichtigen. Arbeitsmarktbrücken müssen stabilisiert und erweitert werden. Das arbeitsmarktpolitische Instrumentarium muß ausgeweitet und insbesondere in seinen präventiven Elementen verstärkt werden, damit es den sich verschärfenden Arbeitsmarktproblemen besser gerecht werden und den Strukturwandel besser flankieren kann.

Die Bewältigung der beschäftigungspolitischen Herausforderungen der kommenden Jahre bedarf des Engagements aller politisch und gesellschaftlich tragenden Gruppen, sie kann nur gelingen, wenn die unterschiedlichen Handlungsansätze gebündelt und koordiniert werden. Der DGB hat gemeinsam mit den Gewerkschaften Konzepte zur Überwindung der Krise vorgelegt. Er plädiert für eine gemeinsame gesellschaftliche Initiative für mehr Beschäftigung.

Klaus Murmann

Beschäftigungspolitik –
Die Sicht der Bundesvereinigung der Deutschen Arbeitgeberverbände

Ausgangslage

Die große Zahl an Arbeitslosen in Deutschland darf nicht tatenlos hingenommen werden. Daran ändert auch nichts die – verglichen mit vergangenen Rezessionen – immer noch auf Rekordhöhe liegende Beschäftigtenzahl. Ein neuer Konjunkturaufschwung wird zwar unter gegenwärtigen Bedingungen dazu beitragen, die Zahl der Beschäftigten weiter zu erhöhen. Dennoch wird nach den Erfahrungen der 70er und 80er Jahre die Arbeitslosigkeit nicht im gleichen Maße reduziert werden können und damit auch in den nächsten Jahren auf einem hohen Niveau verharren, wenn nicht grundlegende Rahmenbedingungen verändert werden.

Neben der allgemeinen Konjunkturschwäche haben sich im Abschwung 1992/93 in weit gravierenderem Maße die strukturellen Defizite unseres Wirtschaftsstandortes offenbart. Deren Überwindung setzt mehr voraus als einen neuerlichen konjunkturellen Aufschwung. Denn kurzfristig werden die Ursachen dieser vielschichtigen, tiefwurzelnden Beschäftigungslücke nicht zu überwinden sein. Nur eine längerwirkende Gesamtstrategie kann dazu beitragen, daß genügend rentable und sichere Arbeitsplätze entstehen, daß die Beschäftigungslage deutlich verbessert wird. Nur genügend neue Arbeitsplätze bieten überhaupt die Grundlage dafür, daß Arbeitslosigkeit wieder spürbar reduziert werden kann.

Die bereits vor Jahren gemachten und seitdem mehrfach wiederholten Analysen der deutschen Arbeitgeber zum Standort „Deutschland" warnten und warnen eindringlich vor der Tatsache, daß angesichts

○ des weltweit flexiblen Faktors Kapital

○ eines international geführten scharfen Wettbewerbs

die Gefahren für den Wirtschaftsstandort Deutschland zunehmen. In dieser Situation spielen Löhne, Lohnnebenkosten sowie Steuern und Abgaben eine entscheidende Rolle.

Jeder dritte Arbeitsplatz der deutschen Volkswirtschaft ist an den Export gekoppelt. Verlieren wir im Export Marktanteile aufgrund ungünstiger Kostenverhältnisse, dann verlieren wir auch Arbeitsplätze. Zudem sind in erheblichem Maße auch Arbeitsplätze von Unternehmen gefährdet, die nur auf dem deutschen Markt in Erscheinung treten und keine Außenverflechtungen aufweisen. Denn Fertigprodukte und Halbfertigprodukte können aufgrund vernachlässigbarer Transportkosten nahezu in jedem anderen Teil der Welt gefertigt werden. Selbst bestimmte Dienstleistungen können von externen Anbietern auf unseren Markt gebracht werden. Da die Kostenstruktur in vielen anderen Ländern ungleich günstiger ist, schlägt der Wettbewerbsdruck von außen damit auf nahezu jeden Bereich unserer Wirtschaft durch.

Die Frage, wie mehr Arbeitsplätze, vor allem sichere Arbeitsplätze geschaffen und bestehende gesichert werden können ist also implizit gekoppelt an die Standortfrage; diese wiederum ist eng verbunden mit dem Kostenproblem.

Erst die grundlegende Verbesserung der Rahmenbedingungen am deutschen Wirtschaftsstandort ermöglicht eine vernünftige Politik zum Abbau der Arbeitslosigkeit. Zuerst geht es also darum, die Voraussetzung für Beschäftigung zu sichern und zu schaffen. Ein großer Teil der Nachfrage nach Arbeit wird dann gleichsam von selbst einen Platz im Beschäftigungssystem finden; das gilt auch für viele Arbeitslose. In einem zweiten Schritt ist dann an gezielten Arbeitslosigkeitsabbau mit Hilfe des Instrumentariums des Arbeitsförderungsgesetzes zu denken. Beschäftigungspolitik geht vor Arbeitsmarktpolitik!

Standortsicherung

Die Rahmenbedingungen des Standortes Deutschland müssen schnellstens so verändert werden, daß Unternehmen in Deutschland gegenüber ihren internationalen Wettbewerbern wieder an Boden gewinnen.

Veränderungen müssen herbeigeführt werden in den folgenden Bereichen, die in ihrer Reihenfolge auch eine Rangskala widerspiegeln:

○ Lohnkosten

○ Sozialabgaben

○ Staatsausgaben

○ verkrustetes Rechtssystem

○ Über-Bürokratisierung

○ geringe Technikakzeptanz.

Zudem gilt es eine beschäftigungsorientierte Arbeitszeitpolitik sowie eine insgesamt besser verzahnte beschäftigungspolitische Ausrichtung der Wirtschafts-, Struktur- und Finanzpolitik zu erreichen. Auch müssen die arbeitsplatzfeindlichen Behinderungen durch Staatsmonopole abgebaut werden. Letztlich ist über eine arbeitsmarktorientierte Einwanderungskontrolle auch der Zufluß an weiteren Erwerbspersonen auf unseren Arbeitsmarkt einzudämmen.

Gelingt all' dies, dann gerät Vollbeschäftigung in Deutschland wieder in den Bereich des Möglichen.

Lohnkosten

Bei den Kostenbelastungen durch Löhne und Lohnzusätze ist Deutschland weltweit führend – ein zweifelhafter, arbeitsplatzgefährdender Rekord! So lagen die Arbeitskosten im Verarbeitenden Gewerbe der Bundesrepublik im Jahre 1992 bei knapp 27 $/Std. Damit liegen wir erheblich über unseren größten Konkurrenten Japan (19 $) und USA (knapp 16 $). Im europäischen Kontext reichen nur wenige Länder, so die Schweiz und die skandinavischen Länder, mit jeweils etwa 25$ an dieses Niveau heran. Über Jahre konnten die daraus resultierenden Nachteile für deutsche Unternehmen durch eine vergleichsweise hohe Produktivität (fast!) ausgeglichen werden. Heute nähert sich die Arbeitsplatzproduktivität der weltweiten Wettbewerber immer mehr unseren Standards an. Vielfach werden wir bereits übertroffen.

Bei Arbeitskosten, die häufig weit unterhalb des deutschen Kostenniveaus liegen, führt dies im Zeitverlauf zu einem Zurückfallen des Standorts Deutschland im internationalen Standortvergleich. Die Folge: Arbeitsplätze gehen verloren. Produktionsstandorte werden in Deutschland nicht weiter ausgebaut, werden reduziert oder wandern vollständig ab, das internationale ansiedlungswillige Kapital macht einen Bogen um den Standort D.

Die Antwort unserer Unternehmen, die dieser Kostenfalle entkommen wollen, ist eine permanente Rationalisierung zu Lasten der Beschäftigung. Zugleich verhindert die Kostenfalle, daß Arbeitsplätze, die im Zuge des Strukturwandels und der fortschreitenden Rationalisierungen wegfallen, durch neue, rentable und zukunftssichere Arbeitsplätze an anderer Stelle in ausreichendem Umfang ersetzt werden.

Hinzu kommt, daß sich die Tarifabschlüsse der letzten Jahre nicht an den tatsächlichen Produktivitätsentwicklungen orientierten, sondern vielfach darüber lagen. Erst die Tarifrunde 1993/94 hat hier hoffnungsvolle Signale einer Neuorientierung gebracht.

Beschäftigungs-, d. h. produktivitätsorientierte Lohnabschlüsse sind eine wichtige Voraussetzung für Wachstum, Innovationen und Investitionen. Nur so können neue, wettbewerbsfähige Arbeitsplätze überhaupt entstehen; nur so kann Abwanderungstendenzen bestehender Arbeitsplätze begegnet werden. Hieraus ist zu folgern, daß auch die Lohnrunden in den nächsten Jahren von großer Zurückhaltung geprägt sein müssen.

In diesem Zusammenhang spielt die Einführung von Einstiegstarifen für Arbeitslose eine wichtige Rolle. Arbeitslose werden in der ersten Zeit ihrer Beschäftigung auf Basis von Sondertarifen entlohnt; damit wird ihre geringere Produktivität ausgeglichen. Dieser Weg würde den Arbeitslosen direkt in Arbeit auf dem sog. ersten Arbeitsmarkt bringen. Ein Ziel, das ohne diesen Einstiegslohn wohl nicht immer realisiert werden könnte. Erste Ansätze in diese Richtung haben einige Branchen in ihren jüngsten Tarifabschlüssen gezeigt. Auf diese Art würde trotz hohen regulären Lohnniveaus der Wiedereinstieg von Arbeitslosen, gerade Langzeitarbeitslosen, in das Arbeitsleben vereinfacht. Ähnliche Plausibilitätsüberlegungen gelten für Berufsanfänger und -einsteiger, die es in rezessiven Zeiten erfahrungsgemäß besonders schwer haben.

Sozialabgaben

Auch die Aufwendungen für unser soziales Sicherungsnetz sind bereits heute überhöht. Die Gesamtaufwendungen für alle Sozialleistungen, wie sie im Sozialbudget zusammengefaßt sind, haben die Grenze von

1 Billion DM bereits überschritten und machen damit ein Drittel des Bruttoinlandsproduktes aus. Entsprechend hoch ist die Belastung der Beitragszahler. Ein Arbeitnehmer muß heute von 100 DM Lohn knapp 20 DM an Renten-, Kranken- und Arbeitslosenversicherung abführen. Sein Arbeitgeber muß den gleichen Betrag beisteuern. Nach allen Prognosen wird diese Belastung in Zukunft weiter steigen müssen. Daraus ergibt sich die Pflicht zum Sparen. Einsparungen sind heute und in Zukunft im gesamten sozialen Sicherungssystem erforderlich.

Parallel zum Sparansatz muß der Umbau des Sozialen Sicherungssystems vorangetrieben werden. Da in allen genannten Versicherungsformen neben den Pflichtleistungen auch eine große Zahl an Leistungen bezahlt werden, die nicht den originär vom Versichertenkreis aufzubringenden Leistungen zuzurechnen sind, könnte – selbst nach Abzug der in den einzelnen Bereichen erbrachten Bundesfinanzierung – die Beiträge teils erheblich gesenkt werden, wenn hier eine systematische Bereinigung der Lastenverteilung erfolgen würde. Die deutschen Arbeitgeber haben hierzu in der Vergangenheit ausführliche Vorschläge unterbreitet. Insgesamt muß sich eine Drei-Sektoren-Struktur in allen Sicherungssystemen ergeben. Der erste Bereich wird, wie bisher, von den Beitragszahlern zur Sozialversicherung getragen. Der zweite Bereich ergibt sich aus Bundeszuschüssen, die in ihrer Höhe zumindest in einem Sockelbetrag berechenbar bleiben sollten. Der dritte Ansatz schließlich ergibt sich aus erhöhter privater Vorsorge.

Diese Elemente sind bereits in unseren Versicherungssystemen vertreten. Ein umfassender Umbau in diese Richtung ist damit sehr gut möglich und wäre nicht immer mit großen Einschnitten verbunden. Nur durch diese Neuordnung kann der Kostendruck aus dem Sozialsystem sinnvoll kanalisiert und abgebaut werden.

Ich möchte in diesem Zusammenhang ausdrücklich erwähnen, daß die neueingeführte Pflegeversicherung sich als extrem arbeitsplatzschädlich erweisen wird. Sie ist als neuer Ast der Sozialversicherung eingeführt worden und entgegen unseren Vorschlägen nicht als Bereich privater Versicherungsvorsorge. Der heute noch geringe Beitragssatz wird sich bereits in wenigen Jahren nicht halten lassen. Ein absehbarer Anstieg wird in erheblichem Maße die Lohnkostensituation verschärfen. Die Politik hat sich mit dieser Entscheidung gegen den Wirtschaftsstandort Deutschland gewandt.

Staatsausgaben

Neben kostentreibenden und arbeitsplatzgefährdenden Löhnen und Belastungen mit Sozialabgaben liegt die Steuerbelastung in Deutschland eindeutig über der „Soll-Bruchstelle". So beträgt z. B. die Gesamtsteuerbelastung einer in Deutschland ansässigen Kapitalgesellschaft mehr als 62 Prozent des Gewinnes. Auch dies ein internationaler Spitzenwert, der als Negativ-Anreiz ein bedenkliches Licht auf den Wirtschaftsstandort „D" wirft. Die Staatsverschuldung ist von 1975, als sie noch 25 Prozent des Bruttoinlandsprodukts betrug, im Jahre 1994 auf fast 51 Prozent angestiegen. Natürlich wirkten ab 1991 die Kosten der Einheit in erheblichem Maße mit. Die Zinslast ist dementsprechend zum zweithöchsten Etatposten des Bundeshaushaltes geworden und beschränkt so die Handlungsmöglichkeiten der öffentlichen Hand für die Zukunft empfindlich. Das Sozialbudget zehrt bereits jede dritte Mark auf. Die volkswirtschaftliche Steuer- und Abgabenquote liegt mit insgesamt 45 Prozent wettbewerbsfeindlich hoch.

Angesichts dieser Situation muß die Finanz- und Steuerpolitik einen entscheidenden Beitrag zur Re-Stabilisierung leisten. Die Vorstellungen der Bundesregierung zur mittelfristigen Verbesserung lassen hier hoffen. Insbesondere ist es erforderlich, daß die Pläne zur grundlegenden Reform der Unternehmensbesteuerung alsbald realisiert werden.

Verkrustetes Rechtssystem

Kennzeichen unseres gesamten Wirtschafts-, Arbeitsmarkt-, Arbeitsrechts- und Sozialsystem sind mangelnde Flexibilität und ein Übermaß an institutionellen wie auch gesetzlichen Regelungen. Diese behindern die Beschäftigungsdynamik und müssen auf ein erträgliches Maß zurückgenommen werden. Auch die EU-Kommission fordert dies in ihrem Weißbuch nachhaltig!

Besonders in unserem Arbeitsrecht ist eine Vielzahl an Regelungen festgeschrieben, die eine lähmende Regulierungsdichte, Erstarrung und Verkrustung aufweisen. So stehen das starre Kündigungsschutzrecht ebenso wie ausufernde Sozialplanregelungen einer kontinuierlichen Personalplanung entgegen. Sie verteuern die Möglichkeiten und verringern damit die Chancen auf rechtzeitige Umstrukturierungen im Personalbereich, wenn diese erforderlich werden.

Über-Bürokratisierung

In Deutschland stehen Unternehmensansiedelungen, -verlagerungen oder -ausweitungen ausufernde und zeitraubende Überprüfungsverfahren im Weg. Das führt zur Verhinderung oder Verzögerung der Produktionsaufnahme. Im Vergleich zu anderen europäischen und außereuropäischen Ländern ist die Zeitspanne deutlich überhöht, die in Deutschland z. B. von der Idee einer neuen Produktionsstätte bis zum ersten dort gefertigten Produkt vergeht.

Die hohen Standards in unserem Land, z. B. im Umweltrecht, sind zwar mitunter ein Absatzplus, dann nämlich, wenn sie in anderen Ländern erst später eingeführt werden. In diesem Fall können Know-how und die erforderliche neueste Technik aus Deutschland exportiert werden. Die hohen Standards erweisen sich aber häufig genug als beschäftigungsfeindliche Hindernisse bei der Neuansiedlung von Arbeitsplätzen. Gerade ausländische Investoren werden abgeschreckt.

Die Bürokratie darf kein Selbstzweck sein. Überzogene Schutzmaßnahmen müssen schnellstens reduziert, Planungsverfahren wieder zeitlich und vom Ergebnis her berechenbar werden. Investitionen in Deutschland dürfen letztlich nicht durch bürokratische Regelungen verhindert werden. Die bisher erfolgten Ansätze von Verwaltungsvereinfachung sind erfreulich, greifen aber bei weitem zu kurz.

Technikfeindlichkeit

Ein weiteres Hindernis ist die überwiegend auf Vorurteilen beruhende Technikfeindlichkeit. Zusammen mit den gesetzlichen Planungsregelungen führt dies dazu, daß die Einspruchsmöglichkeiten – z. B. von Bürgerinitiativen – in einem Rahmen ausgeschöpft werden können, daß neue Technologiefelder in Deutschland nicht oder nicht rechtzeitig besetzt werden. Dadurch wurden in den letzten Jahren mehrfach unwiederbringlich Chancen auf Arbeitsplatzsicherung oder -ausbau verspielt. Umfragen zeigen, daß eine nicht unerhebliche Zahl der Deutschen meinen, daß sich durch technischen Fortschritt der Lebensstandard sogar verschlechtert habe. In Japan hingegen vertritt diese Meinung nur eine sehr kleine Gruppe der Bevölkerung.

Die geringe Technikakzeptanz schafft ein Klima, das letztlich auf die Wirtschaft innovationsfeindlich wirkt. Die weltweit boomenden Geschäftsfelder im Bereich gentechnischer Produkte zeigen dies beispielhaft. Aufgrund des hohen Widerstandes in weiten Kreisen der Bevölkerung, der diesem Bereich entgegenschlug, konnten sich keine nennenswerten Forschungskapazitäten und schon gar keine Produktionskapazitäten in Deutschland entwickeln. Das leider zu spät erlassene „Gentechnikgesetz" der Bundesregierung hilft nicht, bereits verlagerte Forschungs-, Entwicklungs- und Produktionskapazitäten zurückzuholen.

Diese Probleme führen dazu, daß Deutschland nur noch in den „alten Bereichen" Automobilbau, Maschinenbau und Chemie eine starke Rolle am Weltmarkt spielt. Mit diesen Feldern sind aber keine nennenswerten Wachstumserwartungen mehr verbunden. In den zukünftig stark wachsenden Sektoren der Informationstechnik, Telekommunikation, Linearmotorfahrzeuge, Biosensoren sowie der Halbleitertechnik und Optoelektronik ist die deutsche Position eher unterdurchschnittlich.

Es muß uns gelingen Technikängste in der Bevölkerung durch sachliche Informationen abzubauen. Dies kann nur mittelfristig erfolgen und nur langfristig zu Verbesserungen führen. Für die Beibehaltung oder (teilweise sogar) Wiederbelebung des Innovationsstandort Deutschland aber ist dieser Weg dringend zu beschreiten.

Arbeitszeitpolitik

Bestandteil der Beschäftigungspolitik in Deutschland muß auch eine offensive Arbeitszeitpolitik sein. Die Beschäftigungsentwicklung verläuft günstiger, wenn die Arbeitszeitregelungen der tatsächlichen Beschäftigungslage der Unternehmen flexibel angepaßt werden können. Dabei sollten insbesondere auch partielle oder zeitweise Verlängerungen der individuellen Arbeitszeiten ohne einen überproportionalen Lohnkostenanstieg ermöglicht werden. Tarifpolitisch umsetzbar wird dies durch die Vereinbarung von Arbeitszeitkorridoren und Jahresarbeitszeitregelungen. Diese flexiblen Arbeitszeitgestaltungen entkoppeln verstärkt die Betriebsnutzungszeiten von den individuellen Arbeitszeiten entkoppelt. Es entsteht ein Kostensenkungseffekt.

Eine Absage muß hingegen den Forderungen nach starrer Arbeitszeitverkürzung erteilt werden. Sie kann im Grunde keinen substantiellen Beitrag für die Bewältigung der Kostenkrise und Arbeitsplätzeknappheit leisten. Jede Arbeitszeitverkürzung muß volks- und betriebswirtschaftlich kostenneutral erfolgen und darf die Betriebsnutzungszeiten nicht weiter reduzieren, bzw. die Arbeitskosten durch dann anfallende Überstunden steigern.

Demgegenüber sollte die Ausschöpfung des großen Teilzeitreservoirs unter den Arbeitnehmern offensiv gefördert werden. Tatsächlich ist der potentielle Spielraum noch längst nicht ausgeschöpft. Der weitere Ausbau der Teilzeitarbeit verlangt Flexibilität bei allen Beteiligten. Ein konstruktives Weiterdenken ist nicht nur in den Betrieben erforderlich, sondern auch auf Seiten der Gewerkschaften und Betriebsräte. Zu warnen ist in diesem Zusammenhang vor kontraproduktiven Forderungen der Gewerkschaften etwa auf Rechtsansprüche der Arbeitnehmer auf Teilzeitarbeit bzw. auf Rückkehr zur Vollzeitarbeit, auf uneingeschränkter Teilhabe an Aufstiegs-, und Qualifizierungsmaßnahmen sowie auf zu weitgehende Mitwirkungsrecht der Betriebsräte. Derartige Forderungen sein geeignet, die ohnehin nicht einfache Verbreitung von Teilzeitarbeit weiter zu erschweren.

Als positive Steine im Gesamtmosaik flexibler Beschäftigungsmöglichkeiten sollten alle Möglichkeiten der Arbeitszeit- und -platzgestaltung, die derzeit bereits möglich sind, gesehen werden. So bilden auch geringfügige Beschäftigung („kleine Teilzeit"), Zeitarbeit und auch Heimarbeit (auch in der Sonderform der „Tele-Arbeit") eine erhebliche Palette an Möglichkeiten, um Wünsche von Arbeitnehmern und Notwendigkeiten der Unternehmen aufeinander optimal abzustimmen. Ein offener und offensiver Umgang mit diesen Möglichkeiten sollte dazu führen, daß die zumeist emotionalen Vorurteile gegen diese Beschäftigungsformen schnellstmöglichst abgebaut werden.

Verzahnung relevanter Politikbereiche

Die verschiedenen Politikbereiche, in denen beschäftigungspolitisch wirksame Entscheidungen getroffen werden, müssen zukünftig besser miteinander verzahnt werden. Das gilt gerade auf regionaler Ebene. So ist noch heute eine erhebliche Ressourcenverschwendung zu verzeichnen, wenn sich die Wirtschaftspolitik nur ungenügend oder überhaupt nicht mit der Sozialpolitik abstimmt. Das Nebeneinander der Entscheidungsträger (und damit: der Entscheidungen), das oftmals auch durch Ämterkonkurrenz gefördert wird, muß – um Verbesserungen zu erreichen – umgeändert werden zu einem verstärkten Miteinander auf kommunaler, Länder- und Bundesebene. Diese Forderungen stehen seit langem im Raum, werden im Prinzip auch von allen Beteiligten akzeptiert. Die konkrete Umsetzung aber ist vielfach noch notleidend. Wohlgemerkt, dies alles kann mit vorhandenen Gremien erfüllt werden, weitere Abstimmungsorgane sind nicht erforderlich. Erforderlich ist lediglich die Bereitschaft aller Beteiligten, in dieser Richtung zu agieren und die notwendigen Informationen offen auszutauschen.

Abbau von Staatsmonopolen

In hohem Maße neue, zukunftsweisende Arbeitsplätze verhindernd wirk(t)en unsere Staatsmonopole. So versäumte z. B. die Deutsche Bundespost im Vergleich zu privaten Telefongesellschaften technische Innovationen, die hunderttausende von Arbeitsplätzen hätten schaffen können. Jetzt, wo die Privatisierung eingeleitet ist, sind viele Marktanteile bereits an das Ausland verloren – Chancen für Wirtschaft und Beschäftigung wurden vertan! Das notwendige Aufholen wird einige Zeit in Anspruch nehmen.

Auch die Deutsche Bundesbahn ist in den letzten Jahrzehnten unter staatlichem Schutz verkrustet. Infolgedessen wurden Entwicklungen von Hochgeschwindigkeitszügen, die weltweit ein enormes Absatzpotential bieten, lange Zeit vernachlässigt bzw., da die damit verbundenen erheblichen Investitionsvolumina auch von der Privatwirtschaft nicht einfach aufzubringen sind, nicht staatlich gefördert. Auch hier wurden Chancen auf viele Aufträge vertan. Hunderttausende Arbeitsplätze sind nicht bzw. nicht in Deutschland entstanden.

So erfreulich die Privatisierungen der letzten Jahre sind, so schwierig wird es sein, die seit langem ungenutzten Chancen neu zu schaffen.

Abbau von Arbeitslosigkeit

Stimmen die Rahmenbedingungen des Standorts Deutschland wieder, dann entstehen neue Beschäftigungsmöglichkeiten, die weitgehend autonom genutzt werden. Zusätzlich kann erfolgversprechend der Abbau der Arbeitslosigkeit, vorrangig mit den Möglichkeiten des Arbeitsförderungsgesetzes (AFG), vorangetrieben werden. Die klassischen Instrumentarien sind hierbei:

○ Vermittlung in Arbeit

○ Qualifizierung

○ Arbeitsbeschaffungsmaßnmahmen.

Vermittlung in Arbeit

Dieses Instrument der Arbeitsmarktpolitik wird häufig genug gar nicht als ein solches wahrgenommen. Dabei gilt nach dem Arbeitsförderungsgesetz (AFG) der absolute Vorrang der Vermittlung vor allen anderen Bemühungen der Arbeitsverwaltung.

Leider ist der Personaleinsatz der öffentlichen Arbeitsverwaltung – gemessen an der Wichtigkeit der Aufgabe – im Vermittlungsgeschäft vergleichsweise klein. Weniger als 10 Prozent aller Mitarbeiter der Bundesanstalt für Arbeit sind mit konkreter Vermittlung beschäftigt.

So gelingt die Stellenakquirierung nicht immer in dem an sich möglichen Umfang. Gerade Kontakte zu kleinen und mittleren Unternehmen – Motoren des Beschäftigungsaufbaus auch in Rezessionsjahren – finden nur in sehr geringem Maße statt. Außendiensttätigkeit ist aufgrund einer überbordenden Verwaltungsarbeit häufig nur eingeschränkt möglich. Diese eingeschränkte Bewegungs- und Handlungsfreiheit macht sich bemerkbar am geringen Marktanteil der Bundesanstalt für Arbeit, der lediglich 25 Prozent aller Neueinstellungen in Arbeit ausmacht.

Die Arbeitsämter erproben deshalb momentan im Rahmen von Modellämtern neue Wege. Hierbei hat sich – für Praktiker nicht unerwartet – die „stellenorientierte Arbeitsvermittlung" als guter Weg erwiesen. Vermittlungsvorschläge werden bezogen auf die konkreten Anforderungen der Stelle und nicht wie davor oftmals üblich als „Schrotschuß", d. h. als Vielzahl eventuell passender Vorschläge gemacht. Für die Unternehmen bedeutet dies eine Entlastung, da die Stellenbesetzung mit weniger Vermittlungsvorschlägen vorgenommen werden kann.

Mit der Vermittlung muß stärker als bisher die Anwendung der Zumutbarkeitsanordnung verbunden sein. Sie hilft der Arbeitsverwaltung, die Arbeitswilligkeit von Arbeitslosen zu überprüfen. Untersuchungen der letzten Jahre ergaben einen „stabilen" Wert von etwa 12 Prozent Arbeitslosen, die nicht an sofortiger Arbeitsaufnahme interessiert waren. Das sind fast 500.000 Arbeitslose, die der Arbeitsvermittlung nicht, wie es das AFG vorschreibt, unmittelbar zur Verfügung stehen. Die Zumutbarkeitsanordnung zielt darauf ab, einem Arbeitslosen nach einer bestimmten Zeitspanne eine andere Arbeit, als die, die seiner Ausgangsqualifikation entspricht, anzubieten. Das erhöht tendenziell die Chancen auf einen Arbeitsplatz.

Die Bereitschaft der Arbeitsämter, die Möglichkeiten der Zumutbarkeitsanordnung voll auszuschöpfen ist offensichtlich nicht immer stark genug ausgeprägt. Hier muß eine Mentalitätsänderung erfolgen. Das ist auch erforderlich, um einen „moral hazard" in der Form zu vermeiden, daß die Meinung sich verhärtet, daß man ohne Sanktionen Leistungen des Arbeitsamtes beziehen könne. Betont werden muß, daß diese Einstellung wohl nur bei einem geringen Teil der Arbeitslosen anzutreffen ist. Auch die Personalverantwortlichen in der Wirtschaft sind in diesem Zusammenhang gefordert, Fälle von arbeitsunwilligen Arbeitslosen dingfest zu machen und den Ämtern entsprechende Rückmeldungen zu geben.

Ebenfalls positiv für die Unternehmen und auch für die Arbeitsuchenden wird sich die Zulassung der privaten Arbeitsvermittlung auswirken. Arbeitgebern wird ein zusätzlicher effektiver Suchweg zur Gewinnung von Arbeitskräften geboten; Arbeitsuchenden eröffnet sich ebenfalls eine weitere Option. Wie in anderen europäischen Ländern wird sich sehr schnell zeigen, daß private Vermittler für die Unternehmen zur schnelleren Stellenbesetzung beitragen. Heute dauert es etwa 6 Wochen, bis eine den Arbeitsämtern gemeldete Stelle neu besetzt wird. Bei Fachkräften ist dieser Zeitraum teils um das Dreifache länger. Wenn insgesamt eine Halbierung dieser Zeitspanne gelänge, dann würde dies die Produktivität der Wirtschaft erhöhen, die Personalsuchkosten zugleich senken und

– wenn Arbeitslose vermittelt werden – insgesamt allein durch diesen Zeitgewinn zu einer Senkung der Arbeitslosenzahlen und der Finanzaufwendungen der Bundesanstalt für Arbeit führen.

Absehbar ist, daß private Vermittler oftmals Arbeitsuchende vermitteln werden, die die gleichen Strukturmerkmale wie vom Arbeitsamt vorgeschlagene Bewerber haben. Aufgrund des besseren Images der Privatvermittler in den Unternehmen wird diesen aber der Besetzungsvorschlag möglicherweise eher gelingen. Hier gilt es für die Arbeitsverwaltung, in Konkurrenz mit den „Privaten" zu einem zeitgerechten Anbieter von Dienstleistungen zu werden. Zusätzlich können die Arbeitsämter den Vorteil der Kostenlosigkeit ihrer Dienstleistung ausspielen.

Der Vorrang regulärer Beschäftigung und damit der Vorrang der Vermittlung in echte Arbeit vor allen anderen arbeitsmarktpolitischen Maßnahmen muß immer wieder betont werden. Die Nachrangigkeit der anderen Instrumente der Arbeitsmarktpolitik ist oftmals in Vergessenheit geraten. Vermittlung geht vor Versorgung! Dieses Motto muß in seiner grundsätzlichen Bedeutung wieder gestärkt werden.

Qualifizierungsmaßnahmen

Fortbildung, also die Anpassung vorhandenen Wissens an neue Entwicklungen, und Umschulung, d. h. die vollkommene berufliche Neuorientierung, gehören seit den ersten Tagen des AFG zu den starken Instrumenten, die wesentlich die Chancen von Arbeitslosen erhöhen, wieder in Arbeit zu kommen. Die Wichtigkeit dieses Ansatzes erkennt man daran, daß fast jeder zweite Arbeitslose ohne eine abgeschlossene Berufsausbildung ist; 40 Prozent der Arbeitslosen hatten vor ihrer Arbeitslosigkeit nie oder lange nicht mehr gearbeitet.

Die derart offenbaren Qualifikationsdefizite werden durch den Einsatz des AFG ausgeglichen. Dies geschieht nicht immer mit einem konkreten Arbeitsplatz vor Augen, aber immer ausgerichtet an den großen erkennbaren „Bedarfslinien der Wirtschaft".

Heute gilt es, neben dem optimierten Mitteleinsatz dieser Instrumente, für die 1994 immerhin fast 17 Mrd DM aufgewendet werden, eine noch engere Verzahnung mit der regionalen Wirtschaftspolitik zu verwirklichen. So sollte bei jeder Gewerbeansiedlung rechtzeitig das Arbeitsamt eingeschaltet werden. Zusammen mit seriösen Bildungsträgern kann dann überlegt werden, wie das für das jeweilige Unternehmen benötigte Arbeitskräftereservoir – wenn es nicht ohnehin im Bestand der Arbeitslosen oder Arbeitsuchenden vorhanden ist – geschult werden kann.

Neben den bereits erwähnten Qualifizierungsinstrumenten ist das dritte – effektivste und kostengünstigste – Instrument der Qualifizierung der Einarbeitungszuschuß. Für die Einstellung eines Arbeitslosen oder von Arbeitslosigkeit unmittelbar bedrohten Arbeitnehmers erhält das einstellende Unternehmen unter bestimmten Bedingungen einen Zuschuß zu den Lohnkosten, wenn es auf Grundlage eines schriftlich fixierten Einarbeitungsplanes den Arbeitnehmer allmählich an den konkreten Arbeitsplatz „heranqualifiziert". Dadurch soll der in der Anfangszeit – ein halbes Jahr nach heutiger Regelung – niedrigere Produktivitätsbeitrag des Eingestellten ausgeglichen werden. Für den Arbeitnehmer macht das finanziell keinen Unterschied: Er erhält das gleiche tarifliche Entgelt wie sein Kollege mit vergleichbarer Arbeit. D.h. Arbeitslosigkeit wird durch Lohnsubventionierung der sinnvollsten Art beseitigt. Die Erfolgsquote beträgt weit über 90 Prozent.

Leider hat der Gesetzgeber kürzlich die Regelungen zum Einarbeitungszuschuß derart verschlechtert, daß dieses Instrument kaum noch genutzt wird. Obwohl Einarbeitungszuschüsse wohl nie zu einem „Massengeschäft" werden, sollte der Gesetzgeber die Regelungen wieder so verbessern, daß etwa 70.000 Eintritte im Jahr, wie sie 1990 auf dem West-Arbeitsmarkt realisiert wurden, erreicht werden können.

Zweiter Arbeitsmarkt

Gerade für Problemgruppen des Arbeitsmarktes ist es zur Wieder-Heranführung an reale Arbeitssituationen unumgänglich, einen zweiten, „künstlichen" Arbeitsmarkt einzurichten. Der Umfang dieser Arbeitsverhältnisse sollte aber quantitativ gering bleiben.

Es muß hierbei immer daran erinnert werden, daß ein subventionierter Zweiter Arbeitsmarkt, der in Wahrheit das Gegenteil eines wirklichen Marktes ist, keine Alternative für den Ersten Arbeitsmarkt sein kann.

○ Denn zum einen gibt es kaum eine Arbeit, die nicht in einem regulären Beschäftigungsverhältnis getan werden könnte, solange sie nicht zu teuer ist.

○ Zum anderen wird mit Subventionierung in den Markt eingegriffen, indem hierdurch künstliche Arbeitsplätze geschaffen werden, die sonst nicht bestehen könnten.

Die Gefahr wächst also mit jedem Arbeitsplatz in diesem Schein-Arbeitsmarkt, daß Verdrängungseffekte auf den regulären Arbeitsmarkt, z. B. durch Auftragsentzug, dazu führen, daß in Folge subventionierter Beschäftigung auf dem zweiten Arbeitslosigkeit auf dem ersten Arbeitsmarkt entsteht.

Aus diesen Gründen treten die deutschen Arbeitgeber für diese Form der Beschäftigung in äußerst engen und klar definierten Grenzen ein:

○ Der Lohnabstand des zweiten zum ersten Arbeitsmarkt muß so deutlich sein, daß der Anreiz zum baldmöglichen Übergang in den ersten Arbeitsmarkt bestehen bleibt.

○ Die Betätigung muß befristet sein, um Verkrustungen und Verharrungstendenzen zu vermeiden.

○ Die arbeitsrechtliche Bindung muß so flexibel sein, daß jederzeit der Ausstieg möglich und attraktiv ist und der Einstieg in reguläre Beschäftigungen sofort erfolgen kann.

○ Die Einsatzfelder müssen deutlich von denen des ersten Arbeitsmarktes getrennt sein, damit die subventionierte Betätigung die reguläre Arbeit, z. B. im Bereich des Handwerks, nicht verdrängt.

○ Es muß sich wirklich um Arbeiten handeln, bei denen Leistungs- und Effizienzkriterien gelten und diese auch kontrolliert werden, und nicht um beschäftigungstherapeutische Aufbewahrungsmaßnahmen.

○ Die Zumutbarkeitsregeln müssen auch bei diesen Angeboten entsprechend Anwendung finden.

Unter diesen Gesichtspunkten sind gleichsam flächendeckende Arbeitsbeschaffungsmaßnahmen, die in den neuen Bundesländern zeitweise eine Größenordnung von bis zu 400.000 Fällen jährlich erreicht hatten, kritisch zu beurteilen. Insbesondere die durch das Arbeitsförderungsgesetz vorgesehene tarifliche oder ortsübliche Entlohnung, die in Einzelfällen bis zu 5.000 DM monatlich betragen konnte, wird einem Arbeitsförderungsinstrument nicht gerecht. Um dem Lohnabstandsgebot Geltung zu verschaffen und die für Arbeitsbeschaffungsmaßnahmen zur Verfügung stehenden Mittel für möglichst viele Maßnahmen nutzen zu können, hatte die Bundesregierung daher im Entwurf ihres Beschäftigungsförderungsgesetzes 1994 vorgesehen, daß Arbeitsentgelte bei ABM nur noch in einer begrenzten Höhe, bis zu 80 Prozent eines vergleichbaren Entgelts für ungeförderte Arbeiten, berücksichtigt werden sollten. Unbefriedigend ist, daß dieses Bemessungsentgelt im Vermittlungsausschuß wieder auf 90 Prozent eines vergleichbaren regulären Arbeitsentgelts erhöht worden ist.

Den Arbeitsbeschaffungsmaßnahmen vorzuziehen ist das zunächst unter der Bezeichnung „Maßnahmen Umwelt-Ost" nach § 249 h AFG eingeführte Instrument, das ab August 1994 auch in den alten Bundesländern möglich wird (dort § 242s AFG) und nunmehr unter dem Begriff „produktive Arbeitsförderung" diskutiert wird. Die Arbeitgeber hatten die Schaffung des § 249h AFG (Maßnahmen Umwelt-Ost) als Schritt in die richtige Richtung begrüßt, da die Bundesanstalt für Arbeit bei der Förderung solcher Maßnahmen nur noch mit einem Festbetrag in Höhe des pauschalierten Arbeitslosengeldes bzw. der Arbeitslosenhilfe beteiligt ist. Es ist ein vergleichsweise produktiv orientiertes Instrument der Beschäftigungsförderung. Die Ausrichtung ist mehr investitionvorbereitend und fördernd und damit arbeitsplatzinitiierend als passiv verharrend.

Bei der Ko-Finanzierung war zunächst vorrangig an Wirtschaftsunternehmen gedacht. Die Praxis hat jedoch gezeigt, daß § 249h AFG-Maßnahmen letztlich nur dann zustandekommen, wenn die Länder als Ko-Finanziers einsteigen. Damit wird die Förderung wiederum vorrangig aus öffentlichen Töpfen geleistet. Wie die Ko-Finanzierung bei § 242s AFG aussieht, ist noch offen, da Förderprogramme der alten Bundesländer (möglicherweise über Mittel des Europäischen Sozialfonds) bisher nicht absehbar sind. Durch die Notwendigkeit der Mitfinanzierung durch Dritte wird jedoch der Druck in Richtung prioritärer und sinnvoller Projekte verstärkt.

Am optimalsten entspricht aber den o.g. Anforderungen an einen zweiten Arbeitsmarkt der Typus „Gemeinschaftsarbeiten". Es handelt

Beschäftigungspolitik – Sicht Bundesvereinigung der Deutschen Arbeitgeberverbände

sich um ein System mit eigener Vergütung und mit eigenen sozialrechtlichen Regelungen außerhalb des regulären Arbeitsverhältnisses. Auf diesem Wege können Arbeitslose, die nicht oder noch nicht auf dem ersten Arbeitsmarkt vermittelbar sind, auf der Basis der weiter zu zahlenden Lohnersatzleistung Gelegenheit zu gemeinnützigen und zusätzlichen Arbeiten erhalten. Diese Möglichkeiten bestehen heute schon nach dem Bundessozialhilfegesetz. Bis 1969 waren sie im Vorläufer des AFG, dem AVAVG, verankert.

Wege aus der Sozialhilfe

Ein weiterer wichtiger Ansatzpunkt beim Abbau der Arbeitslosigkeit ist im Bereich der Sozialhilfe verankert. Da der Abstand der in unteren Tariflohngruppen erzielbaren Einkommen zu Einkommen von Haushalten, die auf Sozialhilfe angewiesen sind, häufig genug nicht mehr gegeben ist, fällt für die zuletztgenannten ein wesentlicher Anreiz, Arbeit aufzunehmen, fort. Hier müssen über die bisher nach dem Bundessozialhilfegesetz gültigen Regelungen hinaus Möglichkeiten geschaffen werden, die eine Arbeitsaufnahme wieder lohnenswert machen. Nur dann macht Sozialhilfe als „Hilfe zur Selbsthilfe" wieder Sinn. So ist an eine höhere als die bisher erlaubte Nicht-Anrechnung von Arbeitseinkommen auf die Sozialhilfe zu denken, die in einem bestimmten Zeitrahmen erfolgen soll und so den gewünschten Anreiz bietet.

Zuwanderungsbegrenzung

Der Anstieg der Arbeitslosigkeit in den letzten Jahren war auch auf ein, maßgeblich durch Zuwanderungen gespeistes, gestiegenes Erwerbspersonenpotential zurückzuführen. Allein in den Jahren 1990 bis 1994 kamen über 1,2 Mio Asylbewerber nach Deutschland. Der Wunsch, in Deutschland arbeiten zu wollen, übertrifft die Realisierungsmöglichkeiten bei weitem. Eine Migrationsbewegung neuen Stils, bei der die Menschen aus ihren Heimatländern auswandern, um der dortigen Not zu entfliehen, macht Deutschland zu einem bevorzugten Ziel der Wanderungen. Diesem steigenden Zuwanderungsdruck ist unser Arbeitsmarkt immer weniger gewachsen.

Erforderlich sind klare Regeln darüber, wer nach Deutschland kommen und unter welchen Bedingungen und für wie lange sich hier aufhalten kann. Diese Regeln müssen wirksam und konsequent durchgesetzt werden, um den Zuzug nach Deutschland und den Zugang zum deutschen Arbeitsmarkt unter Kontrolle zu halten.

Hinzu kommen muß eine wirksame Bekämpfung der Illegalität bei Einreise, Aufenthalt und Beschäftigung. Der Zugang zum deutschen Arbeitsmarkt muß konsequenter als bisher unter den Vorbehalt des Anwerbestopps gestellt werden. Bei der gezielten Zulassung zum Arbeitsmarkt müssen die arbeitsmarktpolitischen Voraussetzungen sorgfältig geprüft und Arbeitserlaubnisse generell zurückhaltend erteilt werden. Besondere Behutsamkeit ist bei den Sonderformen der Ausländerbeschäftigung – etwa bei Werkverträgen oder Saisontätigkeiten – erforderlich.

Um in diesem sensiblen Bereich klar verstanden zu werden: Die Beschäftigung von Ausländern bleibt auch weiterhin ein wichtiger Faktor unseres Wirtschaftslebens. Über 60 Prozent der in Deutschland lebenden und arbeitenden Ausländer sind seit über 10 Jahren in unserem Land. Sie haben sich zumeist in unsere Gesellschaft integriert. Deutschland ist auf weltweite Orientierung, internationalen Austausch und Offenheit angewiesen. Daran soll und darf sich nichts ändern. Problematisch ist jedoch der weitere Zulauf auf einen ohnehin besetzten Arbeitsmarkt. Dieser Zulauf muß durch eine konsistente Ausländerpolitik sinnvoll gesteuert werden.

Fazit

Alle politische Kraft muß darauf ausgerichtet werden, rentable Arbeitsplätze auf dem regulären Arbeitsmarkt zu schaffen und zu erhalten. Im Rahmen einer Gesamtstrategie, an der alle Politikbereiche zu beteiligen sind, müssen die ökonomischen Spielregeln und Rahmenbedingungen so eingestellt werden, daß menschliche Arbeitsleistungen auch im globalen Wettbewerb am Standort Deutschland eine Chance haben.

Hierzu muß der Faktor Arbeit vor allem aus der momentanen Kostenfalle befreit werden, indem speziell die auf ihm lastende soziale Überfrachtung reduziert wird. Die konkrete Forderung heißt: Senkung der

Lohnnebenkosten. Hierzu muß das Sozialleistungssystem gezielt im Sinne einer Stärkung von Eigenverantwortung und unter Beschränkung auf das tatsächlich Wesentliche umgebaut werden. Die Finanzierung versicherungsfremder Leistungen muß stärker auf Steuermittel sowie auf private Vorsorge umgestellt werden.

Die Gefahr in unserem System der sozialen Sicherung auf dem heute vorhandenen überhöhten Niveau liegt in einem Selbstverstärkereffekt: Die erhebliche Sozialabgabenlast führt dazu, daß Arbeitsplätze wegfallen, bestehende Arbeitsplätze gefährdet werden, daß neue Arbeitsplätze nicht entstehen. Die dann steigende Arbeitslosigkeit muß durch erhöhte Leistungen der Bundesanstalt für Arbeit aufgefangen werden. Diese wiederum sind nach unserem heutigen System nur über Beitragserhöhungen zu finanzieren, die sich wiederum als gefährlicher zusätzlicher Kostendruck auf die restlichen Arbeitsplätzen äußern, usw. Die Gefahr, die in dieser Spirale steckt, muß durch Umbau und Neustrukturierung aufgebrochen werden.

Die Lohn- und Arbeitszeitpolitik muß ausdrücklich in den Dienst der Schaffung zusätzlicher Arbeitsplätze gestellt werden. Die Möglichkeiten der Teilzeitarbeit müssen verstärkt genutzt werden, Hemmnisse in diesem Bereich beseitigt werden. Alle weiteren Möglichkeiten der verschiedensten Arbeitsformen, geringfügige Beschäftigung, Zeitarbeit u. ä. müssen als Ausdruck einer von Arbeitgebern und Arbeitnehmern gewünschten Flexibilität akzeptiert werden.

Ferner muß die Überregulierung des Arbeitsrechtsverhältnisses gelockert werden. Vielfach hat sich der Kündigungsschutz für besondere Gruppen als Einstellungshemmnis erwiesen.

Der Arbeitsmarktpolitik kann im Rahmen der beschäftigungspolitischen Gesamtstrategie nur eine flankierende Funktion zukommen. Die arbeitsmarktpolitischen Instrumente müssen, was ihre Orientierung am ersten Arbeitsmarkt betrifft, in eine deutliche Rangfolge gebracht werden.

Arbeitsvermittlung und die sie flankierenden Förderinstrumente kommen vor jeglichem Bezug rein konsumtiver Leistungen. Die öffentliche Arbeitsvermittlung muß noch effizienter gestaltet werden.

Ein öffentlich subventionierter zweiter Arbeitsmarkt ist eine sozialpolitisch nur in engen Grenzen zu verantwortende Auffangmaßnahme.

Der erste Arbeitsmarkt hat absoluten Vorrang vor Ersatzbeschäftigung. Dies muß auch und gerade im Lohnabstand zur regulären Beschäftigung seinen Ausdruck finden.

Die Arbeitsmarktpolitik muß neu finanziert, dezentralisiert und besser mit anderen Politikbereichen verzahnt werden.

Und schließlich ist eine strikte Zuwanderungskontrolle und eine restriktive Zulassung von Arbeitsuchenden, die aus Drittländern auf unseren Arbeitsmarkt wollen, unerläßlich.

Vollbeschäftigung in Deutschland wird von vielen Experten nicht mehr für möglich gehalten. Nutzt man die beschriebenen Instrumente, verändert man schnell und entschlossen die Rahmenbedingungen, dann rückt zumindest ein sehr hohes Beschäftigungsniveau in erreichbare Nähe; dann wird sich auch die Arbeitslosigkeit deutlich verringern.

Gisela Babel

Beschäftigungspolitik – Die Sicht der F. D. P.

Die Bundesrepublik Deutschland ist das Land der sozialen Marktwirtschaft. Die Verantwortung für die Schaffung und die Sicherung von Arbeitsplätzen liegt daher zu allererst bei der Wirtschaft selbst. Arbeitgeber und Arbeitnehmer bestimmen durch ihre Tarifpolitik unmittelbar über den Grad der Beschäftigung. Dem Staat obliegen in diesem Gefüge im wesentlichen zwei Aufgaben. Er setzt zum einen die Rahmenbedingungen, in denen Wirtschaft sich abspielt, und sorgt für das geregelte Spiel der Kräfte. Seine zweite wesentliche Aufgabe ist es, das wirtschaftliche Geschehen sozial zu flankieren. Der Staat muß denjenigen Unterstützung gewähren, die den Anforderungen des Arbeitsmarktes – aus welchen Gründen auch immer – nicht gewachsen sind. Schließlich muß er Hilfestellung bei gravierenden wirtschaftlichen Umbrüchen leisten, in denen die Nachfrage nach Arbeitskräften gering ist.

Die soziale Flankierung wird in der Bundesrepublik in erster Linie über die großen sozialen Sicherungssysteme, die aus den Beiträgen von Arbeitgebern, Arbeitnehmern und in geringerem Umfang aus Bundesmitteln finanziert werden, geleistet. Dies macht schlagartig klar, daß unsere Sicherungssysteme und damit unsere soziale Sicherheit insgesamt direkt und unmittelbar vom Faktor Arbeit abhängen. Auf den ersten Blick wird damit die oft verkannte oder bewußt ignorierte enge Verzahnung von Wirtschafts- und Sozialpolitik deutlich. Unsere soziale Sicherheit steht in direkter Abhängigkeit vom Grad der Beschäftigung.

Die Verantwortung der Tarifvertragsparteien für die Beschäftigung

Die Tarifvertragsparteien sind ihrer überaus großen Verantwortung für Beschäftigung in den vergangenen Jahren nicht im gebotenen Maße gerecht geworden. Gerade die Gewerkschaften haben fast ausschließlich eine Tarifpolitik zugunsten der Arbeitsplatzbesitzer und zu Lasten der Arbeitslosen betrieben. Zweifellos wurden von den Gewerkschaften bei den Löhnen hohe Zuwachsraten erreicht. Allein in den Jahren 1990 bis 1993 stiegen Löhne und Gehälter im verarbeitenden Gewerbe um 25 Prozent. Die Zuwachsraten wurden jedoch erkauft mit ständig steigender Arbeitslosigkeit, die Anfang 1994 in Gesamtdeutschland erstmals die 4 Millionen-Grenze überstieg. Als besonders fatal hat sich dabei die Politik erwiesen, die unteren Lohngruppen überproportional anzuheben. Es mag aus Sicht der Gewerkschaften aus sozialen Gründen begrüßt worden sein, daß gerade hier Einkommensverbesserungen in besonderem Maße erzielt werden konnten. Aus beschäftigungspolitischer Sicht wurde hier jedoch ein Pyrrhussieg errungen. Gerade die Arbeitsplätze im unteren Einkommenssegment wurden durch die Tarifpolitik der Gewerkschaften so verteuert, daß die Unternehmen sie schlicht wegrationalisiert haben. Im Ergebnis vergrößerte sich hierdurch die Zahl der Arbeitslosen gerade unter den ungelernten und nicht qualifizierten Arbeitnehmern, die heute einen Anteil von beträchtlichen 46,5 Prozent der Arbeitslosen in West-Deutschland stellen. Aus beschäftigungspolitischer Sicht ist das der Fluch der guten Tat.

Nicht ausreichend berücksichtigt haben die Tarifvertragsparteien in den zurückliegenden Jahren den Zusammenhang zwischen Produktivität und Löhnen und Gehältern. So liegt die Bundesrepublik Deutschland beim Lohnstückkostenniveau im internationalen Vergleich im Jahre 1992 weltweit an der Spitze. Die Lohnkosten schlugen je Arbeiterstunde mit rund 42,70 DM zu Buche. Dem stehen in Großbritannien 22,20 DM gegenüber. Der durchschnittliche Anstieg der Lohnstückkosten in den vergangenen 3 Jahren betrug in Westdeutschland rund 4 Prozent. Allein 5 Prozent waren im Jahre 1992 gegenüber nur 2 Prozent in Japan und 3,1 Prozent in Frankreich zu verzeichnen. Im verarbeitenden Gewerbe wurde ein Anstieg von 1990 bis 1993 um 25 Prozent verzeichnet, während die Produktion lediglich um 8 Prozent zunahm. Durch diese Entwicklung ist die Wirtschaft international ins Hintertreffen geraten. Die Bundesrepublik Deutschland ist als exportabhängiges Land aber auf die Konkurrenzfähigkeit ihrer Produkte auf dem Weltmarkt angewiesen. Schon deswegen muß sie sich diesem Wettbewerb stellen. Es ist ganz klar, daß die Bundesrepublik nicht mit dem Lohn- und Gehaltsniveau osteuropäischer oder südostasiatischer Länder konkurrieren kann. Sie muß aber wenigstens im europäischen Vergleich mithalten können. Ganz offensichtlich ist in den Tarifrunden der zurückliegenden Jahre eine Masse verteilt worden, die den Unternehmen gar nicht zur Verfügung stand. Dies ist in der Tarifrunde 1994 nur ansatzweise korrigiert worden.

Die Tarifpolitik hat auch branchen-, betriebs- und regionalspezifische Unterschiede zu wenig beachtet. Die Situation gerade in den neuen Bundesländern hat besonders deutlich gemacht, wohin eine unflexible Lohnpolitik führt. Neben hochmodernen, mit westlichen Mitteln und Know-how errichteten Unternehmen standen noch in DDR-Zeiten ausgerüstete Betriebe, die mit völlig veralteten Methoden dasselbe Produkt herstellten. Obwohl diese Betriebe fast keine Gemeinsamkeiten aufwiesen, sollte für sie derselbe Tarifvertrag gelten. Dieser Tarifvertrag ist für das eine Unternehmen verkraftbar. Den anderen Betrieb führt er unmittelbar in den Konkurs. Die flächendeckenden Tarifverträge haben sich als völlig untauglich erwiesen, mit dieser schwierigen Situation fertig zu werden. Auch tarifliche Öffnungsklauseln, denen die Gewerkschaften erst nach langwierigen Verhandlungen zugestimmt hatten, haben aufgrund ihrer Ausgestaltung kaum Wirkung gezeigt. Die in der Metall- und Elektroindustrie ausgehandelte Härteklausel wurde selbst zum Härtefall. Sieben Monate nach dem Arbeitskampf in der ostdeutschen Metall- und Elektroindustrie im Mai vergangenen Jahres hatten die Tarifparteien in Ostdeutschland erst 21 Härteregelungen geschlossen, davon allein 15 in Sachsen, obwohl fast 10 Prozent der in den ostdeutschen Metallarbeitgeberverbänden organisierten Betrieben einen solchen Antrag gestellt hatten. Ganz offensichtlich sind die Tarifvertragsparteien nicht in der Lage, sich von liebgewonnenen Gewohnheiten zu verabschieden. Daher brauchen wir gesetzliche Öffnungsklauseln.

Die Tarifvertragsparteien selbst haben auch den größten Einfluß auf die vertraglichen Lohnnebenkosten. Allein in Westdeutschland wurden im Jahre 1992 rund 7.160,- DM pro Mitarbeiter und damit sechsmal so viel an Lohnnebenkosten investiert wie im Jahre 1964. Dies entspricht einer Steigerungsrate von 6,5 Prozent pro Jahr. Im Bereich der tariflichen Zusatzleistungen findet man so ziemlich alles, was überhaupt vorstellbar ist. Dies reicht von der sicherlich sehr sinnvollen Betriebsrente bis hin zur Wohnungshilfe, zusätzlich bezahltem Urlaub und der Unterhaltung von Erholungs- und Ferienheimen. Gerade in diesem Bereich scheinen die Tarifvertragsparteien aber zur Einsicht gelangt zu sein. Hier wurde in der Tarifrunde 1994 mancher alte Zopf abgeschnitten. Bedauerlich ist in diesem Zusammenhang allerdings auch, daß auch die betriebliche Altersversorgung von Einsparmaßnahmen offensichtlich nicht verschont bleibt. Dies kann dem Gesetzgeber nicht gleichgültig sein.

Insgesamt sind Löhne und Gehälter sicher nicht allein verantwortlich für die Schaffung und den Erhalt von Arbeitsplätzen. Gleichwohl liegt hier der Schlüssel zu mehr Beschäftigung.

Gesetzliche Rahmenbedingungen

Der Staat ist seinerseits verantwortlich für die Festlegung der Spielregeln, in denen sich das Marktgeschehen vollzieht. Hierdurch nimmt auch der Gesetzgeber mehr oder weniger direkt Einfluß auf die Beschäftigung. Die Rahmenbedingungen werden von den verschiedensten Politikfeldern geprägt.

Verbesserung der Infrastruktur durch Privatisierung

Ein gut funktionierender Markt braucht eine gute Infrastruktur, für die der Staat sorgt. Die Infrastruktur in der Bundesrepublik Deutschland ist gut. Sie wird immer wieder als großer Standortvorteil hervorgehoben. Die Wiedervereinigung hat aber deutlich gemacht, daß auch hier der finanziellen Belastung des Staates Grenzen gesetzt sind. Es liegt daher nahe, die Erweiterung der Infrastruktur zu privatisieren. Der Bund geht hier mit gutem Beispiel voran. Die Privatisierung der Deutschen Bundesbahn wurde erfolgreich abgeschlossen. Die Privatisierung der Post steht kurz bevor. Im Straßenbau wird intensiv nach neuen Wegen der finanziellen Beteiligung privater Investoren gesucht. Der Druck auf die Kommunen, in Abkehr von alten Traditionen auch mehr Private an der Befriedigung öffentlicher Bedürfnisse zu beteiligen, nimmt zu. In diesem Bereich müssen alle Wege gesucht und genutzt werden, die sich bieten.

Ausbildung, Forschung und Lehre

Dem Staat obliegt die Schaffung und Unterhaltung einer effizienten Ausbildungsinfrastruktur. Er muß Forschung und Lehre unterstützen. In diesem Bereich ist der Staat den an ihn gestellten Anforderungen bislang grundsätzlich nachgekommen. Gerade in jüngster Zeit sind aber auch Defizite deutlich geworden. Der Bildungshaushalt des Bundes ist seit Jahren mehr oder weniger gleich geblieben. Im vergangenen Jahr ging sein

Anteil am Gesamthaushalt sogar um 260 Mio DM zurück. Dramatischer noch sind die Zahlen im Hochschulbau. Deutsche Hochschulen sind für eine Kapazität von rund 800.000 Studenten ausgelegt. Ausgebildet werden hier zur Zeit aber 1,8 Mio Studenten. Die Mittel für den Hochschulbau wurden von 1990 bis 1993 von 1,1 auf nur 1,68 Mrd DM erhöht, während der Wissenschaftsrat wenigstens 2,3 Mrd DM für erforderlich hält. Da Deutschland von seinen Köpfen lebt, wird hier deutlich, daß Prioritäten offensichtlich falsch gesetzt werden.

Dauer von Genehmigungsverfahren

Wichtige Rahmenbedingungen für die Wirtschaft setzt auch die Umweltpolitik. Diese wird gern immer wieder als Paradebeispiel bürokratischen Perfektionismus zitiert. In vielen Fällen zu Recht. Umweltrelevante Großvorhaben durchlaufen in der Bundesrepublik Deutschland durchschnittlich ein 20 Monate dauerndes Genehmigungsverfahren. In unserem Nachbarstaat Belgien, der ähnliche Standortvorteile wie die Bundesrepublik aufweist, sind es demgegenüber nur 12 Monate. Welcher Unternehmer, der mit einem engen Finanzierungsplan arbeitet, wird bei ansonsten weitaus gleichen Standortbedingungen nicht wenigstens über eine Verlagerung seiner Produktion und damit über die Verlagerung von Arbeitsplätzen nachdenken? Es fehlt auch an Flexibilität. Jede neue technische Anlage muß in der Bundesrepublik Deutschland, auch wenn sie bereits bauidentisch in einem anderen Bundesland errichtet und genehmigt wurde, ein völlig neues Genehmigungsverfahren in einem anderen Bundesland durchlaufen. Jedes Bundesland pocht hier auf seine Zuständigkeit. Wir brauchen daher die generelle Zulassung von Musteranlagen, die dann im jeweiligen Bundesland nur noch auf ihre individuelle Standortverträglichkeit überprüft werden.

Die überfällige Novellierung des Gentechnikgesetzes war ein richtiger Schritt zur Verkürzung und Vereinfachung von Genehmigungsverfahren. Die Deregulierung in diesem Bereich muß aber konsequent fortgesetzt werden.

Finanzpolitik

Das Steuerrecht ist inzwischen so auf Einzelfallgerechtigkeit zugeschnitten, daß Steuerzahler und Steuerbehörden vor einem Wust von Vorschriften zu kapitulieren drohen. Das Problem wird verschärft durch ein Heer von Steuerberatern, Finanzbeamten und Finanzrichtern, die die Kompliziertheit des deutschen Steuersystems ernährt. Dies erleichtert durchgreifende Vereinfachungen nicht gerade. Vor allem die Gerichte haben einen großen Anteil an der Verrechtlichung dieses Bereichs. Dies ist ein Vorwurf, der übrigens nicht nur die Finanzgerichte, sondern auch andere Bereiche der besonderen Gerichtsbarkeit trifft. Oft wird der Gesetzgeber nur durch Urteile auf den Plan gerufen, die bei stringenter teleologischer Auslegung und Beachtung der Anwendungspraxis durch die Gerichte so nicht hätten zustande kommen können.

Weil der Ruf nach Steuervereinfachung in der Vergangenheit nicht ernst genug genommen worden ist, ist er inzwischen zu einer Floskel verkommen. Dabei gäbe es viele Ansatzmöglichkeiten für eine wirkliche Vereinfachung. Das amerikanische Modell, das nur sehr wenige und geringe Steuersätze bei weitgehendem Verzicht auf Abschreibungsmöglichkeiten vorsieht, scheint sich zu bewähren. Deutsche Steuerpolitik ist dagegen in erster Linie von fiskalpolitischer Kurzsichtigkeit geprägt. Da werden die Vorschriften zur Absetzbarkeit von Bewirtungskosten zu einem bürokratischen Popanz aufgebaut, um der Staatskasse zu geringfügigen Mehreinnahmen zu verhelfen. Gleichzeitig verharrt die vorteilhafte Abschreibungsmöglichkeit geringwertiger Wirtschaftsgüter seit Beginn der 70er Jahre unverständlicherweise auf dem heute viel zu niedrigen Betrag von 800,-- DM. Jede Änderung, die der Wirtschaft durch Entlastung zusätzliche Wachstumsimpulse verleihen würde, wird allein auf ihre Haushaltswirksamkeit untersucht. Damit wird Steuerrecht vielfach leider nicht mehr als Lenkungsinstrument eingesetzt, sondern lediglich als Einnahmeinstrument betrachtet.

Arbeitsmarkt- und Sozialpolitik

Unmittelbaren Einfluß auf die Beschäftigung hat die Arbeits- und Sozialpolitik. Neben der bereits dargelegten fehlgeleiteten Tarifpolitik liegen hier die Hauptursachen für die Verkrustung des deutschen Arbeitsmarktes. Daß der deutsche Arbeitsmarkt verkrustet ist, läßt sich an einer einfachen Zahl ablesen. In den USA finden 90 Prozent und in Japan 60 Prozent der Arbeitslosen innerhalb von 6 Monaten eine neue Stelle. In der Bundesrepublik sind es gerade einmal 36 Prozent. Gleichzeitig verharrt die Arbeitslosigkeit in Westdeutschland im Juni 1994 bei 8,0 Prozent, während die OECD für Japan im gleichen Jahr nur 2,9 Prozent und in den USA 6,3 Prozent Arbeitslosigkeit prognostiziert.

In der Arbeits- und Sozialpolitik wird sich der Gesetzgeber in Zukunft in vier Hauptfeldern engagieren müssen. Dies sind die Deregulierung des Arbeitsmarktes, die Stabilisierung staatlicher Lohnnebenkosten, eine finanzierbare und ordnungspolitisch saubere unmittelbare Beschäftigungspolitik sowie, in jüngster Zeit immer wichtiger werdend, eine Begrenzung europäischer Arbeits- und Sozialpolitik, die immer mehr in die Politik der einzelnen Mitgliedstaaten eingreift.

Deregulierung des Arbeitsmarktes

Im Bereich Deregulierung hat die zurückliegende Legislaturperiode eine Reihe von Fortschritten gebracht. Die Kündigungsfristen für Arbeiter und Angestellte wurden verkürzt und vereinheitlicht. Die Entgeltfortzahlung im Krankheitsfall wurde ebenfalls vereinheitlicht; Nachweispflichten wurden verschärft und alte Zöpfe abgeschnitten, wie z. B. bei der Urlaubsgewährung wegen Durchführung einer „Nachkur". Das Vermittlungsmonopol der Bundesanstalt für Arbeit konnte aufgebrochen werden. Auch die ILO hat ihren Standpunkt in dieser Frage inzwischen revidiert. Die Zulassung privater Arbeitsvermittler wird sicherlich die überörtliche Vermittlung verbessern. Sie wird branchenspezifisch orientiert sein. Bereits die Ankündigung privater Arbeitsvermittler hat frischen Wind in die Arbeit der Bundesanstalt gebracht. Wichtig war die Verabschiedung eines neuen Arbeitszeitrechts nach drei vergeblichen Anläufen in vorangegangenen Legislaturperioden. Dieses Arbeitszeitrecht erlaubt einen flexiblen Personaleinsatz. Arbeits- und Maschinenlaufzeiten können weitgehend entkoppelt werden. Der wirtschaftlichen Bedeutung der Arbeitszeit wurde durch die begrenzte Zulassung der Sonntagsarbeit aus beschäftigungssichernden Gründen weit mehr Bedeutung eingeräumt.

Dieser Weg der Deregulierung muß fortgesetzt werden. Handlungsbedarf besteht zum Beispiel im Bereich des Arbeitnehmerüberlassungsgesetzes. Die Praxis hat gezeigt, daß dieses von den Gewerkschaften vehement bekämpfte Gesetz einen überaus positiven Beschäftigungseffekt hat. Dieses Gesetz ist von Arbeitgebern und Arbeitnehmern immer auch als Brücke in ein reguläres Arbeitsverhältnis benutzt worden. Trotzdem ist die Geltung des Arbeitnehmerüberlassungsgesetzes beschränkt und wird immer wieder verlängert. Dem Entleiher werden eine Vielzahl von Restriktionen auferlegt, wie beispielsweise die Begrenzung einer Überlassung im Einzelfall auf neun Monate, die in der Praxis eher hinderlich sind.

Deregulierung ist auch im Bereich Arbeitsschutz notwendig. Wenn schon die Temperatur auf einer Betriebstoilette durch eine Unfallverhütungsvorschrift geregelt ist, zeigt dies, daß dieser Bereich offensichtlich unter einer Überreglementierung leidet, die dem Arbeitsschutz nicht dienlich ist.

Deregulierung ist auch notwendig, um Teilzeit zu fördern. Viele Arbeitgeberpflichten sind im Bereich Betriebsverfassung oder Arbeitsschutz von der Kopfzahl der in einem Betrieb Beschäftigten abhängig. Teilzeitbeschäftigte werden hier in vollem Umfang mitgezählt. Dies kann Unternehmer im klein- und mittelständischen Bereich davon abhalten, gerade neue zusätzliche Teilzeitkräfte einzustellen. Deregulierung ist wie Unkraut jäten. Sie bleibt eine ständige Aufgabe.

Senkung staatlicher Lohnnebenkosten

Für die Senkung staatlicher Lohnnebenkosten steht nur ein begrenzter Spielraum zur Verfügung. In der gesetzlichen Rentenversicherung errechnen sich die Beiträge aufgrund einer systemimmanenten Methode. Die Einwirkungsmöglichkeiten des Staates sind bewußt klein gehalten worden. Die Beiträge an die Bundesanstalt für Arbeit sind vom Grad der Beschäftigung und von der Zahl der Leistungsempfänger unmittelbar abhängig. Auch hier sind die Einwirkungsmöglichkeiten letztlich gering. Die Berufsgenossenschaften legen ihre Beiträge durch Selbstverwaltung anhand des gesetzlich festgelegten Mittelbedarfes fest. Bei der Pflegeversicherung hat sich der Gesetzgeber selbst als Hüter einer einnahmeorientierten Ausgabenpolitik eingesetzt, indem er selbst über die Beiträge befindet. Auch hier sind die Einwirkungsmöglichkeiten gering. Im Bereich des Gesundheitswesens wurden Reformschritte eingeleitet. Dies wird in der Zukunft fortgeschrieben werden. Auch wenn hiermit kurzfristig eine Senkung der Beiträge im Gesundheitswesen verbunden war, so ist doch absehbar, daß mittel- und langfristig allenfalls eine Stabilisierung zu erreichen sein wird.

Während dem Gesetzgeber ein unmittelbarer Einfluß auf die Beiträge zu den sozialen Sicherungssystemen weitgehend verwehrt ist, so hat er doch einen unmittelbaren Einfluß auf die Ausgaben, die er den sozialen Sicherungssystemen aufbürdet. Hier sind es vor allem die versicherungsfremden Leistungen, die zu Recht immer wieder in die Kritik geraten und die der Staat in vielen Fällen auf die sozialen Sicherungssysteme abgewälzt hat, um sich selbst von Kosten zu entlasten. Die gesetzliche Rentenversicherung ist hiervon in besonderem Maße betroffen. Augenfällig wurde dies insbesondere im Jahre 1993, als die Beiträge zur gesetzlichen Rentenversicherung um 0,2 Prozent abgesenkt wurde, um den Beitrag zur Bundesanstalt für Arbeit um 0,2 Prozent anheben zu können und den Bundeshaushalt hierdurch zu entlasten. Nicht zuletzt dieser völlig systemwidrige Verschiebebahnhof zwischen Rentenversicherung und Bundesanstalt für Arbeit hat zu dem sprunghaften Anstieg der Beiträge zur gesetzlichen Rentenversicherung von 17,5 auf 19,2 Prozent zu Beginn des Jahres 1994 beigetragen. In jüngster Zeit wurde der Rentenversicherung im Rahmen des 2. SED-Unrechtsbereinigungsgesetzes die Entschädigung für SED-Opfer im Rentenrecht aufgebürdet. Auch dies ist unzweifelhaft eine gesamtgesellschaftliche Aufgabe, die über Steuern zu finanzieren gewesen wäre. Fragwürdig ist auch die Belastung der Rentenversicherung mit den Auffüllbeträgen, die die Differenz zwischen echtem Rentenanspruch nach SGB VI und altem DDR-Anspruch ausgleichen.

Das Institut der Deutschen Wirtschaft (IW) hat ein Fremdleistungsvolumen der Rentenversicherung von insgesamt 68,7 Mrd DM errechnet, dem ein Bundeszuschuß von nur rund 49,6 Mrd DM gegenübersteht. Die Beiträge zur gesetzlichen Rentenversicherung und damit die Belastung des Faktors Arbeit wären deutlich geringer, wenn der Gesetzgeber auf die Überfrachtung der Rentenversicherung mit solchen Leistungen verzichten würde.

Im Bereich der Bundesanstalt für Arbeit wird bereits seit Verabschiedung des AFG Ende der 60er Jahre über die Finanzierung aktiver Arbeitsmarktpolitik als gesamtgesellschaftliche Aufgabe über Steuern statt über Beiträge diskutiert. Auch hierdurch würden die Arbeitskosten durch Senkung der Beiträge deutlich verringert. Die Diskussion wurde durch die Probleme im Zuge der deutschen Wiedervereinigung wieder virulent. Der massenhafte Einsatz arbeitsmarktpolitischer Instrumente hat die Finanzierung dieser Folgelasten der deutschen Arbeit als äußerst fragwürdig erscheinen lassen. Allerdings sollten diese durch die deutsche Einheit provozierten Brüche nicht den Blick für die langfristige Bedeutung der Finanzierung der Arbeitsmarktpolitik durch Beiträge und durch die Bundesanstalt für Arbeit verstellen. Die Finanzierung der Arbeitslosigkeit und der Arbeitsmarktpolitik durch Beiträge nimmt die Tarifvertragsparteien für eine verfehlte Tarifpolitik in die Verantwortung. Sie selbst müssen die Arbeitslosigkeit finanzieren, die ihre Tarifabschlüsse produzieren. Aus dieser Verantwortung würden die Tarifvertragsparteien entlassen, wenn die Arbeitsmarktpolitik vom Bund getragen würde. Zudem ist zu befürchten, daß sowohl Bund als auch Bundesanstalt für Arbeit versuchen würden, sich von den Aufwendungen für Arbeitslosigkeit auf Kosten des anderen zu entlasten. Ein Hin- und Herschieben zwischen steuerfinanzierter Arbeitsmarktpolitik und beitragsfinanzierter Arbeitslosigkeit wäre vorprogrammiert. Außerdem handelt es sich hier nur um eine Verlagerung bestehender Kosten zu Lasten des Steuerzahlers. Vor diesem Hintergrund sollte man sich der anderweitigen Finanzierung der Arbeitsmarktpolitik mit größter Vorsicht nähern.

Aktive staatliche Beschäftigungspolitik

Die aktive Arbeitsmarktpolitik, mit der der Staat seine soziale Verantwortung wahrnimmt, hat sich im Grundsatz bewährt. Die immensen Schwierigkeiten im Osten hat man mit dem Arbeitsförderungsgesetz, das für soziale Umbrüche diesen Ausmaßes sicher nicht ausgelegt war, so erfolgreich bekämpft, wie dies unter den gegebenen Umständen möglich war. Allein 1992 wurden bis zu 400.000 Menschen in Arbeitsbeschaffungsmaßnahmen gefördert. Rund 900.000 Menschen begannen in 1991 und 1992 jeweils eine berufliche Weiterbildungsmaßnahme. Diese heute fast unglaublichen Zahlen sind der Beweis, daß das vorhandene Instrumentarium sogar ganz extremen Anforderungen gerecht wird. Kaum ein europäisches Land hätte einen wirtschaftlichen Umbruch, wie wir ihn in der ehemaligen DDR erlebt haben, so beispielhaft abfedern können. Es macht daher überhaupt keinen Sinn, ein so bewährtes Instrumentarium über Bord zu werfen, solange nicht bessere Vorschläge gemacht werden. Dies ist aber zumindest zur Zeit nicht zu erkennen.

Die bekannten Forderungen zur aktiven Arbeitsmarktpolitik behalten ihre Gültigkeit: Arbeitsmarktpolitische Maßnahmen dürfen nicht in Konkurrenz zum regulären Arbeitsmarkt treten. Gerade die Anwendung des § 249 h AFG im umweltpolitischen Bereich hat die Probleme der Arbeitsmarktpolitik deutlich gemacht. Junge Unternehmen, die sich der Rekultivierung verseuchter Flächen widmeten, sahen sich plötzlich in unmittelbarer Konkurrenz zu über § 249 h AFG geförderten Betrieben. Es war offensichtlich, daß diese jungen Unternehmen mit den über das AFG geförderten Offerten dieser Beschäftigungsgesellschaften nicht mithalten konnten. In vielen Fällen drohte Konkurs. Staatliche Beschäftigungspolitik führt sich ad absurdum, wenn sie Arbeitsplätze im regulären Arbeitsmarkt vernichtet. ABM-Tarife müssen weiter abgesenkt werden. Erste Schritte hierzu wurden durch das Beschäftigungsförderungsgesetz 1994 durch Begrenzung des Zuschusses für ABM eingeleitet. Es bleibt zu hoffen, daß die Tarifvertragsparteien endlich zu speziellen Tarifen für geförderte Arbeit gelangen. Nur so kann langfristig das Gefüge von Arbeitslosengeld, geförderter Arbeit und ungeförderter Arbeit stimmig gemacht werden. Auch eine Diskussion über die Höhe sozialer Leistungen darf nicht tabuisiert werden. Der Abbau sozialer Leistungen kann aber nicht isoliert vorgenommen werden. Vielmehr muß er Gegenstand eines Gesamtkonzeptes sein, das allen sozialen Schichten und gesellschaftlichen Gruppen Verzicht auferlegt. Die Zumutbarkeitskriterien beim Verweis des Arbeitslosen auf eine niedriger bezahlte Arbeit müssen stringent angewandt werden. Lohnersatzleistungen sollen nur dann ausgeschüttet werden, wenn dies wirklich notwendig ist. Schließlich sind die arbeitsmarktpolitischen Instrumente im Lichte der wirtschaftlichen Entwicklung ständig auf ihre Notwendigkeit und Wirksamkeit zu überprüfen. Auffällig ist beispielsweise, daß der Einarbeitungszuschuß seit seiner Absenkung und Begrenzung der Bezugsdauer kaum noch genutzt wird. Dieses arbeitsmarktpolitische Instrument, das eine direkte Brücke in den regulären Arbeitsmarkt darstellt, muß daher wieder so ausgestaltet werden, daß diese Funktion auch wirklich wahrgenommen wird.

Abwehr drohender Überreglementierung durch die EU

Der Gesetzgeber muß sich schließlich der drohenden Gefahr einer von Brüssel verursachten Überregelementierung vor allem im Arbeits- und Sozialbereich endlich in notwendigem Maße bewußt werden. In Brüssel sind in der Vergangenheit eine Vielzahl konkreter Richtlinien entstanden oder werden zur Zeit erarbeitet, die den innerdeutschen Gesetzgeber unmittelbar binden und eine Flut von Regelungen auch im innerstaatlichen Recht auslösen werden. Allein aus jüngster Zeit gibt es eine Vielzahl von Beispielen. Die Umsetzung einer Arbeitsschutzrahmenrichtlinie, die deutsche Unternehmen mit bürokratischen und kaum umsetzbaren Vorschriften in schönster Vielfalt überzogen hätte, konnte verhindert werden. In der 13. Legislaturperiode wird eine Richtlinie zum Arbeitszeitrecht umgesetzt werden müssen, die flexible Arbeitszeiten weiter einschränkt. Zudem liegt eine umzusetzende Richtlinie vor, die die Gestaltung der Arbeitsverträge in der gesamten EU einheitlich regelt. Allein während der deutschen Präsidentschaft im 2. Halbjahr 1994 soll eine Richtlinie zum Euro-Betriebsrat endgültig verabschiedet werden. Zudem droht eine Entsenderichtlinie, die die Arbeitsbedingungen ausländischer Arbeitnehmer bei Entsendung innerhalb der EU regelt sowie eine Richtlinie zur Regelung der Teilzeitbeschäftigung.

Die europäische Regelungsflut ist für Deutschland in dreifacher Hinsicht fatal. Zum einen spielt der Wettbewerb sich nicht nur innerhalb Europas, sondern international ab. Es ist klar, daß Europa nicht mit den Arbeitsbedingungen beispielsweise in Thailand konkurrieren kann und will. Aber wenn die Schere zu groß wird, kann der strangulierte europäische Arbeitsmarkt vor der internationalen Konkurrenz nur noch kapitulieren. Zum zweiten berücksichtigen die Richtlinien vielfach nicht ausreichend die Inkompatibilität verschiedener Systeme. Die in der Arbeitsschutzrahmenrichtlinie vorgesehene Gefahrenanalyse mit weitreichenden Dokumentationspflichten entspricht weitgehend dem britischen Modell. Seine Übertragung auf das deutsche Arbeitsschutzsystem führt zwangsläufig zu Friktionen, da Arbeitgebern, Arbeitnehmern und den Behörden völlig neue Instrumente aufoktroyiert werden.

Schließlich ist Deutschland der Musterknabe bei der Schaffung und auch bei der Anwendung von Gesetzen. Wenn die europäischen Vorschriften der Masse an Vorschriften des deutschen Rechts ohne weiteres hinzugefügt werden, wirkt dies mittel- und langfristig strangulierend für den deutschen Arbeitsmarkt.

Das Schwerste an der Beschäftigungspolitik ist, Fehler zu vermeiden und dem Sirenenruf nach staatlichen Beschäftigungsprogrammen zu widerstehen. Das Wichtigste bleibt, dem regulären Arbeitsmarkt auf die Beine zu helfen.

Ottmar Schreiner

Beschäftigungspolitik – Die Sicht der SPD

Für die allermeisten Menschen entscheidet die Teilhabe an der Erwerbsarbeit gleichzeitig über das Maß der Teilhabe am gesellschaftlichen Leben. Die Marktgesellschaft findet ihren Selbstwert und den ihrer Mitglieder in Leistung, Status, Geld und Konsum. Erwerbsarbeit ist ihr Gegenstand und – vermittelt über das disponible Einkommen – zugleich ihre Voraussetzung.

Eine Gesellschaft aber, die ihre Individuen fast nur noch über die Erwerbsarbeit integriert, kündigt in dem Maß ihren eigenen sozialen Grundkonsens auf, in dem sie Menschen von der Teilhabe an der Erwerbsarbeit ausschließt. Die derzeitige Massenarbeitslosigkeit bedroht inzwischen das Stabilitätsgefüge der gesamten Gesellschaft.

Mit 3,24 Millionen Arbeitslosen im Jahresdurchschnitt erreichte die Arbeitslosigkeit bereits 1993 einen neuen Höchststand in der Nachkriegszeit. In den Monaten Januar und Februar 1994 wurde sogar die 4-Millionen-Grenze überschritten. Die Arbeitslosenquote liegt im Westen – selbst in saisonal günstigen Monaten – bei 9 Prozent, im Osten über 15 Prozent. Eine solche Situation ist weder sozial- noch gesellschaftspolitisch hinnehmbar.

Arbeitslosigkeit ist außerdem teuer. Das Institut für Arbeitsmarkt und Berufsforschung beziffert die gesamtfiskalischen Kosten der Arbeitslosigkeit für 1993 auf rund 116 Mrd. DM. In diesem Jahr wird diese Zahl wohl auf 130 Mrd. DM anschwellen. Ohne eine gezielte Bekämpfung der Arbeitslosigkeit kann also auch eine durchgehende Konsolidierung der Staatsfinanzen gar nicht gelingen.

Ursachen der Arbeitslosigkeit

Die Ursachen der Arbeitslosigkeit sind vielfältig. Im Westen macht sich vor allem die stärkste Rezession der Nachkriegszeit mit einem Verlust von fast 1 Million Arbeitsplätze in nur zwei Jahren (Mai 1994 gegenüber über Mai 1992) und einem gleichzeitigen Anstieg der Arbeitslosigkeit um 800.000 bemerkbar. Dazu kommen außenwirtschaftliche Belastungen durch Währungsturbulenzen und eine nachlassende Wettbewerbs-

und Innovationsfähigkeit von Teilen der deutschen Wirtschaft. Eine Feinanalyse ist in diesem Zusammenhang schwierig. Einerseits hat die gute Sonderkonjunktur infolge der deutschen Einheit sicherlich einige Unternehmen zu einer bloßen Mengenausweitung veranlaßt, gleichzeitig wurden aber Forschung und Entwicklung vernachlässigt. Dazu kommen schwere wirtschaftspolitische Fehler, die ausgerechnet in Zeiten der Hochkonjunktur zu einer rasanten Zunahme der Staatsverschuldung geführt haben, so daß jetzt die Mittel zu einem konjunkturpolitischen Gegensteuern fehlen. Schwerwiegende Versäumnisse muß sich die Bundesregierung vor allem bei der Finanzierung der deutschen Einheit nachsagen lassen. Insbesondere die Finanzierung der notwendigen Arbeitsmarktpolitik in Ostdeutschland über die Arbeitslosenversicherung hat zu einem deutlichen Anstieg bei den Sozialversicherungsbeiträgen geführt. Dadurch sind die Kosten der Arbeit verteuert und die Wettbewerbsfähigkeit unnötig beeinträchtigt worden. Die einigungsbedingten Defizite bei der Bundesanstalt für Arbeit und in der Rentenversicherung belaufen sich zusammen auf 44 Mrd. DM in 1993, was ca. 4 Beitragssatzpunkten entspricht.

Die Entwicklung der Lohnkosten spielt dagegen nur eine untergeordnete Rolle. Die Lohnquote ist von 1982 bis 1993 von 76,9 Prozent auf 72,5 Prozent zurückgegangen. Der leichte Wiederanstieg in den letzten zwei Jahren ist überwiegend konjunkturbedingt, an dem langfristigen Trend ändert sich dadurch nichts. Die bereinigte Lohnquote liegt sogar 1993 mit 67,6 Prozent noch auf dem Niveau der sechziger Jahre. Dagegen ist die Gewinnsituation (Einkommen aus Unternehmertätigkeit) selbst nach Berechnung des Instituts der Deutschen Wirtschaft für eine Konjunkturkrise ausgesprochen günstig. Die Werte von 1982 (2,3 Prozent) und 1981 (3,0 Prozent) wurden 1993 mit 6,6 Prozent Gewinnquote weit übertroffen, in den Jahren zuvor gab es ohnehin Spitzengewinne wie seit den sechziger Jahren nicht mehr. Allerdings haben das hohe Zinsniveau und die zwischendurch sehr zurückhaltenden Exportaussichten die Investitionen gebremst. Im langfristigen Trend sind auch die Lohnstückkosten weniger gestiegen als im Durchschnitt der OECD-Länder. Erst in den Jahren 1991 und 1992 kam es zu einer Verschlechterung. Einerseits belastete die Aufwertung der DM (trotz eines Defizits in der Leistungsbilanz) die internationale Konkurrenzfähigkeit, andererseits wirkten sich die Verteilungskämpfe, die höheren Preissteigerungsraten und die Kostenbelastungen durch die gestiegenen Sozialversicherungsbeiträge negativ aus. Dies ist jedoch kein gravierendes Problem, da Standortentscheidungen überwiegend langfristig kalkuliert sind. Die Arbeitskosten sind dann nur ein Standortfaktor unter vielen. Außerdem gab es bereits 1993 und erst recht 1994 sehr zurückhaltende Tarifabschlüsse. Im Zuge der besseren Kapazitätsauslastungen infolge der anziehenden Konjunktur werden die Lohnstückkosten dieses Jahr sogar nominal sinken. Alles in allem schneidet Deutschland im internationalen Vergleich mit seiner hochlohn- und hochproduktivitätsorientierten Arbeits- und Sozialpolitik nicht schlecht ab.

Die Probleme in Ostdeutschland mit dem längst noch nicht bewältigten Transformationsprozeß von der Plan- zur Marktwirtschaft sind gesondert zu beurteilen. Zweifellos war hier der Einklang zwischen Produktivitäts- und Lohnentwicklung nicht immer gegeben, allerdings sind aufgrund der politischen Vorgaben durch die Wirtschafts- und Währungsunion 1990 auch keine Alternativen denkbar. Es kam zu einer raschen Angleichung des Preisniveaus in Ost und West. Der Preis für die Arbeitskraft kann dahinter nicht so weit zurückbleiben; schon jetzt macht sich die Abwanderung qualifizierter, motivierter und leistungsfähiger Arbeitskräfte in Ostdeutschland negativ bemerkbar. Es ist auch kein Industrieland mit derartig großen regionalen Lohnunterschieden bekannt. Mögliche Zwischenlösungen z. B. mit Hilfe der Vermögensbildung in Arbeitnehmerhand, die die Arbeitskostenprobleme für die Unternehmen entschärft und trotzdem den Einkommensanspruch der Arbeitnehmer gewahrt hätten, wurden nie ernsthaft diskutiert.

Ökologische Modernisierung der Volkswirtschaft

Vor diesem Hintergrund fordert die SPD eine gesamtdeutsche Strategie für Modernisierung, Beschäftigung und umweltverträgliches Wachstum. Deregulierung und Vertrauen auf die Selbstheilungskräfte der Marktwirtschaft helfen dagegen nicht weiter. 13jährige Erfahrungen in Großbritannien zeigen, daß sich eine einseitige angebotsorientierte Wirtschaftspolitik nicht auszahlt. Das Bruttoinlandsprodukt pro Kopf lag in Großbritannien 1980 bei 89 Prozent des OECD-Durchschnitts, 1992 bei 88 Prozent. Die Arbeitslosenquote ist gleichzeitig von 6,1 Prozent auf 10,0 Prozent gestiegen (1933 sogar 10,3 Prozent). Sie übertrifft den OECD-Durchschnitt um 2,4 Prozentpunkte.

Es gibt kein Patentrezept zur Bekämpfung der Arbeitslosigkeit, vielmehr ist eine gemischte Strategie der Wirtschafts-, Finanz-, Arbeitsmarkt-, Struktur- und Arbeitszeitpolitik erforderlich. Unverzichtbare Basis ist eine nachhaltige Förderung eines umweltgerechten Wirtschaftswachstums, das sowohl auf einer gestiegenen Innovationsfähigkeit der Wirtschaft beruht, als auch die Lebens- und Produktionsbedingungen verbessert. Dabei fordert die SPD kein Konjunkturprogramm im traditionellen Sinn. Dies würde bei der angestrebten Umstrukturierung der deutschen Volkswirtschaft zu kurz greifen; es wäre wegen der schon aufgelaufenen Staatsverschuldung und des hohen Realzinsniveaus außerdem kaum finanzierbar. Investitionen in umweltfreundliche Produkte und Produktionsverfahren, der weitere Ausbau der öffentlichen Infrastruktur stehen stattdessen im Mittelpunkt. Es geht dabei um eine langfristige und grundlegende Umstellung. Die Substitution von Arbeit durch Kapital war bisher von einer ständigen Zunahme des Energie- und Rohstoffverbrauchs begleitet. Gleichzeitig lag das Potential an Arbeitskräften teilweise brach. Jetzt kommt es darauf an, den Wirtschaftsprozeß so umzugestalten, daß sich die Effizienz der Produktionsfaktoren Arbeit, Energie und Rohstoffe in ihrem Zusammenwirken erhöht. Wirtschaftswachstum muß in Zukunft mit einem abnehmenden Verbrauch an natürlichen Ressourcen einhergehen. Staat und Wirtschaft müssen zusammenarbeiten. Obwohl Forschung und Entwicklung z. B. in erster Linie Aufgabe der Unternehmer sind, müssen trotzdem auch die staatlichen Rahmenbedingungen verbessert werden. Der Forschungsetat, dessen Anteil am Bundeshaushalt in den letzten zehn Jahren von 2,7 Prozent auf 1,9 Prozent zurückgeschnitten worden ist, muß wieder aufgestockt werden. Hinzukommen sollten steuerliche Anreize für Zukunftsinvestitionen, vor allem bei kleinen und mittleren Unternehmen und bei freien Erfindern. Außerdem sind bei den Forschungseinrichtungen Transferzentren einzurichten, die kleinen und mittleren Unternehmen den Zugang zu moderner Spitzentechnologie eröffnen und die Umsetzung von Forschungsergebnissen in neuere Produkte beschleunigen. Gerade bei der Umsetzung haben wir beispielsweise gegenüber Japan erheblichen Rückstand.

In den neuen Bundesländern besteht nach wie vor keine stabile wirtschaftliche Basis. Zwar hat sich die Infrastruktur verbessert, die privaten Investitionen sind – allerdings zumeist mit massiver staatlicher Förderung – inzwischen in Gang gekommen, dennoch fehlt es vor allem an einer leistungsfähigen Industrie. Die SPD wird deshalb mit einem Aufbauprogramm Ost den Wiederaufbau der ostdeutschen Wirtschaft gezielt fördern. Die noch vorhandenen industriellen Kerne müssen erhalten bleiben. Dazu kommen nach SPD-Vorstellung ein zügiger Ausbau der wissenschaftlichtechnischen Einrichtungen, der Kommunikations- und Verkehrsinfrastruktur. Für die Gemeinden wollen wir ein Zukunfts-Investitionsprogramm „Arbeit und Umwelt" auflegen. Darüber hinaus gilt es, immer noch vorhandene Investitionshemmnisse in der Eigentumsfrage, beim Entschädigungsrecht und in der Wohnungswirtschaft zu beseitigen.

Schwerpunktmäßig in Ostdeutschland, aber grundsätzlich auf ganz Deutschland ausgerichtet, brauchen wir eine innovationsorientierte Mittelstandsförderung. Mittelständische Unternehmen in Handel, Handwerk und verarbeitendem Gewerbe und Dienstleistung sind das gesunde Rückgrat für die Wirtschafts- und Arbeitsmarktentwicklung. Mittelständische Unternehmen brauchen besondere Unterstützung, um in den neuen Wachstumsmärkten der Schwellenländer Fuß fassen zu können. Dazu sind besondere Beratungs- und Dienstleistungsstellen in diesen Ländern einzurichten. Für die Erneuerung der Infrastruktur wollen wir Neugründungen von Technologieunternehmen besonders fördern. Dazu gehört auch die Bereitstellung von Risikokapital und eigenkapitalähnlichen Darlehen und nicht zuletzt eine Qualifizierungsstrategie, die sowohl die duale Ausbildung effizienter gestaltet und die berufsbegleitende Qualifizierung umfaßt. Die Förderung von Existenzgründungen und jungen Unternehmen im Rahmen einer regionalen Arbeitsmarkt- und Strukturpolitik ist Bestandteil unseres Programms.

Mit der Modernisierung der Volkswirtschaft für umweltgerechtes Wachstum sollte eine Ausweitung der Vermögensbildung in Arbeitnehmerhand einhergehen. Eine Beteiligung der Beschäftigten am Sagen und Haben durch Mitbesitz und Mitbestimmung stärkt die Investitionskraft der Unternehmen. Die SPD setzt sich für eine breite gesetzliche Grundlage ein, die unterschiedlichen Vorstellungen von Beteiligung am Produktivvermögen Raum läßt. Die Beteiligung soll nach unserer Auffassung möglich sein über Fonds, in denen Anteile von Unternehmen einer Branche zusammenfließen und gegen Wertverfall gesichert bleiben.

Grundvoraussetzung für unsere mittel- bis langfristig angelegte Beschäftigungsstrategie ist ein breiter gesellschaftlicher Konsens. Wir brauchen einen Beschäftigungspakt, der Bundes- und Landespolitik, Gewerkschaften und Arbeitgeberverbände sowie die Bundesbank einschließt. Die Tarifvertragsparteien haben mit ihren Tarifverträgen zur Beschäftigungssicherung einen neuen, zukunftsweisenden Weg eingeschlagen. Sie können das Problem aber nicht alleine lösen. Außerdem ist eine Abstimmung auf EU-Ebene möglichst im Rahmen der G 7 unverzichtbar. Das Weißbuch der EU-Kommission bildet dafür eine gute Grundlage. Zu Recht setzt es auf eine Kooperation zwischen Staat und Privatwirtschaft. Deutschland muß bei der Umsetzung des Weißbuches eine führende Rolle einnehmen.

Personenbezogene Dienstleistungen

Ein umweltgerechtes Wirtschaftswachstum allein wird die Arbeitslosigkeit allerdings nicht beseitigen. Eine Arbeitsmarktpolitik, die möglichst eng mit der wirtschaftlichen Strukturpolitik verzahnt wird und eine intelligente Arbeitszeitpolitik müssen hinzukommen. Im Spannungsfeld dieser drei Politikbereiche geht es außerdem darum, ob und wie eine Ausweitung der personenbezogenen Dienstleistungen zu erreichen ist. Deutschland weist hier im internationalen Vergleich erhebliche Versorgungslücken auf. Obendrein ist nicht zu verkennen, daß – anders als in weiten Teilen des verarbeitenden Gewerbes und der unternehmensbezogenen Dienstleistungen – bei manchen arbeitsintensiven Tätigkeiten Rationalisierung und damit Produktivitätssteigerungen kaum möglich sind. Dadurch stellt sich die Frage der Lohnkosten in einem ganz anderen Licht, zumal z. B. bei Haushaltshilfen, aber auch bei schlichten Reparatur-, Bedienungs-und Betreuungsaufgaben die Nachfrage ziemlich preisreagibel ist. Hier würde eine Lohnsenkung also wahrscheinlich zu einer Steigerung der Beschäftigung führen, allerdings ist dies unter sozialpolitischen Gesichtspunkten unakzeptabel, da die Löhne in den untersten Lohngruppen ohnehin nur knapp oberhalb der Sozialhilfe liegen. Außerdem gehören die personenbezogenen Dienstleistungen keineswegs generell zu den Sektoren mit geringen Qualifikationsanforderungen. Zum Beispiel sind im Gesundheitsbereich, bei der Pflege und Kinderbetreuung, teilweise auch im Tourismus über eine Formalisierung der Berufe und Einführung neuer Techniken die Qualifikationsanforderungen sogar deutlich gestiegen.

Da auch hier – entsprechend den Marktgesetzen – eine Ausweitung der Nachfrage nur mit (relativen) Preissenkungen zustandekommen wird, sollten Subventionen kein Tabu sein. Soweit diese die Kosten der Arbeitslosigkeit nicht wesentlich übersteigen, sind sie auch in einem Marktwirtschaftssystem gerechtfertigt. Das Konkurrenzproblem stellt sich ohnehin nur bedingt, da diese Sektoren zumeist keinem internationalen, nicht einmal einem überregionalen Wettbewerb unterliegen. Die SPD tritt vor allem für den Ausbau eines öffentlich geförderten Arbeitsmarktes ein, der gegebenenfalls durch gezielte Lohnkostenzuschüsse für bestimmte, sozial und ökologisch nützliche Dienstleistungen (z. B. ökologischer Landbau, Fahrgastbetreuer im öffentlichen Nahverkehr) ergänzt wird. Die Diskussion über weitere Modelle zur steuer- und sozialrechtlichen Beschäftigungsförderung ist aber noch nicht abgeschlossen.

Die Bedeutung der Arbeitsmarktpolitik

Eine noch so gute Wirtschaftspolitik allein kann öffentlich geförderte Beschäftigungspolitik nicht ersetzen. In der letzten Zeit sind unter den Experten unterschiedliche Ansichten über die Beschäftigungsintensität des Wirtschaftswachstums geäußert worden.

Das Prognos-Gutachten von 1991 geht davon aus, daß selbst ein jährliches Wachstum von 2,5 Prozent bis zum Jahr 2000 allenfalls den Beschäftigungsstand auf dem heutigen Stand sichern könnte.

Eine Studie des Instituts der deutschen Wirtschaft ist dagegen optimistischer. Trotz starker Technologieschübe sei das Wirtschaftswachstum in Westdeutschland wesentlich beschäftigungsintensiver geworden. Wachstum, Produktivität und Beschäftigung hätten sich keineswegs entkoppelt. Als Gründe nennt das IW eine niedrigere Beschäftigungsschwelle, einen ruhigeren Produktivitätsfortschritt, mehr Teilzeitarbeit und eine maßvolle Lohnentwicklung. Das IW folgert daraus die Prognose: „Steigt bis zum Jahr 2000 der Kapitalstock um jährlich 2,8 Prozent und wächst das Bruttoinlandsprodukt um 2 Prozent pro Jahr, dann wird die Beschäftigung jahresdurchschnittlich um immerhin rund 0,4 Prozent zunehmen" (das entspricht 120.000 zusätzlichen Arbeitsplätzen im Jahr, Anmerkung des Verfassers).

Gleich welche Prognose zutrifft, angesichts des hohen Sockels der Arbeitslosigkeit wird das zu erwartende wirtschaftliche Wachstum das

Beschäftigungsproblem nicht lösen können. Der öffentlich geförderten Beschäftigung und Qualifizierung auf der Grundlage der Instrumente des Arbeitsförderungsgesetzes kommt weiterhin hohe Bedeutung zu.

Die bewährten Instrumente der Arbeitsmarktpolitik

Hauptzweck des Arbeitsförderungsgesetzes ist die (Re)Integration von besonderen Zielgruppen in den allgemeinen Arbeitsmarkt. Häufig wird als Beleg gegen die Instrumente der aktiven Arbeitsmarktpolitik ins Feld geführt, daß dieser Zweck nur höchst unzureichend gelingt. Diese These ist nachweislich falsch. Das Institut für Arbeitsmarkt- und Berufsforschung (IAB) der BA führt seit 1982 eine Erfolgskontrolle durch. Als Richtwert ist festzuhalten, daß im Jahresschnitt weniger als ein Viertel der Teilnehmer im Bezug von Lohnersatzleistungen verblieben. Damit sind die hohen Integrationserfolge vor allem von Qualifizierungsmaßnahmen nachdrücklich demonstriert. Deutlich niedriger, aber mit ca. 50 Prozent immer noch ganz erheblich, sind die Übergänge aus AB-Maßnahmen in reguläre Beschäftigungsverhältnisse. Dies ist jedoch weniger den Maßnahmen selbst als vielmehr dem Umstand anzulasten, daß der allgemeine Arbeitsmarkt zu wenig Beschäftigung anbietet und in erheblichem Maße schwerstvermittelbare Personen einbezogen werden. Die Instrumente haben sich also bewährt. Gleichwohl hat das bestehende AFG konzeptionelle Defizite. Vor allem ist die Finanzierung zu einseitig auf den Haushalt der Bundesanstalt abgestellt. Wir brauchen eine gesamtfiskalische Konzeption. Die Be- und Entlastungen in anderen öffentlichen Haushalten dürfen aber nicht ausgeklammert werden. Die SPD will diese Defizite mit einem neuen Arbeits- und Strukturförderungsgesetz (ASFG) beseitigen.

Vorrang für die aktive Arbeitsförderung

Kerngedanke des ASFG ist eine verbindliche Rechtsvorschrift, die den Vorrang der aktiven Arbeitsmarktpolitik vor den passiven Leistungen festschreibt. In einer ersten Anlaufphase müssen die aktiven Ausgabenanteile der Bundesanstalt mehr als die Hälfte des Gesamthaushalts ausmachen. Dieser Prioritätentausch von der passiven zur aktiven Arbeitsmarktpolitik ist deshalb von zentraler Bedeutung, weil bisher vor allem

Beschäftigungspolitik – Die Sicht der F. D. P.

nicht übersehen werden, daß Beschäftigungsförderung eine staatliche Aufgabe ist, die damit grundsätzlich aus Steuermitteln zu finanzieren wäre. Gerade die Aufwendungen für den Strukturwandel in den fünf neuen Bundesländern machen deutlich, daß die Arbeitslosenversicherung und damit auch die Beitragszahler finanziell umgehend entlastet werden müssen. Der Staat muß in der Finanzierung seine Verantwortung für die Beschäftigungsförderung übernehmen.

Fazit

Zusammenfassend bleibt festzuhalten, daß Beschäftigungsförderung aus Sicht der Unternehmen primär bei der Gestaltung der gesetzlichen Rahmenbedingungen beginnt. Zusammen mit der Steuer- und Abgabenbelastung sind sie wichtigster Einflußfaktor für die Sicherung und Schaffung neuer Arbeitsplätze. Es darf allerdings nicht verkannt werden, daß der Staat, die Tarifvertragsparteien und die Unternehmen in der Verantwortung dafür stehen, die Arbeitslosigkeit auch kurzfristig zu bekämpfen. Hierfür stellt das Arbeitsförderungsrecht zahlreiche Maßnahmen zur Verfügung, die aus Sicht der Unternehmen allerdings noch keine optimale Wirkung erreichen. Es besteht noch erheblicher Anpassungsbedarf. Schließlich ist die Phantasie aller gefordert, um Arbeit für möglichst viele zu schaffen.

Bernhard Jagoda

Beschäftigungspolitik – Die Sicht der Bundesanstalt für Arbeit

Arbeitsmarkt- und Beschäftigungspolitik: Begriffe und Ziele

Die Begriffe Arbeitsmarkt- und Beschäftigungspolitik werden in der wirtschaftspolitischen Diskussion nicht immer richtig gebraucht und oftmals nicht ausreichend differenziert. Dabei wurde der Blickwinkel, insbesondere in den letzten Jahren, allzuoft auf die Arbeitsmarktpolitik der Bundesanstalt für Arbeit verengt. Dies legt es nahe zu versuchen, zunächst die beiden Begriffe hinreichend voneinander abzugrenzen (vgl. hierzu auch Abbildung 1).

Unter Arbeitsmarktpolitik wird die Gesamtheit der Maßnahmen verstanden, die das Angebot und die Nachfrage auf dem Arbeitsmarkt bzw. auf seinen Teilmärkten und die Beziehungen zwischen ihnen direkt zu beeinflussen versuchen.[1]

Als Beschäftigungspolitik werden in der Literatur diejenigen wirtschaftspolitischen Aktivitäten zusammengefaßt, die der Beeinflussung der Beschäftigungslage des Produktionsfaktors Arbeit dienen.[2] Dabei wird grundsätzlich auf die abhängigen Erwerbspersonen (Arbeitnehmer) abgestellt. Wirtschaftspolitische Maßnahmen, die die Beschäftigungssituation Selbständiger beeinflussen sollen, zählen demnach nicht zum Bereich der Beschäftigungspolitik.

Beschäftigungspolitik umfaßt damit ein größeres Feld, als nur die Arbeitsmarktpolitik. Sie betrifft Teilbereiche der Konjunktur-, Wachstums- und Strukturpolitik, beinhaltet die gesamte Arbeitsmarktpolitik und hat enge Beziehungen zu anderen Politikbereichen, z. B. der Sozialpolitik. Geläufige Bezeichnung für das quantitative Ziel der Beschäftigungspolitik ist der hohe Beschäftigungsstand. Beschäftigungspolitik ist in diesem Sinne ein Oberbegriff.

---

[1] Mertens, D./Kühl, J.: Arbeitsmarkt I: Arbeitsmarktpolitik, in: Handwörterbuch der Wirtschaftswissenschaften, Bd. 1, Stuttgart u. a. 1977, S. 279–292
[2] Görgens, E.: Beschäftigungspolitik, München 1981, S. 1

Abbildung 1: Arbeitsmarkt- und Beschäftigungspolitik

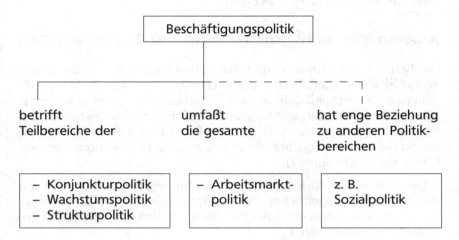

Für die systematische Erfassung des wirtschaftspolitischen „Werkzeugkastens" gibt es eine Fülle von Klassifizierungsvorschlägen. Eine in allen Punkten befriedigende Einteilung gibt es wohl nicht.

Diese Unterscheidungen sind keineswegs akademische Stilübungen, sondern notwendige Vorüberlegungen, will man sich über die Möglichkeiten und Grenzen der Arbeitsmarkt- bzw. Beschäftigungspolitik bewußt werden.

Das AFG – Grundlage für die Arbeitsmarktpolitik

Grundlage für die Arbeitsmarktpolitik ist das Arbeitsförderungsgesetz (AFG). Es entstammt dem Konzept der Wirtschafts- und Gesellschaftspolitik der späten 60er Jahre und wurde vor 25 Jahren im Deutschen Bundestag einstimmig(!) verabschiedet. Am 1. Juli 1969 trat es in Kraft. Das AFG wurde damals als ein Gesetz von epochaler Bedeutung bezeichnet, „das völlig neue Perspektiven eröffne".[3] Mit Inkrafttreten des AFG

---

[3] Protokoll über die 234. Sitzung des Deutschen Bundestages – 5. Wahlperiode – S. 12.937 D

wurde das AVAVG (Gesetz über Arbeitsvermittlung und Arbeitslosenversicherung) aufgehoben; es hatte seit 1927 gegolten, zuletzt in der Fassung vom 23. Dezember 1956. Gleichzeitig wurde aus der 1952 errichteten „Bundesanstalt für Arbeitsvermittlung und Arbeitslosenversicherung" (BAVAV) die „Bundesanstalt für Arbeit" (BA).[4])

Das AFG bedeutete den Übergang von einer abwartenden, überwiegend lediglich absichernden zu einer vorausschauenden und aktiven Arbeitsmarktpolitik. Kernstück der aktiven Arbeitsmarktpolitik wurde die Förderung der beruflichen Bildung. Auch ein weiteres wichtiges Instrument, Arbeitsbeschaffungsmaßnahmen, sollte erhebliche Bedeutung erlangen. Großen Stellenwert bekamen Hilfestellungen für benachteiligte Personengruppen, um ihnen die Teilnahme am Arbeitsprozeß zu ermöglichen. Der ausgeprägte Beratungs- und Vermittlungsauftrag veränderte das Image der Arbeitsämter: von einer „Stempelbude" zu einer Institution mit einem umfassenden Sozialauftrag, der arbeitsmarktpolitische und bildungspolitische Kompetenzen gleichermaßen umschließt.

Das AFG gehörte zum Konzept der Globalsteuerung der Wirtschaft, es ist insbesondere im Zusammenhang mit dem Gesetz zur Förderung der Stabilität und des Wachstums der Wirtschaft (StabG) zu sehen, das zwei Jahre zuvor, am 14. Juni 1967 in Kraft trat. In ihm wurde die Grundlage der allgemeinen Wirtschafts- und Finanzpolitik gelegt. Mit dem Stabilitätsgesetz glaubte man, im Rahmen der „Globalsteuerung", alle „groben Einbrüche" an der „Beschäftigungsfront" kurzfristig beheben zu können. Die „Feinsteuerung" des Arbeitsmarktes sollte das AFG übernehmen. Es bekam insbesondere die Aufgabe, das Arbeitskräfteangebot den Strukturen der Arbeitskräftenachfrage während des Wachstumsprozesses der Volkswirtschaft anzupassen.[5])

Das arbeitsmarktpolitische Instrumentarium

Die arbeitsmarktpolitischen Instrumente des AFG bieten heute Möglichkeiten, sowohl an der Angebots- als auch an der Nachfrageseite des Arbeitsmarktes anzusetzen (vgl. hierzu auch Abbildung 2).

---

[4]) Jagoda, B.: 25 Jahre Arbeitsförderungsgesetz, in: Zeitschrift für Sozialhilfe und Sozialgesetzbuch, Heft 6/1994, S. 281–294
[5]) Bach, H.W.: 25 Jahre Arbeitsförderungsgesetz – ein Grund zum Feiern?, in: Sozialer Fortschritt, Heft 6/1994, S. 133–140

○ Maßnahmen zur Qualifizierung zielen darauf ab, das Arbeitskräfteangebot der Arbeitskräftenachfrage anzupassen. Durch die Förderung der beruflichen Bildung erhalten Erwerbspersonen neue Kenntnisse und Fähigkeiten, um sich den im Zuge des Strukturwandels ändernden Anforderungsprofilen erfolgreich anpassen zu können oder sich weiterzuentwickeln. Die Wirtschaft erhält dadurch die gesuchten Kräfte.

○ Leistungen zur Förderung der Arbeitsaufnahme oder Eingliederungsbeihilfen dienen dazu, einzelne Personengruppen (z. B. Langzeitarbeitslose) auf dem Arbeitsmarkt zu integrieren. Existenzgründer können Leistungen zur Förderung der Aufnahme einer selbständigen Tätigkeit erhalten.

○ Durch die Gewährung von Kurzarbeitergeld oder die Förderung der ganzjährigen Beschäftigung in der Bauwirtschaft werden Beschäftigungsverhältnisse stabilisiert, konjunkturelle bzw. saisonale Arbeitslosigkeit verhindert und den Betrieben die eingearbeiteten Kräfte erhalten.

○ Durch Arbeitsbeschaffungsmaßnahmen bzw. produktive Arbeitsförderung gem. §§ 249h, 242s AFG wird u. a. die Nachfrageseite des Arbeitsmarktes gestärkt und durch ihren investiven Charakter zur volkswirtschaftlichen Wertschöpfung beigetragen. Gleichzeitig erhalten Erwerbspersonen eine Beschäftigung und verbessern damit ihre Chance zur beruflichen Wiedereingliederung.

○ Das Instrument des Altersübergangsgeldes hat den Zweck, das Arbeitskräfteangebot zu verringern, indem ältere Erwerbspersonen die Möglichkeit des Vorruhestandes nutzen. In den neuen Bundesländern konnte Altersübergangsgeld von 55 Jahre oder älteren Arbeitslosen bis Ende 1992 beantragt werden. Damit sollte Arbeitslosigkeit anderer Erwerbstätiger verhindert bzw. abgebaut werden.

Instrumente der Beschäftigungspolitik

Die Beschäftigungspolitik hat bei der Bekämpfung von Arbeitslosigkeit ebenfalls zwei Ansatzpunkte, das Arbeitskräfteangebot und die Arbeitskräftenachfrage. Das Schwergewicht beschäftigungspolitischer Maßnahmen liegt in der Beeinflussung der Arbeitskräftenachfrage, während

Abbildung 2: Arbeitsmarktpolitische Instrumente des AFG

der Steuerung des Arbeitskräfteangebots nur eine unterstützende Funktion zukommt.[6])

Während mit dem Instrumentarium der Konjunkturpolitik Arbeitslosigkeit bekämpft werden kann, die durch ein allgemeines Defizit der

---

[6]) Görgens, E.; Beschäftigungspolitische Instrumente: Ziel- und Systemkonformität, in: WISU, Heft 10/1981, S. 115–119

Gesamtnachfrage bedingt ist („konjunkturelle Arbeitslosigkeit"), haben wachstumspolitische Maßnahmen das Ziel, „wachstumsdefizitäre Arbeitslosigkeit" zu überwinden. Da Wirtschaftswachstum in einer marktwirtschaftlichen Ordnung das Ergebnis vielgestaltiger Marktprozesse ist, kommt als systemkonforme Maßnahme nur die Beeinflussung der Wachstumsbedingungen in Frage. Weil die wirtschaftliche Entwicklung regelmäßig mit Produktionsstrukturänderungen verbunden ist, die gleichgerichtete Beschäftigungsstrukturänderungen bewirken und Unternehmen u.U. Strukturanpassungsproblemen ausgesetzt sind, versucht die Strukturpolitik diesen Wandel durch Anpassungshilfen zu unterstützen und „strukturelle Arbeitslosigkeit" zu verhindern bzw. abzubauen.

Darüber hinaus stehen weitere Politikbereiche in Beziehung zur Beschäftigungspolitik. Zu nennen wären z.B. die Sozial- und Lohnpolitik. Letztere wird in der Bundesrepublik Deutschland nicht durch den Staat geführt, sondern von den Tarifvertragsparteien; es gilt der Grundsatz der Tarifautonomie. Außerhalb der staatlichen Wirtschaftspolitik tragen also auch Arbeitnehmer und Arbeitgeber, bzw. deren Verbände, beschäftigungspolitische Verantwortung.

Möglichkeiten und Grenzen der Arbeitsmarktpolitik

Die Mütter und Väter des AFG hatten eine vorausschauende Arbeitsmarktpolitik vor Augen, die die permanenten strukturellen Veränderungen – einer sich entwickelnden modernen Volkswirtschaft – aktiv begleitet und die notwendigen Anpassungsprozesse tatkräftig unterstützt.

Als das AFG 1969 beschlossen wurde, herrschte Vollbeschäftigung. An eine Ölkrise oder gar an Lean Production dachte niemand, eine tiefgreifende Strukturkrise schloß man weitgehend aus. Bis zur Ölkrise 1973 war der deutsche Arbeitsmarkt von Arbeitskräftemangel geprägt. Zur Vermeidung von Produktionsausfällen wurden Arbeitnehmer aus dem Mittelmeerraum angeworben. Durch die Forderung der beruflichen Fortbildung und Umschulung wurde zugleich versucht, dem Bedarf an qualifizierten Arbeitskräften zu entsprechen. Von Mitte 1969 bis Ende 1973 konnten über 850.000 Arbeitnehmer eine von der Bundesanstalt geförderte Weiterbildungsmaßnahme beginnen.

Die beschäftigungspolitische Konstellation wandelte sich mit der Rezession 1974/75 grundlegend. Die Rolle der Arbeitsmarktpolitik veränderte sich. Mehr und mehr trat ihr Arbeitslosigkeitsentlastungseffekt in das Zentrum des Interesses.[7])

Mit dem umfassenden und tiefgehenden Strukturbruch in den neuen Bundesländern und der Umstellung des gesamten Wirtschaftssystems haben sich die Gewichte der Arbeitsmarktpolitik dort noch einmal verschoben. Nunmehr fiel der Arbeitsmarktpolitik neben dem gewichtigen Auftrag sozialer Absicherung im Umbruch, eine wichtige Brückenfunktion auf dem steinigen Weg des Umbaus von der Planwirtschaft zur Sozialen Marktwirtschaft zu. Die Arbeitsmarktpolitik stand in den neuen Bundesländern vor ihrer bisher größten Herausforderung. Sie hat diese Bewährungsprobe bestanden.

Kurzarbeit, Fortbildung und Umschulung sowie Arbeitsbeschaffungsmaßnahmen wurden in den neuen Bundesländern in einem bisher nicht gekannten Umfang eingesetzt. Die Dimension der Arbeitsmarktpolitik in den ersten drei Jahren nach der Wiedervereinigung mag an folgenden Zahlen deutlich werden. Von Oktober 1990 bis Ende September 1993 haben 2,15 Mio Erwerbspersonen eine von der Bundesanstalt geförderte Weiterbildungsmaßnahme begonnen; wurden 862.000 Personen in eine Arbeitsbeschaffungsmaßnahme (einschl. § 249h AFG) vermittelt; traten fast 900.000 Erwerbstätige in den Vorruhestand; wurde zeitweise für über 2 Mio Beschäftigte Kurzarbeitergeld gewährt. Die Entlastungswirkung dieser arbeitsmarktpolitischen Instrumente lag in ihrer Spitze, im Dezember 1991, bei 2 Mio und betrug im Jahresdurchschnitt 1991 und 1992 jeweils 1,8 Mio, 1993 über 1,5 Mio (vgl. Abbildung 3).[8])

Arbeitsmarktpolitik hat aber nicht nur den Arbeitsmarkt entlastet. Sie hat, ihrer originären Aufgabe entsprechend, den Strukturwandel unterstützt und begleitet.

Im Gegensatz zur Entlastungskomponente kann die strukturelle Wirkung der Arbeitsmarktpolitik nicht berechnet werden. Ihre Dimension

---

[7]) Buttler, F.: Arbeitsmarktpolitik – sind wir am Ende?, in: ifo-Schnelldienst 16–17/1994, S. 28–36

[8]) Amtliche Nachrichten der Bundesanstalt für Arbeit: Arbeitsmarkt 1993 – Arbeitsmarktanalysen für die alten und neuen Bundesländer, Sonderheft zu ANBA 5/1994, S. 157–163

wird aber vorstellbar, wenn man sich den Strukturwandel der westdeutschen Wirtschaft seit Inkrafttreten des AFG verdeutlicht.

1969 gab es in der Bundesrepublik Deutschland 26,36 Mio Erwerbstätige. Von ihnen arbeiteten 9,8 Prozent im Primären, 48,4 Prozent im Sekundären und 41,7 Prozent im Tertiären Sektor. 1994 sind es, in den alten Bundesländern, im Primären Sektor nur noch 3,3 Prozent und im Sekundären 36,7 Prozent; im Tertiären Sektor arbeiten demgegenüber 60,1 Prozent. Die Erwerbsquote lag 1969 bei 43,8 Prozent und 1992 bei 49,3 Prozent. Die der Frauen stieg im gleichen Zeitraum von 30,3 Prozent auf 39,4 Prozent, während sich die der Männer nur von 59,0 Prozent auf 59,8 Prozent erhöhte. Dieser Strukturwandel wurde durch arbeitsmarktpolitische Instrumente nachhaltig unterstützt. So begannen in den alten

Abbildung 3: Entlastung durch arbeitsmarktpolitische Maßnahmen in den neuen Bundesländern

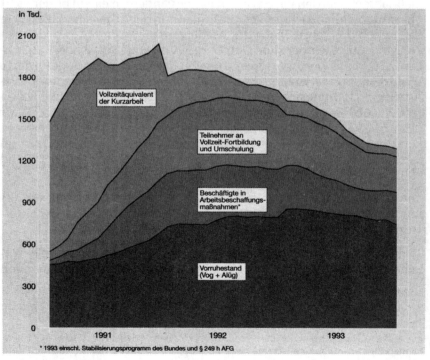

Quelle: Amtliche Nachrichten der Bundesanstalt für Arbeit, Sonderheft zu ANBA 5/1994, S. 157

Bundesländern seit Inkrafttreten des AFG z. B. 8,4 Mio Menschen eine berufliche Weiterbildungsmaßnahme um ihre Kenntnisse den sich verändernden Strukturen anzupassen.

Lampert kommt hinsichtlich des arbeitsmarktpolitischen Zieles „Verbesserung der Beschäftigungsstruktur" zu folgendem Ergebnis:[9]) „Während die Möglichkeiten der Bundesanstalt, zur Vollbeschäftigung und zur Vermeidung unterwertiger Beschäftigung beizutragen, sehr begrenzt sind, hat sie zahlreiche Möglichkeiten, Arbeitsmarktausgleichspolitik zu betreiben und auf die berufliche, qualifikatorische und regionale Beschäftigungsstruktur einzuwirken. Ungeachtet der von der Bundesanstalt genutzten Möglichkeit, die Effizienz ihrer Instrumente zu verbessern, leistet die Arbeitsverwaltung einen kaum zu unterschätzenden Beitrag dazu, die Diskrepanzen zwischen der Struktur der Arbeitsnachfrage und der Angebotsstruktur zu verringern und das Leistungspotential sowie die Leistungsbereitschaft der Erwerbstätigen auch in Zeiten anhaltender und hoher Arbeitslosigkeit zu erhalten bzw. zu erhöhen. Im Grunde dient das gesamten Instrumentarium dieser Aufgabe. Besonders hervorzuheben sind aber doch die Berufsbildungsförderungsmaßnahmen und die ABM."

Durch Arbeitsmarktpolitik konnte andererseits Arbeitslosigkeit nicht verhindert werden. Dies ausschließlich von der Arbeitsmarktpolitik zu verlangen, wäre allerdings auch unrealistisch. Arbeitsmarktpolitik allein ist nicht in der Lage, ein gesamtwirtschaftliches Arbeitsplatzdefizit in Millionenhöhe zu beseitigen.[10]) Vollbeschäftigung nur mit den Instrumenten des AFG zu erreichen, wäre selbst bei einem sehr großen finanziellen Spielraum nicht möglich. Das arbeitsmarktpolitische Instrumentarium ist nicht geeignet, bei einer Arbeitslosigkeit die über die Grenze einer halben Million Menschen hinausgeht, und die nicht strukturell bedingt ist, zur Vollbeschäftigung zurückzuführen.[11])

Es ist aber nicht zu verkennen, daß vor allem Qualifizierungsmaßnahmen eine wichtige Komponente darstellen, um zur Erreichung eines hohen Beschäftigungsstandes beizutragen. Ebenso ist festzustellen, daß

---

[9]) Lampert, H.: 20 Jahre Arbeitsförderungsgesetz, in: Mitteilungen aus der Arbeitsmarkt- und Berufsforschung, Heft 2/1989, S. 173 ff.
[10]) Franke, H.: Brennpunkt Arbeitsmarkt, Percha 1990, S. 308 ff.
[11]) Lampert, H.: a.a.O.

die Zahl der Erwerbstätigen in den alten Bundesländern im Jahresdurchschnitt 1993 mit 29,0 Mio um 2,6 Mio über der von 1969 lag, dem Jahr des Inkrafttretens des AFG, und um 2,3 Mio über der von 1973, dem letzten Vollbeschäftigungsjahr. Von einem jobless-growth kann bisher also keine Rede sein.

Der Beschäftigungsentwicklung stand aber seit dem letzten Vollbeschäftigungsjahr 1973 ein Anstieg des Erwerbspersonenpotentials um rd. 6 Mio Menschen gegenüber. Der Anstieg des Erwerbspersonenpotentials übertraf also den Beschäftigungszuwachs, wodurch sich im Vergleich zu 1973 per Saldo die Arbeitslosigkeit und die Stille Reserve erhöhten.

Fazit

Arbeitsmarktpolitik ist also nur ein Instrument im Teilorchester der Beschäftigungspolitik. Diese wiederum hat ihren Platz im Gesamtorchester der Wirtschaftspolitik. Wie in einem Symphonieorchester müssen auch hier die Instrumente immer wieder neu aufeinander abgestimmt werden.

Natürlich gibt es kein Patentrezept zum Abbau der Arbeitslosigkeit und zur Steigerung der Beschäftigung. Ein Königsweg ist nicht vorhanden. Es gibt nur den Weg der vielen kleinen Schritte. Unstrittig ist aber, daß für ein beschäftigungswirksames Wirtschaftswachstum aufeinander bezogene Strategien der Wirtschafts-, Beschäftigungs- und Arbeitsmarktpolitik erforderlich sind. Unstrittig sollte auch sein, daß in einer Marktwirtschaft die zentrale Rolle für die wirtschaftliche Entwicklung bei den Unternehmern liegt, die sie gemeinsam mit ihren Arbeitnehmern erfolgreich gestalten müssen. Die Wirtschaftspolitik hat den Unternehmen dabei den Weg zu ebnen.

Damit Arbeitsmarktpolitik sich voll entfalten kann, bedarf sie vor allem der Kontinuität. Insbesondere ist es wichtig, die Arbeitsmarktpolitik noch stärker als in der Vergangenheit mit der Wirtschaftspolitik zu verknüpfen und mit der Regional- und Strukturpolitik zu verzahnen. Auch dann kann Arbeitsmarktpolitik aber nur flankieren. Insofern kann es nicht darum gehen, bestehende Kompetenzen zu verschieben und die anderen Politikbereiche aus ihrer beschäftigungspolitischen Verantwortung zu entlassen, sondern nur darum, eine gemeinsame Strategie für eine möglichst wirkungsvolle Bekämpfung der Arbeitslosigkeit zu finden.

Norbert Blüm

Beschäftigungspolitik – Die Sicht des Bundesministers für Arbeit und Sozialordnung

Der Abbau der hohen Arbeitslosigkeit in Deutschland ist die zentrale gesellschafts-, wirtschafts- und sozialpolitische Herausforderung der kommenden Jahre. Knapp 4 Millionen Arbeitslose sind eine schwere Hypothek für die weitere gesellschaftliche und wirtschaftliche Entwicklung.

Arbeitslosigkeit wird von den Menschen als ernste Bedrohung empfunden, denn Beschäftigung erschließt Lebensmöglichkeiten, schafft persönliche und soziale Sicherheit und sichert die Teilhabe am gesellschaftlichen Leben. Erwerbstätigkeit ist mit entscheidend für Wohlstand und Zukunftsperspektive der Menschen. Besonders gravierend ist das Problem der Langzeitarbeitslosigkeit. Über 1 Millionen Personen sind in Deutschland über 1 Jahr arbeitslos. Längere Abwesenheit von der Erwerbstätigkeit führt zu Verlusten bei fachlichen und sozialen Qualifikationen. Erschwerend kommt hinzu, daß das persönliche Selbstwertgefühl beeinträchtigt wird. Langzeitarbeitslosigkeit wird selbst zum Handikap einer neuen Beschäftigungsaufnahme.

Wir stehen in Deutschland mit dem Problem der Arbeitslosigkeit nicht allein da. Fast alle Industriestaaten sind mit hoher Arbeitslosigkeit konfrontiert. Durch die Weltrezession hat die Arbeitslosigkeit weltweit erschreckende Ausmaße erreicht. Dabei ist es wenig beruhigend, daß wir im internationalen Vergleich eine relativ gute Position innehaben:

O Im internationalen Vergleich der Arbeitslosenquoten belegt Deutschland unter den OECD-Mitgliedstaaten einen sehr guten Platz, noch vor den USA, die seit über einem Jahrzehnt immer wieder als Beschäftigungswunderland und Vorzeigemodell gepriesen werden.

O Erst recht sticht die gute Position Deutschlands bei der Jugendarbeitslosigkeit hervor. Dies vor allem ist zu danken unserem vorzüglichen und im Ausland immer wieder als vorbildhaft herausgehobenen System der Lehrlingsausbildung, in der moderne Theorie und marktorientierte Betriebspraxis eine fruchtbare Symbiose eingehen.

Was also ist zu tun? Wenn auch die Herausforderung der Arbeitsmarktprobleme gewaltig sind, so stehen wir nicht mit leeren Händen da. Die mittel- und langfristigen gesamtwirtschaftlichen Perspektiven bieten uns durchaus erhebliche Chancen.

Das A und O für mehr Beschäftigung: eine dynamische Wirtschaft

Zu allererst müssen wir wieder den Konjunkturzug auf volle Fahrt bringen. Ein kräftigeres und dauerhaft gesamtwirtschaftliches Wachstum ist unabdingbar für mehr Beschäftigung. Gesamtwirtschaftliches Wachstum ist zwar nicht alles, aber ohne gesamtwirtschaftliches Wachstum ist alles nichts.

Deutschland steht am Beginn eines neuen konjunkturellen Aufschwungs. Es kommt jetzt vor allem darauf an, diesen konjunkturellen Aufschwung in einen langanhaltenden beschäftigungswirksamen Wachstumsprozeß zu überführen. Die Beschäftigungsschwelle, ab der gesamtwirtschaftliches Wachstum beschäftigungswirksam wird, liegt bei etwas unter 2 Prozent Zuwachs des Bruttoinlandprodukts. Anzustreben und auch erreichbar dürfte in den nächsten 8 bis 10 Jahren ein gesamtwirtschaftliches Wachstum in Deutschland von gut 3,5 Prozent pro Jahr sein. Dazu passen würde eine Beschäftigungsentwicklung von etwa 1,5 Prozent pro Jahr. Dies würde bedeuten, daß über einen Zeitraum von 8 bis 10 Jahren in Deutschland 4 bis 5 Millionen Arbeitsplätze geschaffen werden könnten.

Dabei bin ich mir voll bewußt, daß gerade vor dem Hintergrund des jüngsten Beschäftigungseinbruchs diese Vorstellung sehr optimistisch klingt. Ich glaube aber im folgenden gute Gründe anführen zu können, daß dieser Optimismus durchaus realistisch ist.

Zunächst ist das die historische Erfahrung. In den 80er Jahren haben es Deutschland und auch die anderen europäischen Industrienationen geschafft, zu einem langanhaltenden dynamischen Wachstumsprozeß zu finden und erhebliche Beschäftigungszuwächse zu schaffen. Allein in Deutschland nahm von 1984 bis 1992 die Zahl der Erwerbstätigen um 3,2 Millionen zu. Warum sollte uns dies nicht wieder in einem erneuten Wachstumsprozeß gelingen?

Die Wachstumspotentiale dafür sind vorhanden. Sie müssen nur entschieden genutzt werden. Erhebliche Wachstumsimpulse sind auf mittlerer Sicht von dem Aufholprozeß der neuen Länder zu erwarten. In den neuen Ländern wurde mittlerweile eine Investitionsquote (Anteil der Investitionen am Bruttoinlandsprodukt) von gut 50 Prozent erreicht. Eine solch hohe Investitionsquote weisen nicht einmal die vier kleinen Tiger in Südostasien auf.

Der Aufholprozeß wird aber nicht nur auf Ostdeutschland beschränkt bleiben. Der Aufholprozeß der mittel- und osteuropäischen Staaten und deren Integration in die Weltwirtschaft wird ebenfalls Wachstumsimpulse zur Folge haben. Die europäische Integration schreitet unvermindert fort. Der Binnenmarkt und der europäische Wirtschaftsraum sind geschaffen. Die Europäische Union wird erweitert. Die europäische Wirtschafts- und Währungsunion nimmt immer konkretere Gestalt an. Wie schon in den 80er Jahren können wir aus dieser europäischen Integration auch in Zukunft erhebliche Wachstumsimpulse erwarten.

Die Wachstumspotentiale werden sich aber nur entfalten, wenn die Rahmenbedingungen für die Wirtschaft stimmen. Die Bundesregierung hat deshalb frühzeitig und entschlossen gehandelt. Sie hat rasch die wesentlichsten im „Bericht zur Zukunftssicherung des Wirtschaftsstandortes Deutschland" und im Aktionsprogramm „Für Wirtschaft und Wachstum" genannten Maßnahmen umgesetzt bzw. ihre Umsetzung auf den Weg gebracht. Sie hat damit die Weichen für den Konjunkturzug auf freie Fahrt gestellt. Erwartungen und Stimmungslage in der Wirtschaft haben sich bereits deutlich gebessert und finden ihren Niederschlag in erhöhtem Auftragseingang und Produktion. Nun kommt es auf die Sozialpartner und Unternehmen selbst an, mehr Dampf in den Kessel zu bringen.

Billiglohn ist kein Lösungsansatz

Die Tarifvertragsparteien müssen ihrer beschäftigungspolitischen Verantwortung für Arbeitsplatzbesitzer und Erwerbslose gerecht werden. Produktivität und Lohn müssen im Einklang bleiben. Die Lohnentwicklung muß sich an dem volkswirtschaftlich Verteilbaren orientieren, will sie nicht selbst zur Verschärfung der Beschäftigungskrise beitragen. Kurz gesagt: Bei ihren Tarifabschlüssen müssen die Tarifpartner das wirtschaftlich Mögliche und beschäftigungspolitisch Notwendige im Auge behalten.

Die Tarifpartner haben mit ihren jüngsten Abschlüssen erhebliches gesamtwirtschaftliches Verantwortungsbewußtsein bewiesen. Mit großer Aufmerksamkeit wird registriert, zu welchen Kraftakten die Sozialpartner in den Betrieben und auf der Tarifvertragsebene in der jetzigen Beschäftigungskrise fähig sind, um die Beschäftigung zu sichern. Die jüngsten Tarifabschlüsse und Betriebsvereinbarungen zeigen, daß unsere gewachsene und bewährte Kultur der Sozialpartnerschaft auch in wirtschaftlich schwierigen Zeiten einen vernünftigen Ausgleich zwischen dem Wirtschaftlichen und dem Sozialen finden kann.

In einigen Ländern gewinnen dagegen Kräfte die Oberhand, die durch radikale Einschnitte in die soziale Sicherung der Beschäftigungskrise Herr werden wollen. Der Grundgedanke lautet: Kosten runter, Preise runter, Beschäftigung rauf. Beispiele aus der Vergangenheit waren die USA. Dort hat man in den letzten 20 Jahren viele neue Arbeitsplätze geschaffen. Man ist dort bei stark wachsender Erwerbsbevölkerung mit dem Beschäftigungsproblem besser fertig geworden als anderswo. Aber – so Präsident Clinton freimütig und selbstkritisch in seiner Eröffnungsansprache auf der G7-Beschäftigungskonferenz in Detroit – man hat das Beschäftigungsproblem eingetauscht gegen ein Einkommensproblem. Die amerikanischen Arbeitnehmer haben heute im Durchschnitt eine längere Arbeitswoche und verdienen gleichwohl nicht mehr als vor 20 Jahren. Viele unter ihnen gehören zu den sogenannten „working poor". Das sind arbeitende Arme, die durch Arbeit und trotz Arbeit nicht in der Lage sind, sich und ihre Familie durchzubringen.

Diese Art der Beschäftigungsausweitung kann kein vernünftiges Ziel sein. Es kann nicht sein, daß weltweite Konkurrenz zu einem Wettbewerb um immer niedrigere Löhne für immer mehr Menschen in allen Teilen der Welt führt. Warum sollte jemand arbeiten, wenn er mit seiner Arbeitsleistung nicht mehr den Lebensunterhalt für sich und seine Familie bestreiten kann und deshalb ohnehin auf staatliche Unterstützung angewiesen bleibt? Arbeitslosigkeit kann nicht mit Armut bekämpft werden. Arbeit muß auch weiterhin den Lebensunterhalt für immer mehr und nicht für immer weniger Arbeitnehmer sicherstellen. Zwischen Arbeit und Armut muß ein Abstand bleiben, soll nicht der soziale Friede verlorengehen, und dieser ist für Deutschland ein nicht zu unterschätzender Standortvorteil. Diese Erkenntnis war es in erster Linie, die Präsident Clinton die Initiative zu der Detroiter Beschäftigungskonferenz ergreifen ließ. Monokausale Lösungsansätze nach dem Motto „Lohn runter, Beschäftigung rauf" betrachte ich mit äußerster Skepsis.

Die Verantwortung der Unternehmer

Wollen wir wirklich unseren hohen Wohlstand für möglichst alle und nicht nur für eine kleine Gruppe erhalten, müssen wir andere Lösungswege finden. In Lohnkonkurrenz mit Billiglohnländern zu treten, ist keine gangbare Alternative, auch wenn durch den Fall des „Eisernen Vorhangs" die Billiglohn-Konkurrenz sich jetzt direkt vor der Haustür befindet.

Unser hohes Einkommen und unser Wohlstand müssen durch herausragende Leistungen begründet und gesichert werden. Nicht der Preis für unsere Leistung ist zu senken, sondern unsere Leistung ist zu steigern, damit auch ein hoher Preis erzielt werden kann. Und hier haben wir in der Vergangenheit vieles verschlafen. Während die anderen Industrieländer, veranlaßt durch die Weltrezession, ihre Wirtschaft auf Vordermann brachten, ruhten wir uns im Schein der Sonderkonjunktur der Wiedervereinigung aus.

In vielen neuen technologischen Bereichen haben wir das Feld den Ländern Ostasiens und den USA überlassen. Dabei hapert es weniger an der Forschung. Hier hat Deutschland auf vielen Gebieten nach wie vor eine Spitzenstellung. Es muß aber zu denken geben, daß z. B. das Fax oder die farbigen Flüssigkeitskristalle in Deutschland erfunden, aber von anderen Ländern, insbesondere Japan, als Produkte auf den Markt gebracht wurden. Viele renommierte deutsche Firmen sind zu Handelsmarken verkommen, die nur verkaufen, was andere produzieren.

Wir werden in Deutschland alles daran setzen müssen, unsere wirtschaftlich-technische Kompetenz, die uns in der Güterproduktion in eine Spitzenstellung gebracht hat, zu halten und zum Auf- und Ausbau eines modernen Dienstleistungssektors zu nutzen. Hier besteht eindeutiger Nachholbedarf. Die deutschen Unternehmer müssen sich wieder verstärkt der Produkt- und Prozeßinnovation zuwenden. Wir brauchen Risikobereitschaft, Einfallsreichtum und Leistungsfreudigkeit im unternehmerischen Handel, auch bzw. gerade im Kreditwesen. Es ist schon erstaunlich, wenn unsere Banken einzelnen Kreditnehmern leichtfertig Kredite in Milliardenhöhe zur Immobilienspekulation geben, andererseits von kleinen und mittleren Unternehmen eine 150prozentige Absicherung verlangt wird, wenn es um die Umsetzung zukunftsweisender Konzepte geht.

Wettbewerbsfähige Produkte und Produktionsverfahren allein genügen jedoch nicht. Neue Märkte müssen erschlossen werden. Südostasien ist die derzeit dynamischste Wirtschaftsregion der Welt. Die deutsche Wirtschaft muß sich auf diese Herausforderung einstellen, d. h. sie muß auf diesen neuen Märkten präsent sein. Neue Beschäftigungsfelder müssen erschlossen werden. Bei den personellen Dienstleistungen hat Deutschland einen großen Nachholbedarf, insbesondere im Vergleich zu den USA, aber auch zu Japan. Hier liegen noch beachtliche Beschäftigungspotentiale brach. Veränderte Gesellschaftsstrukturen – die Tendenz zum Ein-Personen-Haushalt, die Tendenz zur steigenden Frauenerwerbstätigkeit – erfordern neue Dienstleistungsbereiche, die früher im Familienverbund wahrgenommen wurden. Neue Beschäftigungsfelder liegen auch in einer umweltgerechten Produktion. Am Gut Umwelt besteht ein zunehmender Bedarf. Es wird in Zukunft ein wichtiger Wettbewerbsvorteil für jene Industrienationen sein, die am besten Ökonomie und Ökologie zu harmonisieren vermögen. Schon heute verdanken in Deutschland mehr als eine dreiviertel Million Menschen ihre Existenz dem Umweltschutz. Dieses Beschäftigungsfeld gilt es zu stärken und auszubauen.

Diese ureigensten Unternehmeraufgaben können von niemand anderem als von den Unternehmern selbst getroffen werden. Unternehmer müssen in Deutschland wieder mehr unternehmen. Wenn wir unseren Spitzenplatz in der Welt beibehalten wollen und das Zeichen „Made in Germany" auch weiterhin ein international anerkannter Name für Spitzenqualität bleiben soll, müssen die deutschen Manager und Ingenieure beweisen, daß sie ihr Geld wert sind.

Mehr Flexibilität in Wirtschaft und Arbeitsleben

Die Stärkung von Wirtschaftswachstum, Innovationsfähigkeit und Risikobereitschaft in der deutschen Wirtschaft ist nicht das einzige Erfordernis für ein breites Beschäftigungswachstum. Zur Initiierung neuer Arbeitsplätze brauchen wir mehr Flexibilität in allen Bereichen des Wirtschafts- und Arbeitslebens.

Flexibilisierung heißt, die Erstarrungen und Verkrustungen aufzubrechen, an denen unsere Wirtschaft im Vergleich zu anderen Industriestaaten wie Japan und USA zunehmend leidet. Unsere Wirtschaft muß wieder rasch auf die weltwirtschaftlichen Veränderungen und Herausforderungen reagieren, um gegenüber der stärker werdenden internationalen Konkurrenz eine gute Wettbewerbsposition einnehmen zu können.

Sie muß schneller die Trends der Zeit wahrnehmen. Für den Erhalt eines hohen Wohlstands reicht es nicht aus, in Märkte einzudringen, die bereits andere besetzt haben. Deutsche Erfindungen nützen nichts, wenn sie so zaghaft in ein neues Produktangebot umgesetzt werden, daß südostasiatische Lizenznehmer den Markt bereits besetzt halten, bevor die europäische Unternehmerbürokratie den Weg in die Märkte versucht. Wir müssen künftig wieder der erste auf dem Markt mit neuen Produkten sein, dann erhalten wir auch einen guten Lohn für unsere Leistung.

Mehr Flexibilität ist auch bei der Betriebsorganisation und bei der Strukturierung der Arbeitsabläufe notwendig. Auch hier scheint Südostasien bereits in neue Welten vorgestoßen zu sein, während wir in Europa noch Ur-Großvater Taylor folgen und seinem System der Arbeitsteilung in den innerbetrieblichen Arbeitsabläufen anhängen. Anstatt das Heil in niedrigeren Löhnen zu suchen, um die Wettbewerbsfähigkeit zu erhöhen, sind diese Produktivitätspotentiale erst einmal zu nutzen. Nicht eine defensive Strategie, die unsere Leistung immer weniger entlohnt, „sondern der Blick nach vorn" führt zum Erhalt und zur Erhöhung unseres Wohlstands.

Mehr Flexibilität in der Arbeitszeit

Starrheiten sind auch bei den Arbeitszeiten aufzubrechen. Wir werden die Arbeitszeit flexibler gestalten müssen, nicht nur zur besseren Abstimmung von Produktion und Absatz oder zur größeren Auslastung des vorhandenen Maschinenparks. Es geht auch um Arbeitszeitmuster, die dem einzelnen eine bessere Verzahnung des Berufs mit anderen Lebensbedürfnissen ermöglichen. Es ist ein Luxus, daß wir die unterschiedlichen Wünsche und Bedürfnisse der Arbeitnehmer nicht mit den Notwendigkeiten und Möglichkeiten der Betriebe in Übereinstimmung bringen. Rund 85 Prozent der Arbeitnehmer verordnen wir ein abgepacktes Arbeitsvolumen. Acht Stunden pro Tag, fünf Tage pro Woche, 40 Jahre lang. So viele Arbeitnehmer können in ihren Arbeitszeitwünschen gar nicht übereinstimmen.

Daß wir immer noch Millionen von Arbeitnehmern zwingen, mehr zu arbeiten, als sie eigentlich wollen oder können, ist im Hinblick auf die vielen, die gleichzeitig zur Nullarbeit verurteilt sind, borniert und im Hinblick auf die betroffenen Arbeitnehmer inhuman. Allein die Verwirklichung unerfüllter Teilzeitwünsche ermöglicht eine deutliche Abnahme der Arbeitslosigkeit. Umfragen ergaben, daß bis zu 2,5 Millionen vollzeitbeschäftigte Arbeitnehmer bereit sind, ihre Arbeitszeit zu reduzieren. Schätzungen für Westdeutschland kommen zu dem Ergebnis, daß sich allein die unerfüllten Teilzeitwünsche der Arbeitnehmer auf rund 8 Prozent des Arbeitsvolumens belaufen, was einem Beschäftigungseffekt von rund 2 Millionen Personen entspräche. Die differenzierten Arbeitszeitbedürfnisse von Arbeitnehmern lassen sich nicht in jedem Betrieb und nicht auf jedem Arbeitsplatz verwirklichen. Aber sie wären mit Sicherheit häufiger möglich, als sie ermöglicht werden. Nach einer Studie der Unternehmensberatung McKinsey wäre jeder vierte Arbeitsplatz teilbar, selbst wenn Unternehmens- und Mitarbeiterinteressen gleichermaßen berücksichtigt werden.

Unter Teilzeit sind hierbei alle flexiblen Formen der Arbeitszeitgestaltung zu verstehen. Die Zeitmuster können so bunt sein wie das Leben selbst. Differenzierung ist der neue Name des Fortschritts, der der bunten Vielfalt einer reichen Gesellschaft entspricht. Anstelle der Arbeitszeit von der Stange muß die nach Maß treten.

Dies ist auch der gravierende Unterschied zur kollektiven Arbeitszeitverkürzung. Die Strategie über einheitliche kürzere Arbeitszeiten die hohe Arbeitslosigkeit zu bekämpfen muß scheitern, da sie weder den unterschiedlichen betrieblichen Bedingungen Rechnung trägt, noch in der Lage ist, Arbeitszeitregelungen zu treffen, die den unterschiedlichen Arbeitnehmerwünschen entsprechen.

Teilzeit auch betriebswirtschaftlich vorteilhaft

Flexible Arbeitszeitformen, flexible Teilzeitarbeit ist demgegenüber auch für die Betriebe vorteilhaft. In der McKinsey-Studie wird belegt, daß durch Teilzeitarbeit erhebliche Kosteneinsparungen möglich sind:

○ Fehlzeiten und Ausschußquoten sind bis zu 50 Prozent geringer.

○ Die Lohnstückkosten werden in der Regel aufgrund einer höheren Produktivität der Teilzeitkräfte sinken.

○ Die Entkoppelung der Betriebs- und Arbeitszeiten und die Verlängerung der Betriebszeiten reduzieren die Kapitalbindungskosten des Anlagevermögens um rund ein Drittel.

Kostengründe sprechen also für mehr Teilzeitarbeit. Woran scheitert die stärkere Realisierung kreativer Arbeitszeitformen, die Schaffung von mehr Teilzeitarbeitsplätzen? Der Gesetzgeber hat der Teilzeit alle Steine aus dem Weg geräumt. Schon 1985 haben wir im Beschäftigungsförderungsgesetz Teilzeit mit Vollzeitarbeit rechtlich gleichgestellt. In der Rentenreform 1992 haben wir ermöglicht, Teilrente mit Teilzeitarbeit zu verbinden. Und gerade haben Bundestag und Bundesrat das neue Arbeitszeitrechtsgesetz verabschiedet. Im Vordergrund dieses Gesetzes steht ein verbesserter Gesundheitsschutz für die Arbeitnehmer. Dafür wird ein äußerer Rahmen gesetzt, innerhalb dessen die Spielräume der Tarif- und Betriebspartner für eine flexiblere Verteilung der Arbeitszeit erweitert werden.

Es mangelt nicht an den gesetzlichen Regelungen, es mangelt vielmehr an einer risikoreichen kreativen Praxis. Sonntags reden die Arbeitgeber über Flexibilität, werktags pennen die Personalchefs, und die Betriebsräte schlafen mit. Nicht alle! Aber zu viele! Die Blockaden in den Köpfen der Personalchefs, und der Betriebsräte gilt es endlich zu beseitigen. Die Bundesregierung hat jüngst eine große Offensive zur Förderung der Teilzeitarbeit im öffentlichen Dienst gestartet. Es ist zu hoffen, daß sich die Verantwortlichen in der Wirtschaft wenigstens durch die Vorreiterrolle des öffentlichen Dienstes aus ihrem Dornröschenschlaf aufwecken lassen.

Mehr Flexibilität in der öffentlichen Verwaltung

Ein mehr an Flexibilität darf sich nicht nur auf die Wirtschaft beschränken. Flexibilisierungspotentiale bestehen auch in der öffentlichen Verwaltung, die es zu nutzen gilt. Ein Beispiel: die Arbeitsvermittlung!

Effiziente Arbeitsvermittlung heißt: Arbeitsuchende müssen rasch Vermittlungsvorschläge erhalten, die ihrer Qualifikation entsprechen. Betriebe müssen bereits nach einem Tag geeignete Bewerber zur Auswahl vorgeschlagen bekommen, die eine schnelle Stellenbesetzung ermöglichen. Ansatzpunkte für eine Verbesserung der Vermittlungstätigkeit sind zahlreich:

○ Bürokratische Verkrustungen bei den öffentlichen Vermittlungsdiensten sind abzubauen. Die Organisationsstruktur der Arbeitsverwaltung ist so zu gestalten, daß Schwerfälligkeiten und Inflexibilitäten gegenüber veränderten Marktbedingungen bei der Aufgabenwahrnehmung vermieden werden.

○ Die Arbeitsvermittlung muß kundenorientiert und aufgabenbezogen sein. Eine wirkungsvolle Vermittlungstätigkeit muß ebenso betriebliche Bedürfnisse wie die Bedürfnisse der Arbeitsuchenden berücksichtigen. Hierzu ist die stellenorientierte Arbeitsvermittlung in allen Arbeitsämtern zügig und flächendeckend einzuführen.

○ Die Betriebskontakte der Arbeitsvermittlung sind quantitativ aber auch qualitativ zu verbessern. Gerade zu kleinen und mittleren Betrieben müssen die Kontakte intensiviert werden. Klein- und Mittelbetriebe sind hauptsächlich Träger des Strukturwandels und schaffen in erheblichem Umfang neue Arbeitsplätze.

○ Die öffentliche Arbeitsvermittlung sollte auch die Kooperation mit Dritten suchen, soweit dadurch die Vermittlungsmöglichkeiten erhöht werden. Dabei könnten durchaus auch unkonventionelle Wege gegangen werden.

Die Bundesanstalt hat in den vergangenen Jahren erste Anstrengungen unternommen, ihre Vermittlungsdienste zu modernisieren und zu verbessern. Der Einsatz moderner Datentechnik ist inzwischen eine Selbstverständlichkeit. Organisatorische Änderungen, die derzeit eingeführt werden, werden die Effizienz der Arbeitsvermittlung weiter erhöhen. Aufgaben werden zusammengefaßt und damit Verwaltungsabläufe gestrafft.

Zur Entlastung der öffentlichen Arbeitsvermittlung können auch private Vermittler hilfreich sein. Private Vermittler sind ein zusätzliches Dienstleistungsangebot, das zu den Vermittlungsdiensten der Bundesanstalt dazu kommt. Öffentliche und private Arbeitsvermittlung können sich ergänzen. Private Vermittler werden vor allem Marktlücken ausfüllen. Es wird Vermittler geben, die sich auf bestimmte Berufe oder Branchen spezialisieren. Sie können zusätzliche Dienstleistungen anbieten, die nicht zu den Aufgaben der öffentlichen Arbeitsverwaltung zählen.

Durch das Beschäftigungsförderungsgesetz 1994 wird daher das Alleinvermittlungsrecht der Bundesanstalt aufgehoben und private Arbeitsvermittlung generell zugelassen. Damit hat sich die Bundesrepublik einer Entwicklung angeschlossen, die sich seit einigen Jahren international abzeichnet.

Gute berufliche Qualifikation – Voraussetzung eines hohen Beschäftigungsstandes

Voraussetzung für die internationale Wettbewerbsfähigkeit unserer Wirtschaft und damit für einen hohen Beschäftigungsstand ist eine hohe berufliche Qualifikation der Arbeitnehmer. Die berufliche Qualifikation ist ein wesentlicher Standortfaktor für die Wirtschaft eines Landes. Investitionen in Sachkapital und Humankapital sind volkswirtschaftlich zwei Seiten ein und derselben Medaille. Ohne eine gut ausgebildete Arbeitnehmerschaft, die eine komplizierte Technik und komplexe Arbeitsabläufe beherrscht, sind zukunftsträchtige Investitionen nicht durchführbar. Für den einzelnen Arbeitnehmer werden durch die berufliche Qualifikation die derzeitigen und die zukünftigen beruflichen Möglichkeiten bestimmt.

Die Berufsausbildung nimmt im Rahmen der beruflichen Qualifizierung eine besondere Stellung ein. Eine gute Berufsausbildung der Jugend ist eine wichtige bildungspolitische Investition in die Zukunft. Nicht nur die aktuellen Beschäftigungschancen werden positiv beeinflußt, sondern auch die Risiken der Arbeitslosigkeit werden gemindert. Fast jeder zweite Arbeitslose in Westdeutschland besitzt keine abgeschlossene Berufsausbildung, obwohl der Anteil an den Erwerbstätigen nur rund ein Fünftel beträgt. Auch wenn derzeit der Übergang an der sogenannten 'zweiten Schwelle' aus konjunkturellen Gründen etwas schwieriger geworden ist, so wird auch heute der ganz überwiegende Teil der Jugendlichen unmittelbar nach Abschluß der Ausbildung einen Arbeitsplatz erhalten.

In den alten Bundesländern ist jedoch seit zwei Jahren eine rückläufige Entwicklung des Ausbildungsstellenangebotes festzustellen (1992: – 6,7 Prozent; 1993: – 11 Prozent). Wenn auch 1993 die Zahl der angebotenen Ausbildungsstellen noch über der Nachfrage lag, bestehen jedoch in einigen Arbeitsamtsbezirken bereits Angebotsdefizite. Unternehmen aller Größenordnungen, vor allem aber Großbetriebe, passen ihr Ausbildungsengagement immer stärker ihrem eigenen Bedarf an. „Ausbildung über Bedarf" gehört der Vergangenheit an. Neueste Untersuchungen belegen dies. Eine Entwicklung, die in die falsche Richtung führt.

Wie wollen wir in Zukunft unsere Position in der Weltwirtschaft halten, wenn wir an der beruflichen Ausbildung unserer Jugend sparen? Es ist blauäugig aus kurzfristigen betrieblichen Erwägungen Zukunftsperspektiven zu verbauen. Will die Wirtschaft auch künftig über eine ausreichende Zahl von Facharbeitern und Fachangestellten verfügen, muß sie ihr Ausbildungsstellenangebot wieder verstärken. Die Wirtschaft in West- und Ostdeutschland ist dazu zu motivieren, sich der Ausbildung der Jugendlichen anzunehmen. Die Betriebe dürfen sich ihrer Verantwortung für eine qualifizierte und zukunftsorientierte Ausbildung nicht weiter entziehen. Genauso wichtig wie die Berufsausbildung ist auch die berufliche Weiterbildung für die wirtschaftliche Entwicklung und für die Vermeidung bzw. Beseitigung von Arbeitslosigkeit. Der rasante technologische Wandel und die sich ständig beschleunigenden wirtschaftlichen Veränderungen erfordern schnelles und berufliches Agieren und Reagieren. Die Erwerbstätigen benötigen daher immer wieder erweiterte, modifizierte oder völlig neue Qualifikationen, um den wechselnden Anforderungen gerecht zu werden. Mehr als früher ist eine berufliche Bildung während des gesamten Erwerbslebens erforderlich.

Grundsätzlich liegt die Qualifizierung der Mitarbeiter in der Eigenverantwortung der Wirtschaft. Der Ausbildungsstand der Arbeitnehmer ist ein wichtiger Faktor im wirtschaftlichen Produktionsprozeß. Wettbewerbsfähigkeit und Zukunftschancen eines Unternehmens hängen immer stärker vom „Können", d. h. der Leistungsfähigkeit und der Leistungsbereitschaft seiner Mitarbeiter ab. Angesichts des zu verzeichnenden demographisch bedingten Alterungsprozesses der Arbeitnehmerschaft wird die innerbetriebliche Weiterbildung der Belegschaft absehbar für viele Unternehmer ein wichtiger Wettbewerbsfaktor sein.

Zur Erhaltung und Stärkung ihrer wirtschaftlichen Position sind deshalb die Unternehmen und Betriebe aus ihrem ureigenen Interesse aufgefordert, sich ihrer Verantwortung bei der Qualifizierung ihrer Beschäftigten an die Notwendigkeiten und die neuen beruflichen Anforderungen des Arbeitsmarktes einschließlich ihrer Finanzierung zu stellen. Sie müssen der mittel- bis langfristigen wirtschaftlichen Bedeutung der Qualifikation ihrer Arbeitnehmer genauso gewahr werden, wie Investitionen in Sachkapital.

Angesichts der Eigenverantwortung der Unternehmer für die innerbetriebliche Weiterbildung ihrer Mitarbeiter, muß sich die öffentlich geförderte berufliche Weiterbildung auf Arbeitslose, von Arbeitslosigkeit Bedrohte und auf Arbeitnehmer ohne berufliche Ausbildung konzentrieren. Für sie ist eine berufliche Weiterentwicklung und Neuorientierung besonders wichtig, um wieder in den Arbeitsmarkt integriert zu werden. Die Erfahrungen zeigen, daß die berufliche Weiterbildung der vielversprechenste Weg aus der Arbeitslosigkeit ist. Gerade in den neuen Bundesländern war und ist die öffentlich geförderte berufliche Weiterbildung notwendig und unverzichtbar zur Realisierung eines schnellen und sozialverträglichen Strukturwandels.

Dementsprechend nimmt die berufliche Weiterbildung eine besondere Stellung im Rahmen der aktiven Arbeitsmarktpolitik der Bundesregierung ein. Förderzahlen und Förderbeträge belegen dies eindeutig. Über 300.000 Personen befinden sich derzeit allein in den alten Bundesländern in einer beruflichen Weiterbildungsmaßnahme, die von der Bundesanstalt für Arbeit gefördert wird. In den neuen Bundesländern sind seit der Wiedervereinigung sogar über 2 Millionen Arbeitnehmer, dies entspricht rund einem Viertel des Erwerbspersonenpotentials, in Maßnahmen der beruflichen Weiterbildung eingetreten. Allein für das Haushaltsjahr 1994 stehen der Bundesanstalt für Arbeit rund 17 Mrd DM für die berufliche Bildung zur Verfügung.

Arbeitsmarktpolitik weiter unentbehrlich

Flankierend zu den vorgenannten beschäftigungspolitischen Ansätzen ist der Einsatz arbeitsmarktpolitischer Instrumente unentbehrlich. Ohne eine aktive Arbeitsmarktpolitik wird die Arbeitslosigkeit nur schwer abzubauen sein.

Arbeitsmarktpolitik ist in der Regel auf den einzelnen Arbeitnehmer ausgerichtet und bietet diesem bei Arbeitslosigkeit zahlreiche Hilfen an, um wieder in den Arbeitsmarkt integriert zu werden. Gerade zur Integration der Problemgruppen auf dem Arbeitsmarkt ist Arbeitsmarktpolitik unverzichtbar. Mit dem erneuten Anstieg der Langzeitarbeitslosigkeit sind integrierende Maßnahmen notwendiger denn je. Ohne arbeitsmarktpolitische Hilfen, hätten viele Arbeitnehmer nur geringe Chancen, wieder eine dauerhafte Beschäftigung zu finden.

Die Anforderungen an die Arbeitsmarktpolitik zeigen sich in den neuen Ländern besonders deutlich. Die Arbeitsmarktpolitik war in den neuen Ländern Politik der ersten Stunde. Als Brücke zur Wiederbeschäftigung hat die Arbeitsmarktpolitik zentrale Funktionen im Einigungsprozeß übernommen. Sie hat durch ihren massiven Einsatz Großes bewirkt. Rund 2 Millionen Menschen erhielten zeitweise Kurzarbeitergeld. Bis zu 400.000 Arbeitnehmer waren in Arbeitsbeschaffungsmaßnahmen beschäftigt. Fast 900.000 Personen nutzten die Vorruhestandsregelungen, und – wie bereits gesagt – über 2 Millionen Menschen nahmen seit der Wiedervereinigung an beruflichen Weiterbildungsmaßnahmen teil. Durch die aktive Arbeitsmarktpolitik wurden damit bis zu 2 Millionen Personen vor Arbeitslosigkeit bewahrt.

Ohne diesen enormen Einsatz der Arbeitsmarktpolitik wäre in der Bevölkerung der neuen Länder wohl kaum die Bereitschaft und Akzeptanz zu diesem tiefgreifenden Strukturwandel vorhanden gewesen. Neben der sozialen Flankierung des wirtschaftlichen Umbruchs hat die Arbeitsmarktpolitik aber auch direkt einen wichtigen und unverzichtbaren aktiven Beitrag zum Strukturwandel geleistet. Die Einsatzfelder von Arbeitsbeschaffungsmaßnahmen und Maßnahmen nach § 249 h AFG sind zum größten Teil investiv, und berufliche Bildungsmaßnahmen verhindern einen Fachkräftemangel, der die wirtschaftliche Entwicklung behindern würde. Angesichts der weiterhin schwierigen Situation auf dem Arbeitsmarkt wird die Arbeitsmarktpolitik auch weiterhin eine wichtige Aufgabe im Umstrukturierungsprozeß übernehmen müssen.

Die positiven Wirkungen der Arbeitsmarktpolitik auf den wirtschaftlichen Prozeß sind unbestritten. Die Möglichkeiten der Arbeitsmarktpolitik dürfen aber auch nicht überbewertet werden. Arbeitsmarktpolitik kann selbst keine dauerhaften wettbewerbsfähigen Arbeitsplätze schaffen. Arbeitsmarktpolitik kann andere beschäftigungspolitische Maßnahmen, insbesondere eine Politik, die Wachstum und Beschäftigung fördert, nicht ersetzen, so bedeutend sie auch zum Abbau der Arbeitslosigkeit ist. Vielmehr muß die Arbeitsmarktpolitik komplementär zur allgemeinen Beschäftigungspolitik in ihrer wichtigen und unverzichtbaren, aber insgesamt flankierenden Rolle gesehen werden. Die Ausgaben der Arbeitsmarktpolitik, so sinnvoll sie auch einzuschätzen sind, müssen dabei insgesamt für eine Volkswirtschaft verkraftbar bleiben. Die Bundesregierung hat mit dem Entwurf zum Beschäftigungsförderungsgesetz 1994 neue Akzente gesetzt, wodurch das Instrumentarium der Arbeitsmarktpolitik zieladäquater ausgerichtet, aber auch durch neue Fördermöglichkeiten erweitert wird.

Bekämpfung des Mißbrauchs und der illegalen Beschäftigung

Die Bekämpfung von Leistungsmißbrauch, Schwarzarbeit und illegaler Beschäftigung ist ein weiterer Ansatzpunkt in der Beschäftigungspolitik. Durch Schwarzarbeit und illegale Beschäftigung werden bestehende legale Arbeitsplätze gefährdet und die Schaffung dringend notwendiger neuer Arbeitsplätze behindert. Illegale Beschäftigung, Schwarzarbeit und Leistungsmißbrauch verursachen und fördern Arbeitslosigkeit.

Erhebliche finanzielle Einbußen an Steuern, Abgaben und Sozialversicherungsbeiträgen sowie Mehrausgaben für die öffentlichen Körperschaften sind Folge illegaler Beschäftigung, Schwarzarbeit und Leistungsmißbrauch. Verschiedene Wirtschaftsinstitute schätzen, daß allein in Deutschland jährlich durch Schwarzarbeit 2,5 Prozent bis 10 Prozent des Bruttosozialproduktes verloren gehen. Das wären für das Jahr 1993 zwischen 70 Mrd DM bis 310 Mrd DM. Dies schwächt die Leistungsfähigkeit der sozialen Sicherungssysteme und führt zu einem Verfall an Solidarität mit den arbeitslosen Menschen.

Die Bundesregierung hat deshalb im Frühjahr 1993 die Aktivitäten zur Bekämpfung von illegaler Beschäftigung und Leistungsmißbrauch erheblich forciert. Die massiv verstärkten Kontrollmaßnahmen deckten ein erhebliches zusätzliches Mißbrauchsvolumen auf. Die jährlichen finanziellen Gesamteffekte der intensivierten Bekämpfung von Leistungsmißbrauch und illegaler Beschäftigung betragen rund 1,5 Mrd DM. Dieser große Erfolg der intensivierten Bekämpfungsmaßnahmen sollte Vorbild für andere Politikfelder sein, den Mißbrauch in ihren Bereichen stärker anzugehen.

Schlußfolgerung

Welche Perspektiven ergeben sich aus diesen aufgezeigten beschäftigungspolitischen Ansatzpunkten für Deutschland? Für die Antwort auf diese Frage möchte ich Roland Berger, einen bekannten deutschen Unternehmensberater, zitieren. Er sagte kürzlich (Frankfurter Allgemeine Magazin, Heft 738, vom 22.4.1994, Seite 43): „Im Sektor Hochtechnologie können schnell 600.000 neue Arbeitsplätze entstehen. Wenn wir unsere Exporte mehr auf die wachstumsintensiven Länder in Amerika und Asien orientieren, lassen sich 1,5 Millionen Arbeitsplätze neu schaffen. Wenn wir im Dienstleistungssektor nur das japanische Niveau erreichen, bedeutet das 4 bis 5 Millionen neue Arbeitsplätze. Wenn wir die Flexibilitätskrise überwinden und den Anteil der Teilzeitarbeit von 15 auf 20 Prozent erhöhen, in Holland liegt er bei 35 Prozent, haben wir die nächsten 2 Millionen neue Arbeitsplätze. All das addiert ergibt mehr als 9 Millionen neue Arbeitsplätze. Ziehen wir 30 Prozent als Realisierungsrisiko ab, bleiben immer noch 6 Millionen. Wenn wir die gegenrechnen mit ... den zusätzlichen 2 Millionen Arbeitskräften, die von Freisetzung bedroht sind, erhalten wir eine Arbeitslosenquote von 5 Prozent."

Wir brauchen also vor dem Beschäftigungsproblem nicht zu resignieren. Die Chancen und Potentiale sind vorhanden, um das Beschäftigungsproblem zu lösen. Freilich wird uns diese Lösung nicht in den Schoß fallen. Vielmehr müssen wir uns den Herausforderungen stellen und ihnen mit einer energischen Beschäftigungs- und Arbeitsmarktpolitik begegnen.

Günter Rexrodt

Beschäftigungspolitik – Die Sicht des Bundeswirtschaftsministers

Der Weltmarkt für Arbeit

In einem Überblick über mittel- bis langfristige Prognosen zur Arbeitsmarktentwicklung berichtet die OECD, daß in ihren Mitgliedsstaaten durchweg bis zum Jahr 2000 von anhaltend hohen bzw. steigenden Arbeitslosenquoten ausgegangen werde. So sei in der Europäischen Union mit einer Quote von etwa 11 Prozent am Ende des Jahrzehnts zu rechnen. Für die USA liegen die Schätzungen zwischen 6 und 7 Prozent, für Japan wird ein Anstieg auf über 3 Prozent erwartet. Weiterhin sei von einer hohen Anzahl unterbeschäftigter Menschen auszugehen, die von der Arbeitslosenstatistik nicht erfaßt werden, weil sie sich in Umschulungs- und Arbeitsbeschaffungsmaßnahmen befinden, weil sie unfreiwillig einer Teilzeitbeschäftigung nachgehen oder weil sie die Suche nach einem regulären Arbeitsplatz aufgegeben haben. Die OECD schätzt, daß sich die Zahl der so definierten Unterbeschäftigten in Deutschland im Jahre 2000 auf 2,6 Millionen belaufen könnte, die zu den prognostizierten 3,3 Millionen registrierten Arbeitslosen noch hinzukäme. Bei aller Unsicherheit derartiger Voraussagen und bei aller Unterschiedlichkeit der zu erwartenden Entwicklung in den einzelnen Ländern zeigen diese Zahlen doch eindeutig, daß die wirtschaftspolitischen Prioritäten der kommenden Jahre auf ein zentrales Ziel ausgerichtet sein müssen: auf die Schaffung rentabler Arbeitsplätze und auf die Wiederherstellung eines hohen Beschäftigungsniveaus.

Diese Aufgabe wird durch einige Faktoren erschwert, die mit den Stichworten „Öffnung nach Osten" und „Globalisierung" gekennzeichnet werden können. Hierbei handelt es sich um Herausforderungen, vor die sich mehr oder weniger alle westlichen Industrieländer gestellt sehen. Allerdings betrifft die Öffnung des „Eisernen Vorhangs" die Arbeit am Standort Deutschland in besonderer Weise. Bereits aufgrund der deutschen Einheit hat sich die Relation von Kapital zu Arbeit verringert. In Ostdeutschland stand einem aufgrund mangelnder Wettbewerbsfähigkeit weitgehend entwerteten Kapitalstock eine große Zahl von Arbeitskräften gegenüber. Mit der Öffnung der sogenannten Zweiten Welt, also des gesamten früheren sowjetischen Einflußbereichs, hat sich die Entwicklung in Richtung Kapitalknappheit und hohem Arbeitsangebot verstärkt. Die Globalisierung der Märkte und der Unternehmensaktivitäten, die Ausrichtung von Absatz-, aber auch Investitions- und Beschaffungsstrategien auf dem Weltmarkt, stellt nicht nur die Unternehmen sowie die Produktionsstandorte in einen schärferen weltweiten Wettbewerb, sondern auch die Arbeitskräfte. Beschäftigte und Arbeitssuchende treten zunehmend mit ihren Qualifikationen sowie mit ihren Ansprüchen an Einkommens-, Arbeitsschutz und Sozialstandards auf dem „Weltarbeitsmarkt" als Mitbewerber um Beschäftigungschancen auf. Diese sind dort um so größer, wo es gelingt, möglichst viel vom weltweit mobilen Investitionskapital für sich zu gewinnen.

Unter den Vorzeichen veränderter Knappheitsrelationen zwischen Kapital und Arbeit sowie eines intensiven globalen Standortwettbewerbs um Investitionen muß daher Beschäftigungspolitik mehr denn je auf einem umfassenden Konzept zur Verbesserung der Investitions-, Innovations- und Produktionsbedingungen am heimischen Standort beruhen. Wie in vielen Bereichen der Politik, so verlangt auch bei der Beschäftigungspolitik die heute erreichte und noch beständig zunehmende weltwirtschaftliche Verflechtung, daß Stärken und Schwächen, Erfolge und Versäumnisse auf nationaler Ebene nicht zuletzt aufgrund des Vergleichs mit anderen Ländern analysiert werden. Konkret auf die Beschäftigungspolitik angewendet bedeutet dies unter anderem: Das hohe Lohn- und soziale Sicherungsniveau in Deutschland wird auf Dauer nur dann mit einem hohen Beschäftigungsniveau zu vereinbaren sein, wenn es aus Sicht in- und ausländischer Investoren durch entsprechend günstige Rahmenbedingungen gerechtfertigt wird, so daß Investitionen am Standort Deutschland in ausreichendem Maß rentabel bleiben.

Hierauf zielt die Standortpolitik der Bundesregierung. Die mit meinem Bericht zur Zukunftssicherung des Standorts Deutschland vom September 1993 eingeleiteten Maßnahmen für eine Neubesinnung auf die Grundsätze der sozialen Marktwirtschaft in Wirtschaft und Gesellschaft sind darauf gerichtet, die durch Rezession und verschärften Wettbewerb offengelegten Schwächen des Standorts Deutschland – vor allem die zu hohe Abgaben- und Kostenbelastung sowie die überbordende staatliche Einflußnahme auf die Wirtschaft – zu korrigieren und seine traditionellen Stärken – insbesondere in der Bildung, Forschung und Infrastrukturausstattung durch Anpassung an die gestiegenen Anforderungen weiter auszubauen. Ähnlich wie in der Wachstumsphase der Jahre 1983 bis 1992, in der allein in Westdeutschland über 3,25 Millionen Arbeitsplätze geschaffen wurden, muß jetzt durch entschlossene Weichenstellungen dafür gesorgt werden, daß wir in der Bundesrepublik Deutschland wieder ein langanhaltendes Wirtschaftswachstum verzeichnen können und dabei der Wachstumstrend möglichst weiter nach oben verschoben wird. Notwendig sind dafür möglichst günstige Rahmenbedingungen. Die konsequente Umsetzung des im „Standortbericht" dafür aufgestellten Handlungsprogramms ist in vollem Gange.

Unter vielen wichtigen Entscheidungen in den verschiedenen Bereichen der Politik sind folgende Maßnahmen besonders hervorzuheben:

○ Das Spar-, Konsolidierungs- und Wachstumsprogramm schafft mit Haushaltsentlastungen von über 90 Mrd DM in den Jahren 1994 bis 1996 wichtige Voraussetzungen für die dringliche Rückführung der öffentlichen Verschuldung.

○ Das Standortsicherungsgesetz hat die Ertragsbesteuerung der Unternehmen auf das niedrigste Niveau in der Geschichte der Bundesrepublik Deutschland gesenkt.

○ Die Privatisierung von Bahn und Post ermöglicht die Entwicklung einer zukunftsgerechten Infrastruktur in diesen Bereichen.

○ Mit gesetzlichen Erleichterungen, insbesondere von Planungs- und Genehmigungsverfahren, wurde bürokratische Überregulierung abgebaut.

○ Das Leistungs- und Beschäftigungspotential des Mittelstands wird mit einer Existenzgründungs- und Innovationsoffensive voll ausgeschöpft.

○ Mit dem Arbeitszeitgesetz werden insbesondere die Bedingungen dafür geschaffen, daß die Maschinenlaufzeiten unabhängig von den regelmäßigen Arbeitszeiten der Beschäftigten ausgedehnt werden können.

○ Das Beschäftigungsförderungsgesetz 1994 verbessert die Funktionsfähigkeit des Arbeitsmarktes, insbesondere in dem private gewerbliche Arbeitsvermittlung auf wettbewerblicher Basis jetzt möglich gemacht wird, Arbeitslosengelder für Existenzgründungen eingesetzt werden können und eine klare Differenzierung zwischen regulären und im zweiten Arbeitsmarkt staatlich geförderten Arbeitsverhältnissen eingeführt werden.

Diese Eckpfeiler der bisher bereits verwirklichten Standortverbesserung haben zusammen mit dem erfolgreichen Abschluß der GATT-Runde und der Rückkehr zu moderaten Tariflohnabschlüssen das Vertrauen deutscher wie internationaler Investoren gestärkt und die Wettbewerbsfähigkeit der Unternehmen gefestigt. Sie erweisen sich damit als eine Grundlage der inzwischen nicht mehr zu verkennenden Aufwärtsbewegung der deutschen Wirtschaft. Dies führt dazu, daß praktisch alle Prognosen für das reale gesamtdeutsche Wachstum, die zu Beginn des Jahres für Deutschland aufgestellt wurden, spürbar übertroffen werden.

Strukturelle Arbeitslosigkeit

Ungeachtet dieser positiven Entwicklung wäre es gefährlich, sich jetzt im Bewußtsein konjunktureller Besserung mit Anfangserfolgen zufrieden zu geben. Vor allem die Arbeitslosigkeit ist eine permanente Ermahnung, daß Thema „Standortverbesserung" nicht mit Überwindung der Rezession als erledigt zu betrachten. Ohne Frage sind die gesteigerte Produktivität der Unternehmen, der Konjunkturaufschwung und ein dynamisches Wachstum notwendige Voraussetzungen für eine nachhaltige Verbesserung der Beschäftigungssituation. Aber die Überwindung der in hohem Maße strukturellen Arbeitslosigkeit ist weder kurzfristig von der konjunkturellen Erholung noch von der bisherigen Festigung der Wettbewerbsposition der Unternehmen allein zu erwarten. Die Arbeitslosigkeit hat in Westdeutschland mit jeder Rezession ein größeres Ausmaß erreicht und wurde in den folgenden Aufschwungphasen jeweils nicht vollständig wieder abgebaut. Ursachen hierfür waren – neben einem wachsenden Angebot an Arbeitskräften und der Rationalisierung in den Unternehmen – auch bestimmte Strukturen und Mechanismen des Arbeitsmarktes, auf die ich im folgenden näher eingehen möchte. Die von Konjunkturzyklus zu Konjunkturzyklus beständig gewachsene Sockelarbeitslosigkeit stellt sich heute als der eigentliche Kern des Beschäftigungsproblems dar, und zwar in fast allen westlichen Industrieländern, ja in unseren europäischen Nachbarländern meistens sogar noch wesentlich stärker als bei uns. Deshalb muß zu den generellen Bedingungen für ein dauerhaftes Wachstum die Korrektur der spezifischen Strukturfehler hinzukommen, die für den hohen Sockel an Arbeitslosen verantwortlich sind. Je besser dies gelingt, desto beschäftigungsintensiver wird das künftige Wirtschaftswachstum ausfallen und um so höher kann das Wachstum sein.

Wesentliche Strukturprobleme sehe ich bei den Kosten wie bei der Produktivität der Arbeit, vor allem jedoch beim Verhältnis zwischen beiden. Das Zusammenspiel dieser Faktoren, die Relation zwischen Kosten und Produktivität, ist entscheidend für die Wettbewerbsfähigkeit der Arbeit am Standort Deutschland. Deshalb muß Beschäftigungspolitik – neben der Verbesserung der investiven Rahmenbedingungen – vor allem hier ansetzen.

Auf der Produktivitätsseite geht es in erster Linie darum, unsere Standortvorteile, die wir mit der relativ hohen Qualifikation der Arbeitskräfte und mit dem bewährten (Aus-)Bildungssystem besitzen, zu wahren und auszubauen. Um zu verdeutlichen, was dazu aus meiner Sicht notwendig ist, möchte ich nochmals die OECD zitieren. Sie empfiehlt zwar das deutsche Modell der beruflichen Bildung zur Nachahmung durch andere Länder, um den rasch steigenden Qualifikationsanforderungen gerecht werden und dem ständig wachsenden Beschäftigungsrisiko schlecht qualifizierter Arbeitskräfte vorbeugen zu können. Andererseits unterstreicht sie – und das verlangt gerade auch von uns Deutschen eine erhebliche Einstellungsänderung – wie stark in Zukunft aufgrund des sich rapide beschleunigenden technischen Fortschritts die Beschäftigten im Laufe ihres Arbeitslebens grundlegende Veränderungen des Arbeitsplatzes und in vielen Fällen auch – möglicherweise mehrmalige – Berufswechsel erleben werden. Das bedeutet zum einen, daß die im internationalen Vergleich geringe berufliche Mobilität der Deutschen, ihre Bereitschaft zu lebenslangem Lernen und zu beruflichen Veränderungen deutlich zunehmen muß. Zum zweiten müssen wir unsere Aus- und Fortbildungseinrichtungen heute vor allem darauf einstellen, diese Bereitschaft von Anfang an zu fördern und adäquates Verhalten durch Transparenz und Effizienz des Bildungsangebots zu erleichtern.

Auf der Kostenseite geht es nicht allein um die direkten Arbeitsentgelte. Auch die rasant wachsenden Kosten der sozialen Sicherung treiben über die gerade im internationalen Vergleich bereits zu hohen und noch absehbar wachsenden Lohnzusatzkosten den Preis der Arbeit. Zudem schlagen sich gesetzliche wie tarifvertraglich vereinbarte Schutzbestimmungen als (permanente oder potentielle) Arbeitskosten und damit als Hindernis für mehr Beschäftigung nieder. Besonders nachteilig wirkt sich die Übertäuerung der Arbeit auf die Beschäftigungschancen von Arbeitskräften mit geringer Qualifikation oder anderen Einschränkungen wie fehlender Berufserfahrung, langer Arbeitslosigkeit oder Krankheit aus. Das ökonomische Gesetz, wonach ein Unternehmen auf Dauer nicht mehr für den Arbeitseinsatz bezahlen kann als dieser zur Produktion und damit zum Erlös beiträgt, schließt grundsätzlich die Beschäftigung von Arbeitskräften aus, die aufgrund geringer Produktivität bei hohen Löhnen und Lohnzusatzkosten nicht rentabel eingesetzt werden können. Damit ist eine zentrale Ursache hoher Sockelarbeitslosigkeit benannt: Fast 50 Prozent der Arbeitslosen in Deutschland haben keine abgeschlossene Berufsausbildung. Die durchschnittliche Dauer der Arbeitslosigkeit verlängert sich überdies mit der Kumulation mehrerer produktivitätsmindernder Faktoren – und wird so zu einem weiteren Beschäftigungshindernis.

Anforderungen an die Tarifpolitik

Die Hauptverantwortung für die Höhe und Entwicklung der Arbeitskosten – und damit die Beschäftigungschancen – tragen die Tarifpartner. Sie entscheiden über die Löhne und den Großteil der Lohnzusatzkosten. Zweifellos haben wir mit dieser Zuweisung der Entscheidung über die Lohnentwicklung über Jahrzehnte hinweg insgesamt gute Erfahrungen gemacht. Gerade die diesjährigen Tarifabschlüsse haben gezeigt, daß sich Arbeitgeber und Gewerkschaften ihrer hohen gesamtwirtschaftlichen Verantwortung auch heute wieder in stärkerem Maße bewußt werden. Gleichwohl können beschäftigungspolitische Analysen und Empfehlungen eine Kritik der Wirkungsmechanismen kollektiver Lohnfindung nicht ausblenden. Im Gegenteil: Die Tarifautonomie würde auf lange Sicht durch nichts stärker gefährdet als durch eine Tabuisierung notwendiger Korrekturen.

Eine Gefahr der alleinigen Entscheidungskompetenz der Tarifpartner über Löhne und andere Arbeitskostenfaktoren liegt darin, daß sie die Interessen der Arbeitslosen gegenüber denen der Beschäftigten zu sehr in den Hintergrund stellen. Ein solches Ergebnis ist zwar erklärlich. Gleichwohl ist sie beschäftigungspolitisch eindeutig negativ zu werten. Auf der Arbeitnehmerseite besteht in einer Rezession eine große Bereitschaft zur Lohnzurückhaltung, solange die vorhandenen Arbeitsplätze bedroht sind.

Wenn sich jedoch die Situation wieder soweit stabilisiert hat, daß nicht von einem weiteren Arbeitsplatzabbau ausgegangen werden muß, die individuellen Arbeitsplätze also wieder als sicher angesehen werden, besteht wenig Neigung, eine Lohnentwicklung zu akzeptieren, die die Chancen der Arbeitslosen verbessert.

Wenn die Unternehmen in Rezessionsphasen um ihre Wettbewerbsfähigkeit kämpfen und Kosten senken müssen, versuchen sie nicht nur ihre Produkte, Produktionsabläufe und Vertriebsorganisation zu verbessern und zu rationalisieren, sondern auch die Lohnkosten zu senken. Da die zu zahlenden Löhne und Zusatzkosten nur in engen Grenzen verringert werden können, werden Teile der Produktion ins Ausland verlagert, Produkte und Produktkomponenten zugekauft und Beschäftigung am teuren Inlandsstandort abgebaut. Die Unternehmen entlassen weniger produktive Arbeitskräfte, sie strukturieren um und rationalisieren, um wettbewerbsfähig zu bleiben. Die Wirtschaftsstruktur und die Produktionsverfahren werden auf ein zu hohes Lohnniveau eingestellt – zu hoch insbesondere für die Beschäftigung von weniger produktiven Arbeitskräften. Ist die Rationalisierung und Umstrukturierung erfolgt, läßt auch von den Unternehmen der Druck nach, sich massiv für eine Lohnentwicklung einzusetzen, die auf Vollbeschäftigungsbedingungen zielt.

Will die Tarifpolitik zur Bekämpfung der Arbeitslosigkeit, vor allem der Sockelarbeitslosigkeit beitragen, dann muß sie auch Löhne zulassen, die mit geringer Qualifikation vereinbar sind. Tarifpolitik für die Problemgruppen des Arbeitsmarktes heißt vor allem Lohndifferenzierung. Diesen Anforderungen an eine beschäftigungsorientierte Lohnpolitik sind die diesjährigen Tarifabschlüsse zumindest teilweise mit zukunftsweisenden Ansätzen gefolgt. Vor allem den Abschluß in der Chemieindustrie halte ich in mehrfacher Hinsicht für vorbildlich: Abgesehen von der moderaten Lohnentwicklung wurden hier mit den besonderen Tarifabsenkungen für „Einsteiger" gezielt die Beschäftigungchancen von Berufsanfängern und Arbeitslosen erhöht. Dies ist Tarifpolitik nicht nur für die Beschäftigten, sondern auch für die Arbeitssuchenden.

Lohndifferenzierung ist nicht nur im Hinblick auf die unterschiedliche Leistungsfähigkeit der Arbeitskräfte die angemessene tarifpolitische Strategie, sondern auch mit Blick auf die erheblichen Unterschiede in der Leistungsfähigkeit der Unternehmen – vor allem zwischen Ost- und Westdeutschland, aber auch innerhalb der alten und neuen Länder. Traditionell sehen die Gewerkschaften eine ihrer wichtigsten Aufgaben darin, Mindestnormen für den Gesundheitsschutz, die Sicherheit an den

Arbeitsplätzen, den Kündigungsschutz, den Lohn usw. festzusetzen. Den Betrieben bleibt es dann überlassen, im Wettbewerb um die Arbeitnehmer bessere Bedingungen anzubieten. Kennzeichnend dafür sind die sogenannte Lohndrift, also das Voraneilen der Effektivlöhne vor den Tariflöhnen, und freiwillige Sozialleistungen. Die Gewerkschaften haben allerdings die Politik der Mindeststandards immer mehr verlassen und gerade in Ostdeutschland eine entgegengesetzte Linie verfolgt, nämlich Tariflöhne zu vereinbaren, die nur von den produktivsten Betrieben gezahlt werden können. Bei einer solchen Politik der Lohnsteigerung, die sich von der allgemeinen Produktivitätsentwicklung und von den Knappheitsbedingungen löst, müßte eine generelle Öffnungsklausel vereinbart werden, die es den schwächeren Betrieben erlaubt, mit ihren Löhnen unter den Tariflöhnen zu bleiben. Dies ist nicht geschehen, so daß ein erheblicher Druck auf die öffentliche Hand entsteht, mit verschiedenen Formen der Förderung Arbeitsplätze zu halten.

Der Staat ist aber mit dieser Aufgabe schnell überfordert. Dann drohen hohe Arbeitslosigkeit, aber auch Austritte aus Gewerkschaften und Arbeitgeberverbänden.

Es ist verständlich, daß die Gewerkschaften sich schwertun mit einer generellen Öffnungsklausel, weil damit die Grundidee der Mindeststandards aufgegeben wird. Sie haben es jedoch selbst in der Hand, solchen Forderungen die Grundlage zu entziehen. Sie sollten sich auf die Aufgabe zurückbesinnen, eine Absicherung durch Mindeststandards anzustreben, die von der weit überwiegenden Zahl der Arbeitgeber ohne große Schwierigkeiten eingehalten werden können. Wir haben mit diesem Modell gute Erfahrungen gemacht, und es ist innerhalb des bestehenden institutionellen Rahmens der einzige Weg zu einem hohen Beschäftigungsniveau. Ein solcher Weg stärkt m.E. die Gewerkschaften, nicht nur weil die Zahl ihrer Mitglieder dann weiter wächst, sondern vor allem weil Tarifpolitik bei hohen Beschäftigungsniveaus für sie dann auch leichter wird.

Dieser Weg mag über mehrere Jahre bedeuten, daß die Tariflohnsteigerungen, insbesondere in Ostdeutschland, hinter der Produktivitätssteigerung zurückbleiben. Mittelfristig muß damit keine Senkung der realen Tariflöhne verbunden sein. Die Effektivlöhne werden sich stärker differenzieren, d. h. sie werden in einzelnen Betrieben, Sektoren und Regionen nach oben von den Tariflöhnen abweichen. Die Entwicklung des verfügbaren Einkommens hängt außerdem nicht allein von der Entwicklung der Löhne, sondern auch vom Arbeitsvolumen und von der Abgabenbelastung ab. Wenn also die Beschäftigung durch eine solche Lohnpolitik zunimmt, steigen die Einkommen der zusätzlich Beschäftigten und die Soziallasten sinken. Ein hoch zu gewichtender Vorteil besteht außerdem darin, daß wieder viel mehr Menschen das Gefühl bekommen, gefragt zu sein. Eine eindeutig beschäftigungsorientierte Tarifpolitik ist daher letztlich im Interesse aller.

Ein wichtiges Instrument für sichere Arbeitsplätze ist auch die Aufteilung des Lohnes in einen festen Hauptbestandteil und eine ertragsabhängige Zusatzkomponente. Auftrags- und Ertragsschwankungen schlagen dann nicht sofort auf die Beschäftigung durch. Wie viele Beispiele zeigen, nehmen die meisten Beschäftigten lieber eine vorübergehende Lohneinbuße als den Verlust der Arbeitsplatzes hin. Deshalb sollte es zulässig sein, entsprechende betriebliche Vereinbarungen zu treffen. Darüber hinaus kann die betriebliche Altersversorgung ein geeignetes Instrument zur flexibleren Entgeltgestaltung sein. Hier muß allerdings eine kalkulierbare Anpassungsregelung der Versorgungsbezüge gefunden werden. Die Steigerung der Leistungen darf nicht von der unvorhersehbaren Situation des Leistungsempfängers und des Betriebes abhängen. Eine solche „Sozialklausel", wie sie jetzt besteht, führt dazu, daß immer weniger von den Möglichkeiten der betrieblichen Altersversorgung Gebrauch gemacht wird.

Neben den Kosten entscheiden die Tarifpartner mit den tarifvertraglichen Regelungen zur Arbeitszeit auch wesentlich über einen wichtigen Faktor der Produktivität der Arbeit. Die Bundesregierung hat mit dem neuen Arbeitszeitrecht einen gesetzlichen Rahmen vorgegeben, der mehr Flexibilität des Arbeitseinsatzes ermöglicht und damit die Voraussetzungen für einen produktiveren Arbeitseinsatz und eine erhöhte Rentabilität der Arbeitsplätze schafft. Die Tarifpartner müssen den erweiterten Spielraum durch längere Maschinenlaufzeiten, kreative Arbeitszeitmodelle, insbesondere auch durch größere Gestaltungsspielräume für die einzelnen Betriebe nutzen, wenn sie ihrer beschäftigungspolitischen Verantwortung Rechnung tragen wollen. Das Produktivitätssteigerungs- und Kostensenkungspotential einer besseren Auslastung teurer Produktionsanlagen durch flexiblere Arbeitszeiten ist gerade bei uns in Deutschland aufgrund der kurzen Wochenarbeitszeiten besonders hoch zu veranschlagen. Allerdings stoßen die Möglichkeiten einer individuellen Verteilung der Wochen- und Jahresarbeitszeit auf einige institutionelle Schwierigkeiten, die gelöst werden müssen. So gibt es eine Reihe von Schwellenwerten für die Anzahl der Beschäftigten in einem Betrieb, die nicht nach der Arbeitszeit der Beschäftigten differenziert sind, z. B. die Zahl der Beschäftigten, ab der ein Betriebsrat zu bilden ist, ab der bestimmte Sozialeinrichtungen vorhanden sein müssen usw. Auch die Bemessungsgrundlagen für Beiträge zu den sozialen Sicherungssystemen sind auf normale Vollzeitarbeitsplätze abgestellt. Um die hierin liegenden Hindernisse für flexiblere Arbeitszeiten auszuräumen, müssen Wege gefunden werden, die Beiträge besser auf flexible Arbeitszeiten abzustimmen. Unabhängig davon bestehen schon heute zumindest begrenzte Möglichkeiten, feste Jahresarbeitszeiten flexibel aufzuteilen, die von Betrieben und Arbeitnehmern stärker genutzt werden sollten.

Auch in dieser Hinsicht ist der Chemieabschluß richtungsweisend, denn er läßt Raum für betrieblich vereinbarte Arbeitszeitkonditionen. Das ist der richtige Weg, weil so die jeweilige Situation des einzelnen Unternehmens und die Wünsche der Beschäftigten am besten berücksichtigt werden können. Pauschale Regelungen hingegen übergehen nicht nur die individuellen Präferenzen, sondern überfordern auch viele Unternehmen und gefährden so Wettbewerbsfähigkeit und Arbeitsplätze. Schon aus diesem Grund wäre es auch verfehlt, eine Lösung der Beschäftigungsprobleme in einer Umverteilung der vorhandenen, vermeintlich nicht vermehrbaren Beschäftigung durch generelle Arbeitszeitverkürzung zu suchen. Die Verteilung des Mangels zur gesamtwirtschaftlichen Strategie zu erklären hieße, vor den wirklichen Ursachen der Arbeitslosigkeit zu resignieren. Die Folgen wären sinkende Einkommen, weiter steigende Abgabenquoten und damit zunehmende Anreize zur Schwarzarbeit sowie nochmals verschlechterte Beschäftigungschancen auf dem regulären Arbeitsmarkt. Allein das Ausmaß der Beschäftigung in der sogenannten Schattenwirtschaft zeigt, daß sehr viel mehr reguläre Arbeit nachgefragt würde, wäre sie bezahlbar. Um mehr Beschäftigungspotential in reguläre Arbeitsplätze zu verwandeln, kommt deshalb der Eindämmung der Stückkosten der Arbeit die höchste Priorität zu.

In einem wesentlich stärker differenzierten und flexibleren Arbeitsmarkt gibt es neue Chancen und Tätigkeitsfelder für die Gewerkschaften. Die Arbeitnehmer brauchen eine verstärkte individuelle Beratung, wenn sie flexible Arbeitszeiten, Kombinationen mit Weiterbildungsphasen – möglicherweise betrieblich organisiert und finanziert –, Gewinnbeteiligungen, Ergänzungen der Altersversorgung, flexible Übergänge ins Rentenalter usw. vereinbaren wollen. Auf diesem Feld können Musterverträge (standardisierte Alternativen) ausgearbeitet und Beratungsmöglichkeiten angeboten werden. Der Schwerpunkt würde nicht darin liegen, bestimmte Bedingungen kollektiv auszuhandeln und festzulegen, sondern auf betrieblicher und individueller Basis Verträge abzuschließen, die sowohl vom Arbeitnehmer als auch vom Arbeitgeber als vorteilhaft angesehen werden. Ein besonders anschauliches Beispiel dafür sind individuelle Verträge über eine Weiterbeschäftigung an der Pensionsgrenze.

Umbau der sozialen Sicherung

Neben den Tarifpartnern ist der Staat bei den Arbeitskosten mit in der Verantwortung. In diesem Jahr liegen die Sozialversicherungsbeiträge bereits über 39 Prozent des abgabepflichtigen Einkommens. 1995 und 1996 kommen mit der Einführung der Pflegeversicherung nochmals insgesamt 1,7 Prozent-Punkte hinzu. Damit ist meines Erachtens eine Grenze erreicht, die zu Reaktionen zwingt – und zwar zu Reaktionen, die sich nicht in einer Entlastung bei den Sozialversicherungsbeiträgen auf Kosten verstärkter Steuerfinanzierung von Sozialleistungen erschöpfen. Denn angesichts der erreichten Abgabenhöhe – die gesamtwirtschaftliche Abgabenquote steigt 1995 auf über 45 Prozent – ist es mit Verschiebungen auf der Einnahmenseite der sozialen Sicherungssysteme nicht getan. Die Kompensation von Beiträgen durch höhere Steuern ist wachstums- und beschäftigungspolitisch der Übergang vom Regen in die Traufe. Man kann sicherlich über die Finanzierungsweise bei bestimmten Sozialleistungen nachdenken, aber eine wirkliche Entlastung setzt die Begrenzung der Ausgaben voraus. Ich halte auch dies angesichts des hohen Anteils der Sozialversicherungsbeiträge an den Kosten der Arbeit in Deutschland beschäftigungspolitisch für eine zentrale Aufgabe. Dabei müssen alle Ansatzpunkte genutzt werden: mehr Eigenvorsorge, eine stärkere einkommensabhängige Ausgestaltung und selbstverständlich die Verhinderung mißbräuchlicher Inanspruchnahme von Sozialleistungen. Mit dem Spar-, Konsolidierungs- und Wachstumsprogramm hat die Bundesregierung eine Verstärkung der Einkommensabhängigkeit beim Anspruch auf Kinder- und Erziehungsgeld vorgenommen. Dies sind zwar vielleicht nur kleine Schritte; entscheidend ist aber, daß sie in die richtige Richtung gehen. Wir brauchen eine stärkere Konzentration auf den Schutz der wirklich Schwachen und Bedürftigen in unserer Gesellschaft und eine Verstärkung von Leistungsanreizen und Eigenverantwortung des einzelnen.

Dies gilt auch für die Arbeitsmarktpolitik. Selbstverständlich können wir auf die arbeitsmarktpolitische Flankierung des Strukturwandels vor allem in Ost-, aber auch in Westdeutschland nicht verzichten. Wir haben 1993 rund 66 Mrd DM dafür bereitgestellt, davon allein etwa 45 Mrd DM für die Arbeitsmarktpolitik in den neuen Ländern. Angesichts des erheblichen Umfangs öffentlich geförderter Beschäftigungsverhältnisse müssen niedrigere Entgelte in diesem Bereich sicherstellen, daß zum einen die Arbeitsmarktpolitik finanzierbar bleibt und zum anderen mit der subventionierten Arbeit nicht der Anreiz zum Wechsel auf reguläre Arbeitsplätze genommen wird. Mit dem Beschäftigungsförderungsgesetz 1994 hat die Bundesregierung auch auf diesem Gebiet den richtigen Weg eingeschlagen. Neben der Absenkung der Lohnkostenzuschüsse sehe ich wichtige Verbesserungen in der Einführung von Wettbewerb bei der Arbeitsvermittlung und in der Verlängerung der Zulässigkeit befristeter Arbeitsverträge. Auch hier wurden überkommene Tabus gebrochen, zum Nutzen der Arbeitssuchenden.

Generell ist es für den Umbau der sozialen Sicherungssysteme entscheidend, daß ökonomische Rationalität und soziale Ziele besser in Einklang gebracht werden. Die Effizienz des Marktes ist zwar nicht gleichbedeutend mit sozialer Gerechtigkeit des erzielten Ergebnisses. Sie schafft aber die entscheidende Basis für sozialpolitisch motivierte Maßnahmen. Unwirtschaftlichkeit hingegen wirkt auf Dauer per se unsozial, weil sie die Grundlage jeder sozialen Leistung, nämlich das Volkseinkommen, schmälert.

Friedrich Buttler
unter Mitarbeit von Christian Brinkmann, LtdWDir beim IAB

Herausforderungen an die Beschäftigungspolitik – Die Sicht des Instituts für Arbeitsmarkt und Berufsforschung (IAB)

Längerfristige Entwicklungstendenzen am deutschen Arbeitsmarkt

Quantitative Beschäftigungslücke

1993 veröffentlichte die Prognos AG[1]) ein umfangreiches Szenario der Wirtschafts- und Gesellschaftsentwicklung bis zum Jahr 2010. Hiernach errechnet sich für Gesamtdeutschland im Jahr 2000 eine Arbeitsplatzlücke von knapp 6 Mio. In Westdeutschland werden dann 2,4 Mio registrierte und 1,9 Mio nicht-registrierte Arbeitslose, in Ostdeutschland knapp 1 Mio registrierte und mehr als 0,6 Mio nicht-registrierte Arbeitslose erwartet. Selbst im Jahr 2010 soll die rechnerische Arbeitsplatzlücke noch fast 4 Mio (West: 3,2 Mio; Ost: 0,7 Mio) bzw. die registrierte Arbeitslosigkeit noch rd. 2,6 Mio (West: 2,1 Mio; Ost: 0,5 Mio) betragen.

Nach diesem Szenario ist erst langfristig mit einem Rückgang der Arbeitsplatzlücke zu rechnen. Sie steigt in den nächsten Jahren deutlich an (1995: 6,75 Mio) und bleibt bis 2010 auf hohem Niveau, was sich auch in den ausgewiesenen Arbeitslosenquoten niederschlägt. „Die Arbeitslosenquote in Ostdeutschland wird dabei bis 2000 fast gar nicht sinken. In Westdeutschland steigt die Quote auf 9 Prozent (2000). Ein Rückgang wird erst nach 2000 erreicht".

Bei der Projektion der Prognos AG handelt es sich um den Versuch, einen wahrscheinlichen mittleren Entwicklungspfad vorauszusagen. Abweichungen nach oben und unten sind denkbar. Solche Abweichungen können auch Ergebnis unternehmerischer Entscheidungen und politischer Gestaltung sein. Insofern hat das Szenario eine Warnfunktion und fordert zum Handeln auf. Ohne entsprechende Gegenmaßnahmen bleibt die Arbeitslosigkeit auch noch weit über die Jahrtausendwende hinaus das zentrale Problem unserer Wirtschaft und Gesellschaft.

---

[1]) Prognos AG, Die Bundesrepublik Deutschland 2000 – 2005 – 2010, Basel, Mai 1993.

Zu in der Tendenz ähnlichen Ergebnissen kommen auch neuere, noch vorläufige Untersuchungen des IAB.[2]) Sie stellen eine Baseline dar, die noch weitgehend den Trend der Vergangenheit widerspiegelt und bewußt politische Maßnahmen und Reaktionen unberücksichtigt läßt, um so die Felder aufzeigen zu können, in denen politischer Handlungsbedarf existiert. Bei den nachfolgenden Aussagen handelt es sich daher noch um vorläufige Ergebnisse, die jedoch die Problematik bereits zutreffend beschreiben dürften.

Wissenschaftliche Projektionen gehen immer von einem Set an Annahmen aus. Ergebnisse müssen immer zusammen mit den Annahmen betrachtet werden. Aus Platzgründen können die Annahmen für das Basisszenario hier jedoch nicht ausführlich dargestellt werden.[3])

Berücksichtigt man sowohl die trendmäßige Fortschreibung der zunehmenden Erwerbsbeteiligung als auch eine weitere Zuwanderung von 200.000 Personen pro Jahr, so dürfte es zumindest bis zum Jahr 2010 in der Bundesrepublik kaum ein geringeres, eher ein höheres Erwerbspersonenpotential geben als gegenwärtig. Eine Entlastung des Arbeitsmarktes von Seiten des Arbeitsangebotes dürfte nicht vor 2010 eintreten.[4])

Nach der vorläufigen Baseline des IAB/Westphal-Szenarios[5]) wächst das reale Bruttoinlandsprodukt in Westdeutschland im Durchschnitt der

---

[2]) Die endgültigen Ergebnisse werden voraussichtlich im Verlaufe des Herbstes 1994 ausführlich dargestellt. Nach Möglichkeit werden sie in Heft 3/94 der Mitteilungen aus der Arbeitsmarkt- und Berufsforschung (MittAB) veröffentlicht werden.

[3]) Die Annahmen wurden skizziert in: Barth, A./Klauder, W.: Arbeitsmarkttendenzen bis zum Jahr 2000. Ergebnisse auf Basis eines makroökonometrischen Modells. Erscheint in: Konjunkturpolitik, Beiheft 1994 (Referate der Jahrestagung der Arbeitsgemeinschaft deutscher wirtschaftswissenschaftlicher Forschungsinstitute e.V.).

[4]) Vgl. Thon, M.: Neue Modellrechnungen zur Entwicklung des Erwerbspersonenpotentials im bisherigen Bundesgebiet bis 2010 mit Ausblick auf 2030. In: MittAB 4/1991, S. 673–688.
Fuchs, J./Magvas, E./Thon, M.: Erste Überlegungen zur zukünftigen Entwicklung des Erwerbspersonenpotentials im Gebiet der neuen Bundesländer. Modellrechnungen bis 2010 und Ausblick bis 2030. In: MittAB 4/1991, S. 689–705.
Thon, M.: Perspektiven des Erwerbspersonenpotentials in Gesamtdeutschland bis zum Jahre 2020. In: MittAB 4/1991, S. 706–712.

[5]) Die Ergebnisse wurden mit dem IAB/Westphal-Modell SYSIFO, einem makroökonometrischen Modell für die Bundesrepublik Deutschland, gerechnet. Zum Modellaufbau siehe Hansen, G./Westphal, U. (Hrsg.): SYSIFO, Ein ökonometrisches Konjunkturmodell für die Bundesrepublik Deutschland, Frankfurt/M., 1981 und Westphal, U., unter Mitarbeit von Dieckmann, O./Wiswe, J.: Arbeitsbuch zur angewandten Makroökonomik, 2. Auflage, Hamburg, 1993. Die IAB-Version (Projekt 1-364D) wurde mit Mitteln aus dem Europäischen Sozialfond (ESF) gefördert.

Jahre 1992/2000 um 0,8 Prozent p. a., in Ostdeutschland um 8,9 Prozent. Gegenüber 1993 belaufen sich die Wachstumsraten im Modell auf 1,4 Prozent bzw. 9,3 Prozent. Die Produktivität je Erwerbstätigen erhöht sich in der Basisvariante gegenüber 1992 im Westen mit 0,7 Prozent p. a. schwächer, im Osten dagegen mit 9,4 Prozent p.a. stärker als die Produktion mit jeweils entsprechend gegenläufigen Auswirkungen auf die Beschäftigung (vgl. Übersicht 1).

Das relativ schwache westdeutsche Wirtschaftswachstum hat auch etwas zu tun mit den Anstrengungen für den Wiederaufbau Ostdeutschlands. Die Übertragungen von West- nach Ostdeutschland werden noch bis zur Jahrtausendwende auf relativ hohem Niveau bleiben. Das gesamtdeutsche Finanzierungsdefizit des öffentlichen Sektors steigt noch bis 1995 erheblich an. Nach 1995 beginnt sich die staatliche Finanzlage aber zunehmend zu entspannen. Die gesamtdeutsche Leistungsbilanz bleibt zwar auch weiterhin negativ, jedoch mit abnehmender Tendenz. Die positive Entwicklung der Leistungsbilanz und des staatlichen Finanzierungssaldos dürften sich auch nach der Jahrtausendwende fortsetzen.

Für die Beschäftigung führen die Modellergebnisse zu folgendem Bild (vgl. Übersichten 2 und 3): In Westdeutschland würde sich die Beschäftigung ab 1995 wieder von dem Konjunktureinbruch erholen und im Jahr 2000 sogar mit rd. 29,9 Mio den bisherigen Höchststand von 1992 um 0,4 Mio übertreffen. In Ostdeutschland kommt es dagegen erst ab 1996 und nur zu einem sehr langsamen Wiederanstieg der Beschäftigung. Diese läge selbst im Jahr 2000 mit rd. 6,1 Mio Personen noch um 0,2 Mio unter dem Stand von 1992. Investitionsentwicklung und Produktivitätsfortschritt würden sich erst ab 2000 so positiv auf die Wettbewerbsfähigkeit auswirken, daß ein stärkerer Beschäftigungsaufbau möglich wird.

Die modellendogen ermittelte Arbeitsplatzlücke wird im Jahr 2000 immer noch 3,7 Mio in Westdeutschland und 1,8 Mio in Ostdeutschland betragen. Folgt man bei der Aufteilung der Arbeitsplatzlücke auf Arbeitslosigkeit und Stille Reserve einer aus der Vergangenheit abgeleiteten „Faustregel", so ergibt sich im Jahr 2000 eine Arbeitslosigkeit von 2,5 Mio (West) und 1,2 Mio (Ost), sowie eine Stille Reserve von 1,2 Mio (West) und 0,6 Mio (Ost). Jedoch gibt es Anzeichen dafür, daß sich evtl. ein höherer Anteil in der Stillen Reserve niederschlägt, als in den o. g. Zahlen ausgewiesen.

Übersicht 1: Ausgewählte Kennzahlen des Basis-Szenarios bis 2000 (vorläufige Werte)

Aggregat	West	Ost	Insgesamt
	1992/2000 in % p.a.		
Reales Bruttoinlandsprodukt (BIP)	+ 0,8	+ 8,9	+ 1,6
Reales BIP je Erwerbstätigen	+ 0,7	+ 9,4	+ 1,5
Lebenshaltungskosten	+ 2,3	+ 3,5	+ 2,5
Index der effektiven Stundenlöhne	+ 3,7	.	.
Durchschnittliche Monatslöhne	+ 2,4	+ 6,4	+ 3,0
	1993/2000 in % p.a.		
Reales Bruttoinlandsprodukt	+ 1,4	+ 9,2	+ 2,1
Reales BIP je Erwerbstätigen	+ 1,0	+ 9,2	+ 1,8
	1992/2000 in Mio Personen		
Erwerberpersonenpotential (ohne „Vorruheständler")	+ 0,8	+ 0,1	+ 0,9
Erwerbstätige	+ 0,4	− 0,2	+ 0,2

	„Unterbeschäftigung" in Mio Personen					
	1992	2000	1992	2000	1992	2000
Arbeitslose (reg.)	1,8	2,5	1,2	1,2	3,0	3,6
Stille Reserve (einschl. „Vorruheständler")	1,5	1,2	0,3	0,6	1,8	1,9
Rechnerische Arbeitsplatzlücke	3,3	3,7	1,5	1,8	4,8	5,5

		West + Ost in Mrd. DM
Außenbeitrag	1992	+ 13
(Leistungsbilanz ohne Übertragungsbilanz)	1995	+ 29
	2000	+ 48
Finanzierungssaldo Staat	1992	− 79
	1995	− 94
	2000	− 60

* Die Aufteilung der modellendogen ermittelten Arbeitsplatzlücke auf Arbeitslosigkeit und Stille Reserve folgt einer aus der Vergangenheit abgeleiteten „Faustregel". Jedoch gibt es Anzeigen dafür, daß sich eventuell ein höherer Anteil in der Stillen Reserve niederschlägt, als in o.g. Zahlen ausgewiesen.
Anm.: Abweichungen in den Summen durch Runden
Quelle: IAB/VII/1-Simulationen mit der IAB-Version des Modells SYSIFO, Datenbasis 2. Quartal 1993

Übersicht 2: Westdeutsche Arbeitsmarktbilanz 1990–2000 – vorläufige Werte

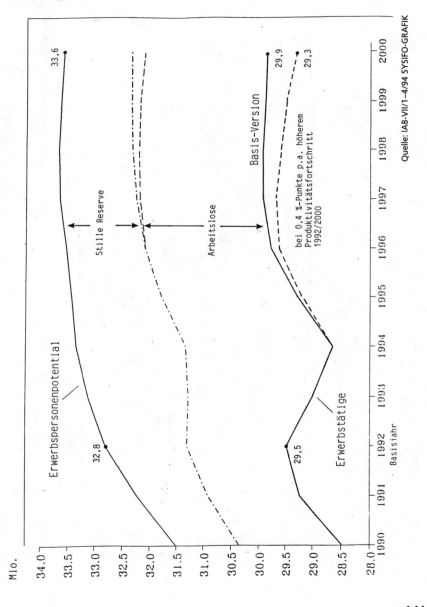

Übersicht 3: Ostdeutsche Arbeitsmarktbilanz 1990–2000 (vorläufige Werte)

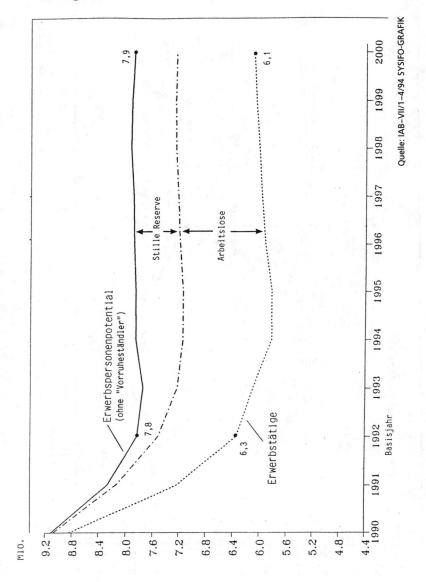

Der in Deutschland seit 1983 anhaltende und schließlich in dem Wiedervereinigungsboom gipfelnde Wirtschaftsaufschwung dürfte zu einem Produktivitätsrückstand geführt haben, der in der Rezession zu Tage getreten ist und in den nächsten Jahren aufgelöst wird. In der IAB-Baseline folgt die Produktivitätsentwicklung jedoch dem langjährigen Vergangenheitstrend. Ein in den nächsten Jahren zu erwartender Produktivitätsschub ist deshalb in der Baseline noch nicht modelliert. Deshalb kommt es im Vergleich zur Prognos-Studie auch zu einem früheren und stärkeren Wiederanstieg der Beschäftigung.

Wird der Produktivitätsfortschritt je Erwerbstätigenstunde im IAB-Basis-Szenario im Durchschnitt der Jahre 1992/2000 um 0,4 Prozentpunkte angehoben (2,1 Prozent p.a. statt 1,7 Prozent p.a.) ergeben sich zwar positive Wirkungen auf Wirtschaftswachstum und Kostensituation, dennoch würde dies im Jahre 2000 fast 0,6 Mio Arbeitsplätze weniger bedeuten.

Veränderungen der Qualifikationsstruktur

Wie sich die Erwerbstätigkeit – nach Branchen untergliedert – im Gebiet der alten Bundesrepublik Deutschland bis zum Jahr 2010 entwickeln könnte, zeigt der Prognos-Deutschland-Report aus dem Jahre 1993. Nach Sektoren zusammengefaßt lauten die wichtigsten Grundlinien dieser Projektion:[6])

○ Der Trend in die Dienstleistungsgesellschaft hält an. Im Jahr 2010 dürften etwa 65 Prozent der Beschäftigten in Dienstleistungsbranchen tätig sein, im Vergleich zu 57 Prozent im Jahr 1991.

○ Im primären Sektor (Land- und Forstwirtschaft, Fischerei) und im Bergbau geht die Zahl der Arbeitsplätze prozentual am stärksten zurück.

○ Auch im sekundären Sektor, also im warenproduzierenden Gewerbe, muß langfristig mit einem weiteren Anteilsrückgang der Beschäftigung gerechnet werden.

---

[6]) Prognos, Die Bundesrepublik Deutschland 2000 – 2005 – 2010, Basel 1993.

Eine Zusammenschau sämtlicher bislang vorliegender Szenarien und Untersuchungen zum sektoralen Strukturwandel in den neuen Bundesländern zeigt, daß die Expansionsschwerpunkte insbesondere im Dienstleistungsbereich (Handel, Kreditgewerbe, Versicherung, Hotel- und Gaststättengewerbe, Beratungsdienste, sonstige Dienstleistungen), aber auch im warenproduzierenden Gewerbe (Bau- und Ausbaugewerbe, Maschinenbau) liegen werden. Schrumpfungsbereiche sind die Land- und Forstwirtschaft, das Textilgewerbe, Chemie, Bergbau sowie das Ernährungs- und Bekleidungsgewerbe.

Das zentrale Ergebnis der Analysen zur längerfristigen Entwicklung des Arbeitskräftebedarfs nach Anforderungsprofilen der Tätigkeiten lautet: sekundäre Dienstleistungstätigkeiten expandieren erheblich, primäre Dienstleistungstätigkeiten stagnieren weitgehend, einfache Tätigkeiten sinken stark.

Die Tertiarisierung der Sektoren und Tätigkeiten geht einher mit einer fortgesetzten Anhebung der Qualifikationsstruktur des gesamtwirtschaftlichen Arbeitskräftebedarfs und ist verbunden mit einem weiteren Rückgang des Bedarfs an ungelernten Arbeitskräften, die in den schrumpfenden Sektoren und Tätigkeiten überdurchschnittlich vertreten sind.

In einer neuen IAB-Projektion werden die Entwicklungen der Tätigkeits- und Qualifikationsstrukturen bis 1991 berücksichtigt und an die Eckwerte der Vorausschätzung des Gesamtbedarfs an Erwerbstätigen des Prognos-Deutschland-Reports (1993) angelegt.[7])

Trotz einiger Einschränkungen, insbesondere was die Datenlage angeht, zeigt die aktualisierte Strukturprojektion, daß sich die Tendenz einer zunehmenden Dienstleistungsorientierung und steigender Qualifikationsanforderungen der Arbeitsplätze fortsetzen dürfte. Im Jahre 2010 würden, je nach Variante, insgesamt 72 bis 73 Prozent aller Arbeitskräfte eine berufliche Erstausbildung oder eine Fortbildung benötigen, weitere 17 bis 18 Prozent einen Universitäts- oder Fachhochschul-

---

[7]) Tessaring, M., Langfristige Tendenzen des Arbeitskräftebedarfs nach Tätigkeiten und Qualifikationen in den alten Bundesländern bis zum Jahre 2010, in: MittAB 1/1994, S. 5 ff.

abschluß. Der Anteil an Arbeitsplätzen, die keine abgeschlossene formale Ausbildung erfordern, dürfte auf etwa 10 Prozent zurückgehen und damit deutlich niedriger liegen als bisher erwartet.

Werden diese Strukturtrends an die Vorausschätzung der Gesamtzahl an Erwerbstätigen in den alten Ländern durch die Prognos AG (1993) angelegt, ergibt sich folgendes: Die Zahl der Arbeitsplätze für Personen mit einer abgeschlossenen Ausbildung im Betrieb, an Berufsfach- oder an Fachschulen könnte zwischen 1991 und dem Jahre 2010 um 1,6 bis 1,8 Mio ansteigen. Für Hochschulabsolventen sind zusätzliche Beschäftigungsmöglichkeiten in einer Größenordnung zwischen 1,3 bis 1,6 Mio zu erwarten. Die Beschäftigung von Arbeitskräften ohne abgeschlossene formale Ausbildung könnte sich im Projektionszeitraum halbieren.

Die Bedarfsprojektion muß in der Folgezeit um eine solche des qualifikationsspezifischen Arbeitskräfteangebots ergänzt werden; beide sind kontinuierlich fortzuschreiben. Ebenso stehen entsprechende Projektionen für die neuen Bundesländer noch an.

Mismatch

Der Arbeitslosenbestand ist zu einem Großteil in ständiger Bewegung, aber auch Verhärtungsprobleme sind deutlich erkennbar. Sie zeigen sich z. B. in dem in den letzten Jahren sinkenden Anteil der Abgänge aus Arbeitslosigkeit in Erwerbstätigkeit an allen Abgängen aus Arbeitslosigkeit und im Aufbau der Langzeitarbeitslosigkeit. Langzeitarbeitslosigkeit war in Westdeutschland nach einem Höhepunkt in der zweiten Hälfte der 80er Jahre deutlich zurückgegangen, wozu gezielte arbeitsmarktpolitische Programme beigetragen haben. Im Frühjahr 1994 wurde jedoch mit gut 1,1 Mio Langzeitarbeitslosen ein neuer Höchststand in Gesamtdeutschland erreicht; dabei haben die Instrumente der aktiven Arbeitsmarktpolitik geholfen, daß Phasen registrierter Arbeitslosigkeit zumindest unterbrochen, wenn nicht beendet werden konnten. Andernfalls wäre Langzeitarbeitslosigkeit noch höher. Alle Erfahrung lehrt, daß sie nicht nur zuerst, sondern auch am besten im Entstehen zu bekämpfen ist.

Mismatch, also unzureichender Ausgleich zwischen Arbeitsangebot und -nachfrage in globaler, qualifikatorischer und regionaler Dimension, kommt nicht nur in der Dauer der Arbeitslosigkeit, sondern auch in der Laufzeit der offenen Stellen zum Ausdruck. Anders ausgedrückt: In der Hochkonjunktur Ende 1990 standen in Westdeutschland rd. 1,8 Mio Arbeitslosen 750.000 den Arbeitsämtern gemeldete und nicht gemeldete Vakanzen (zusätzlich 350.000 später zu besetzende offene Stellen) gegenüber. Diese Gleichzeitigkeit von hoher Arbeitslosigkeit und hohem Stellenbestand signalisiert deutliche Marktausgleichsprobleme. Ende 1993 war die entsprechende Zahl der Vakanzen auf rd. 375.000 gefallen, wovon bei der Größe des Marktes die Hälfte das umschlagbedingte Minimum darstellen dürfte. Deshalb ist in der Rezession Mismatch kein dominantes Thema gewesen. Dies umso weniger, als die Arbeitsämter für offene Stellen in dieser Lage in der Regel qualifizierte Bewerber anbieten konnten. Aber die Erfahrung lehrt, daß Mismatch bei konjunkturell verstärkter Arbeitskräftenachfrage trotz hoher Arbeitslosigkeit bald wieder ein zentrales Thema werden kann. Deshalb muß der Arbeitsmarktausgleichspolitik durch Vermittlung, Beratung und marktgerechte Qualifizierung besondere Priorität eingeräumt werden und müssen spezifische Integrationshilfen für Langzeitarbeitslose und von Langzeitarbeitslosigkeit Bedrohte eingesetzt werden.

Anders als in vielen Ländern Europas tragen junge Erwachsene keine überdurchschnittlichen Arbeitslosigkeitsrisiken, dies ist u.a. ein Erfolg des hiesigen Systems der beruflichen Bildung. Immerhin gibt es auch bei uns beachtliche Probleme an der Schwelle von der Ausbildung in den Beruf. Die Hauptsorge muß aber den älteren Arbeitnehmern gelten, die zunehmend den Kern der Langzeitarbeitslosigkeit ausmachen.

Strukturwandel und Arbeitsmarkt in Europa

Mega-Trends als weltweite Herausforderungen

Nicht nur Ostdeutschland infolge des einigungsbedingten Strukturbruchs, auch Westdeutschland und alle anderen Industriestaaten stehen vor umwälzenden Strukturwandlungen, die denen der industriellen Revolution in ihrer Bedeutung nicht nachstehen und die sich in den aufgezeigten Entwicklungstrends niederschlagen. Um den Strukturwandel zu meistern, müssen sie die Herausforderungen der neuen weltwirtschaftlichen Arbeitsteilung und des gesellschaftlichen Wandels aktiv annehmen. Diese Herausforderungen resultieren aus neuer Technik und organisatorischem Wandel, aus der Globalisierung der Märkte, den Erfordernissen umweltgerechten Wirtschaftens, aus der Bevölkerungsdynamik, den Veränderungen des Bildungs- und Erwerbsverhaltens sowie dem Wertewandel.[8]

Die Größenordnung und die Dauerhaftigkeit der Arbeitslosigkeit, insbesondere der Langzeitarbeitslosigkeit, sind gegenwärtig das wichtigste soziale Problem unserer Gesellschaften. Zum nachhaltigen Abbau der Arbeitslosigkeit ist es nötig, das Wirtschaftswachstum zu steigern, einen hohen Beschäftigungsstand auch durch Steigerung der Beschäftigungsintensität des Wachstums zu erreichen und zu sichern und die Beschäftigungsstruktur ständig zu verbessern. Dies erfordert geeignete makroökonomische Rahmenbedingungen, Förderung des Strukturwandels und Unterstützung unternehmerischer Strategien für Produkt- und Prozeßinnovationen. Arbeitszeitverkürzung bei gleichzeitiger Flexibilisierung und Ausweitung der Betriebszeiten kann darüber hinaus den Arbeitsmarkt entlasten und Rahmenbedingungen für die Wirtschaft verbessern.

Um mehr beschäftigungswirksames und umweltverträgliches Wirtschaftswachstum zu erreichen, sind aufeinander bezogene Strategien der Wirtschafts-, Umwelt-, Finanz-, Bildungs-, Arbeitsmarkt- und Sozialpolitik erforderlich. Auch die Tarifparteien tragen eine beschäftigungspolitische Mitverantwortung. Angesichts der vielen, sich überschneidenden Dimensionen von Arbeitsplatzfragen ist eine koordinierte Herangehensweise der zu beteiligenden Fachpolitiken notwendig. Beschäftigungspolitisches Handeln muß vorrangige Aufgabe aller sein und Vollbeschäftigung muß als gesellschaftliches Ziel höhere Priorität haben.

Beschäftigungspolitische Initiativen der EU und der OECD

Den veränderten Hintergrund schildert das Weißbuch der Europäischen Union zu Wachstum, Wettbewerbsfähigkeit und Beschäftigung in geopolitischen, demographischen, technischen und finanziellen Dimensionen:[9]

---

[8] Klauder, W., Ohne Fleiß kein Preis. Die Arbeitswelt der Zukunft; Zürich, Osnabrück, 1990.

[9] Kommission der Europäischen Gemeinschaften, Wachstum, Wettbewerbsfähigkeit, Beschäftigung, Herausforderungen der Gegenwart und Wege ins 21. Jahrhundert, Bulletin der Europäischen Gemeinschaften, Beilage 6/93.

„Geopolitisch

○ neue Wettbewerber sind aufgetreten und haben ihre Fähigkeit bewiesen, den neuesten technischen Fortschritt zu übernehmen;

○ das Ende des Kommunismus hat neue Möglichkeiten des Wirtschaftswachstums eröffnet – bei unseren Nachbarn haben 120 Mio Menschen einen weit unter unserem liegenden Lebensstandard, doch wir konnten diese Situation nicht als Triebkraft für einen Neuanfang nutzen.

Demographisch

○ eine alternde Bevölkerung, sich ändernde Familienstrukturen.

Technisch

○ die neue industrielle Revolution ist im Gange und bewirkt einen sehr raschen Wandel der Verfahren, Arbeitsplätze und Fähigkeiten;

○ die Wirtschaft entmaterialisiert sich, Produktionstätigkeiten werden ausgelagert, die Dienstleistungen dominieren, der Besitz wie der Umlauf von Informationen werden entscheidend.

Finanziell

○ die Interdependenz der Märkte, die sich aus dem freien Kapitalverkehr in Verbindung mit neuen Techniken ergibt, wird für alle Wirtschafts- und Finanzakteure unausweichlich."

Nicht nur in Deutschland, sondern europaweit ist die durchschnittliche Wachstumsrate des BIP in den beiden letzten Jahrzehnten gesunken, während die Arbeitslosigkeit von einem Zyklus zum anderen anstieg. 1993 waren in der Europäischen Union 17 Mio Menschen arbeitslos. Zwar hat sich die wirtschaftliche Leistung in 20 Jahren um 80 Prozent erhöht, aber die Gesamtbeschäftigung stieg nur um 9 Prozent.

Wachstum ist deshalb für die Wiederannäherung an die Vollbeschäftigung eine notwendige, aber nicht hinreichende Bedingung. Die Beschäftigungsintensität des Wachstums in Deutschland und in der Europäischen Union insgesamt war zwar im Vergleich zu den 60er und

70er Jahren in den 80er Jahren höher, reicht aber nicht aus, um das gewachsene Erwerbspersonenpotential und gleichzeitig die Arbeitslosigkeit aufzusaugen. 1981 bis 1990 betrug die Beschäftigungsintensität, jeweils bezogen auf 1 Prozent des Wirtschaftswachstums, in Deutschland durchschnittlich 0,24 Prozent, in der Europäischen Union 0,22 Prozent, in Japan 0,26 Prozent, in den USA 0,76 Prozent.

Nach diesen Befunden ist eine Bestätigung der jobless growth-These nicht abzuleiten. Ebensowenig kann von einem Trend zunehmender Entkoppelung von Wachstum und Beschäftigung gesprochen werden. Aber richtig bleibt doch, daß die Beschäftigungsintensität des Wachstums bei uns und in Europa ebenso wie in Japan unzureichend ist. Die USA sind mit ihrer hohen Beschäftigungsintensität nicht in jeder Hinsicht ein gutes Beispiel. Auch nach Auffassung ihres Arbeitsministers Robert Reich besteht ihr Problem darin, hohe Beschäftigungszuwächse z.T. mit unzureichenden Einkommen (working poor) erkauft zu haben. Die Aufgabe besteht darin, einen dritten Weg zwischen unzureichender Beschäftigungsintensität und Aufbau einer Schicht von arbeitenden Armen zu finden.

Als Lösungsweg bietet sich eine Doppelstrategie an: Einerseits muß die Wettbewerbsfähigkeit auf internationalen Märkten durch Innovations- und Qualifikationswettbewerb statt durch Niedriglohnkonkurrenz gesichert werden, andererseits sind Möglichkeiten auszuschöpfen, Arbeitskräfte mit geringerer Produktivität in nicht handelbaren Dienstleistungen effizient einzusetzen.

Zur Verbesserung der Wettbewerbsfähigkeit schlägt das Weißbuch der Europäischen Union die Schaffung „transeuropäischer Netze" bis zum Jahr 2000 vor. Dieses Programm betrifft Verkehr und Energie (250 Mrd ECU), Telekommunikation (150 Mrd ECU) und Umwelt (175 Mrd ECU). Der größte Teil dieser Investitionsmittel soll über private Investoren oder über öffentliche Unternehmen aufgebracht werden. Die öffentliche Finanzierung ist das ungelöste Problem.

Unterschiede in der Beschäftigungsintensität des Wirtschaftswachstums führt das Weißbuch vor allem auf Unterschiede in der Funktionsfähigkeit der Arbeitsmärkte in den Mitgliedsstaaten zurück. Diese seien wesentlich bestimmt durch das Bildungssystem, das Arbeitsrecht, die Arbeitgeber-Arbeitnehmer-Beziehungen und das System der sozialen Sicherheit sowie durch die betriebliche Organisation der Arbeit (Unternehmensführung). Die Vorschläge richten sich auf die Förderung der beruflichen Weiterbildung und damit der internen und externen Arbeitsmarktflexibilität, auf Dezentralisierung und Förderung der Eigeninitiative, Verringerung der relativen Arbeitskosten für geringer qualifizierte Arbeitskräfte, Stärkung der aktiven Komponente der Arbeitsmarktpolitik, insbesondere Verhinderung von Langzeit- und Jugendarbeitslosigkeit sowie Schaffung neuer Beschäftigungsfelder.

In ähnlicher Weise wie die EU kommt auch die kürzlich erschienene OECD „Beschäftigungsstudie"[10]) zu einem breiten Fächer von beschäftigungspolitischen Empfehlungen mit aufeinander bezogenen Maßnahmen, die sich in ihrer Wirkung wechselseitig verstärken sollen. Im einzelnen geht es um folgende Bereiche:

1. Geeignete Zielorientierung der makroökonomischen Politik, um das Wachstum zu fördern und es in Verbindung mit einer zweckmäßigen Strukturpolitik auf eine dauerhafte Basis zu stellen.

2. Förderung der Schaffung und Verbreitung von technologischem Know-how durch Verbesserung der Rahmenbedingungen für die Technologieentwicklung.

3. Erhöhung der von Arbeitnehmern und Arbeitgebern freiwillig angestrebten Flexibilisierung der (kürzerfristigen wie auch der Lebens-)Arbeitszeit.

4. Förderung eines günstigen Klimas für die Entfaltung der unternehmerischen Initiative durch Beseitigung der Hindernisse und Restriktionen für Unternehmensgründung und -expansion.

5. Vergrößerung der Flexibilität der Lohn- und Arbeitskosten, namentlich bei den jüngeren Arbeitnehmern, durch Beseitigung der Restriktionen, die eine Anpassung der Löhne an die jeweiligen lokalen Gegebenheiten und das individuelle Qualifikationsniveau verhindern.

6. Reform der Beschäftigungsschutzbestimmungen, die eine Ausweitung der Beschäftigung im privaten Sektor hemmen.

7. Stärkere Betonung und effizientere Gestaltung aktiver arbeitsmarktpolitischer Maßnahmen.

---

[10]) OECD, Beschäftigungsstudie, Fakten, Analysen, Strategien, Organisation for Economic CO-Operation and Development, Paris, 1994.

8. Verbesserung der Qualifikationen und Fähigkeiten der Arbeitskräfte durch weitreichende Reformen der Bildungs- und Ausbildungssysteme.

9. Reform des Systems des Arbeitslosengeldes und der damit zusammenhängenden Leistungen – sowie ihrer Wechselwirkungen mit dem Steuerungssystem –, um die grundlegenden Ziele der sozialen Gerechtigkeit auf eine Weise zu erreichen, die die effiziente Funktionsweise der Arbeitsmärkte weit weniger beeinträchtigt, als es bisher der Fall ist.

Die Vorschläge des Weißbuchs der Europäischen Union wie auch der OECD sind im Spannungsfeld verschiedener beschäftigungspolitischer Ansätze und unterschiedlicher nationaler Defizitdiagnosen und Interessen formuliert. Daher ist zweckmäßig, sie für die einzelnen Volkswirtschaften vor dem Hintergrund der jeweiligen beschäftigungspolitischen Situation und der sie beeinflussenden spezifischen institutionellen Rahmenbedingungen zu betrachten. Deshalb braucht an dieser Stelle nicht weiter darüber diskutiert zu werden, daß Jugendarbeitslosigkeit in den Mitgliedsstaaten unterschiedlich gravierend ist, daß Bildungs- und Weiterbildungssysteme jeweils andere Entwicklungsstände und spezifische Defizite haben, daß Arbeitsmarktinstitutionen hier wie dort unterschiedliche Effizienz- und Verteilungswirkungen entfalten, daß insbesondere die Arbeitgeber-Arbeitnehmer-Beziehungen unterschiedliche Wirkungen auf Beharrungs- und Beschleunigungstendenzen im Strukturwandel entfalten usw. Die Vielfalt in der Europäischen Union – mehr noch im Rahmen der OECD – verlangt differenzierte Urteile, und es wäre ganz unangebracht, die jeweiligen Besonderheiten losgelöst von ihrem systemischen Kontext zu betrachten, wie dies von interessierter Seite im Sinne institutionellen Rosinenpickens gerne getan wird.

Ex-ante-Evaluationen als Voraussetzung für solide Beschäftigungspolitik

So vielschichtig, wie die Ursachen für das Beschäftigungsproblem nicht nur bei uns, sondern auch in anderen Industriestaaten gesehen werden müssen, so vielschichtig sind auch die Lösungsansätze, und nur ein Teil dieser Lösungsansätze betrifft die Arbeitsmarktpolitik im engeren Sinn.

Zusammengefaßt sind folgende Hauptansatzpunkte für beschäftigungspolitische Strategien zu unterscheiden:

I   *Wirtschaftswachstum, Strukturwandel, Innovation, Qualifizierung*

    a) im Bereich der privaten Wirtschaft
    b) zur Wahrnehmung öffentlicher Aufgaben

II *Öffentlich geförderte Beschäftigung*
    (zwischen Staat und Wirtschaft)

III *Verteilung des Arbeitsvolumens*

    a) Arbeitszeitpolitik (Verkürzung, Flexibilisierung, Verlängerung)
    b) personenspezifische Beeinflussung des Arbeitsangebots

IV *Erhöhung der Beschäftigungsintensität*
    (soweit nicht Arbeitszeitpolitik)

V   *Beeinflussung des institutionellen Rahmens*
    (Regulierung/Deregulierung)

VI *Mischstrategien, Sonstige*

In der aktuellen Diskussion geht es zu Recht überwiegend um komplexe Lösungen, die in der Regel an mehreren Stellen gleichzeitig ansetzen. Als Beispiel mag der Entwurf des Beschäftigungsförderungsgesetzes 1994 dienen, dessen wesentliche Komponenten in Übersicht 4 den Hauptansatzpunkten zugeordnet wurden. Gleiches gilt aber auch für den Entwurf der SPD für ein Arbeits- und Strukturförderungsgesetz (ASFG) und für Vorschläge der Sozialpartner oder aus dem Wissenschaftsbereich, wie den von Günther Schmid zu „Übergangsarbeitsmärkten".[11])

---

[11]) Schmid, G., Übergänge in die Vollbeschäftigung. Perspektiven einer zukunftsgerechten Arbeitsmarktpolitik, in: Aus Politik und Zeitgeschichte. Beilage zur Wochenzeitung 'Das Parlament' Nr. B 12 7 13/94 vom 25. März 1994.
Auf eine (gar vollständige) Auflistung der Vielzahl vorliegender Vorschläge soll an dieser Stelle verzichtet werden. Zur aktuellen Diskussion um öffentlich geförderte Beschäftigung vgl. Kräss, U., Informationsmappe „Zweiter Arbeitsmarkt", Dokumentationsdienste des IAB, Nürnberg, Januar 1994.

Übersicht 4: Entwurf eines Beschäftigungsförderungsgesetzes 1994 (BeschFG 1994) Hauptansatzpunkte der zu beurteilenden Einzelmaßnahmen

I. Wirtschaftswachstum, Strukturwandel, Innovation, Qualifizierung		II. Öffentlich geförderte Beschäftigung (zwischen Staat und Wirtschaft)	III. Verteilung des Arbeitsvolumens		IV. Erhöhung der Beschäftigungsintensität	V. Beeinflussung des institutionellen Rahmens (Regulierung/ Deregulierung)	VI. Mischstrategien, Sonstige
Im Bereich der privaten Wirtschaft	b) zur Wahrnehmung öffentlicher Aufgaben		a) Arbeitszeitpolitik (Verkürzung, Flexibilisierung, Verlängerung)	b) personengruppenspezifische Beeinflussung des Arbeitsangebots, Zielgruppenförderung			
1. Saisonarbeitnehmerhilfe		3. Begrenzung der ABM-Förderung		(1) Saisonarbeitnehmerhilfe		7. Aufhebung d. Alleinvermittlungsrechts s. BA	
2. Erweiterung § 55a AFG		4. Übertragung des § 249 h AFG auf die alten Bundesländer	6. Förderung der Teilzeitbeschäftigung			8. Bekämpfung der Schwarzarbeit	
		5. Ermöglichung von Gemeinschaftsarbeiten für Alhi-Empfänger				9. Verlängerung erweiterter Regelungen für befristete Beschäftigung	
						10. Erleichterung des Arbeitskräfteverleihs für arbeitslose Schwervermittelbare	

Mit solch einer Zuordnung ist nur ein erster Schritt im Hinblick auf die entscheidende Frage getan, ob und inwieweit angestrebte Beschäftigungseffekte auch tatsächlich erzielt werden können und ob dies mit vertretbarem Aufwand geschieht. Diese so einfach erscheinende grundsätzliche Frage mündet in eine Vielzahl von zu beurteilenden Einzelaspekten ein. Grob gegliedert geht es um folgendes:

○ *Quantitative und qualitative Wirkungen*

erwünschte und unerwünschte Haupt- und Nebenwirkungen, auch indirekte Wirkungen auf andere Politikfelder

kurzfristig
mittelfristig
langfristig

○ *Implementationsprobleme unter Berücksichtigung von Akteuren; Adressaten; auch Fragen der Dezentralisierung*

○ *Kosten und Erträge (Finanzierungsüberlegungen, ReFinanzierung, Ko-Finanzierung)*

Effizienz
ökonomische Folgeprobleme

○ *Weitere Einzelaspekte wie*

Konsistenz
riskante Ansätze
ordnungspolitische Bedenken
Fortschrittsträchtigkeit
Wahrung des sozialen Friedens
Gerechtigkeitsproblem
politische Durchsetzbarkeit

Allein die systematische Unterscheidung von kurz-, mittel- und langfristig zu erzielenden Arbeitsmarktwirkungen und der Versuch, diese Wirkungen zu quantifizieren, deckt entscheidende Schwächen vieler Vorstellungen auf. Festzustellen ist gerade in jüngster Zeit, daß konkrete beschäftigungspolitische Vorschläge nicht mit hinreichender Differenziertheit ex ante evaluiert und in die politische Diskussion eingeführt werden.

Als Beispiel sei die im ursprünglichen Entwurf der Bundesregierung für ein Beschäftigungsförderungsgesetz 1994 enthaltene Saisonarbeitnehmerhilfe genannt, die nach dem Votum des Vermittlungsausschusses von Bundestag und Bundesrat nun nicht in Kraft gesetzt wird. Danach sollte ein Zuschuß in Höhe von DM 25,- täglich für längstens drei Monate gewährt werden, wenn Arbeitslosenhilfeempfänger eine befristete Beschäftigung in den Bereichen Land- und Forstwirtschaft sowie Obst- und Gemüseverarbeitung aufnehmen.

Hingewiesen wurde in der Begründung darauf, daß trotz hoher Arbeitslosigkeit im Inland 1993 rund 180 000 ausländische Arbeitnehmer aus Dritt-Staaten für Beschäftigungen von bis zu drei Monaten vermittelt wurden, davon zwei Drittel in der Land- und Forstwirtschaft. Nicht explizit gemacht wurde, daß der auf Jahresbasis zu erzielende maximale Effekt weit weniger als 30 000 Beschäftigte ausmacht. Nicht berücksichtigt wurden Inkonsistenzen und wesentliche Implementationsprobleme, vor allem: kaum vertretbare Ungleichbehandlung von Arbeitslosenhilfeempfängern im Vergleich zu den übrigen Sozialleistungsempfängern; die zeitliche und räumliche Konzentration des Arbeitsangebots in diesem Bereich sowie die Konzentration auf Arbeitsplätze mit körperlichen Belastungen; Akzeptanzprobleme bei Arbeitgebern, die nach den Erfahrungen der Arbeitsämter vielfach eingearbeitete Ausländer bevorzugen; als allgemein-politische Konsequenz die Abdrängung von Ausländern aus entwicklungsmäßig eher zu unterstützenden Transformationsländern Mittel- und Osteuropas.

Im Einzelfall könnten sich mit solch einer Regelung durchaus positive Effekte verbinden (Erleichterung der Arbeitsaufnahme bei gleichzeitiger Entlastung der öffentlichen Haushalte in berechenbarer Größenordnung), es ergeben sich auch erweiterte Kontrollmöglichkeiten im Hinblick auf die Arbeitsbereitschaft. Bei der Vielzahl von Problemlagen (die noch um gesetzestechnische Einzelheiten zu ergänzen wären, wie dem Ausschluß des für Saisonarbeiten häufig wichtigen Sonntags bei der Zulage) hätten mit diesem neuen Instrument freilich nur sehr geringe quantitative Arbeitsmarktentlastungen erwartet werden können.

Es geht an dieser Stelle nicht darum, das Beschäftigungsförderungsgesetz 1994 zu kritisieren, auch andere beschäftigungspolitische Vorstellungen sind nicht hinreichend präzise. Es sollte vielmehr vermittelt werden, daß auch in Zeiten hohen Problemdrucks mit entsprechenden Handlungszwängen solide Ex-ante-Evaluationen unverzichtbar sind für die Weiterentwicklung der Beschäftigungspolitik. Liefern sie (auf der Basis vorhandenen Wissens, zu dem auch die Erfahrungen im Ausland mit ähnlichen Ansätzen gehören) nicht hinreichende Klarheit über zu erwartende oder wahrscheinliche Arbeitsmarkteffekte und die anderen Aspekte, sind bei Neuerungen von Gewicht vor ihrer Einführung Modellversuche durchzuführen, wie dies ja zum Beispiel auch im Hinblick auf die private Arbeitsvermittlung in der Bundesrepublik zunächst vorgesehen war. Auch mehr Begleitforschung wird notwendig sein, um die Weiterentwicklung der Beschäftigungspolitik wirksam abzusichern. Dabei weiß freilich jeder, der das Verhältnis von Politik und wissenschaftlicher Politikberatung kennt, um die begrenzten Möglichkeiten und die Grenzen der Wirksamkeit letzterer.

Lutz Hoffmann

Vollbeschäftigung –
Vordringliche Aufgabe der Wirtschaftspolitik

Der deutsche Gesetzgeber hat verschiedentlich die gesamtwirtschaftlichen Ziele staatlicher Wirtschaftspolitik definiert. So heißt es im Gesetz zur Förderung der Stabilität und des Wachstums der Wirtschaft vom 8. Juni 1967: „Bund und Länder haben bei ihren wirtschafts- und finanzpolitischen Maßnahmen die Erfordernisse des gesamtwirtschaftlichen Gleichgewichts zu beachten. Die Maßnahmen sind so zu treffen, daß sie im Rahmen der marktwirtschaftlichen Ordnung gleichzeitig zur Stabilität des Preisniveaus, zu einem hohen Beschäftigungsstand und außenwirtschaftlichem Gleichgewicht bei stetigem und angemessenem Wirtschaftswachstum beitragen."

Gesetzesauftrag nicht erfüllt

Von den im Stabilitätsgesetz genannten vier Zielen war in den siebziger Jahren vor allem die Stabilität des Preisniveaus gefährdet, während seitdem die unzureichende Beschäftigung Sorge bereitet. In zwei aufeinander folgenden Konjunkturzyklen hat sich eine Sockelarbeitslosigkeit aufgebaut, weil die Schaffung neuer Arbeitsplätze im Aufschwung nicht ausgereicht hat, um die Arbeitsplatzverluste im Abschwung auszugleichen.

Auch die Forderung des Gesetzgebers nach Stetigkeit des wirtschaftlichen Wachstums wurde nicht erfüllt. Allerdings gab es hier zumindest bis in die zweite Hälfte der siebziger Jahre hinein den Versuch, dieser Forderung durch konjunkturstabilisierende Maßnahmen nachzukommen. Dieser Versuch wurde mit dem Übergang zum wirtschaftspolitischen Leitbild der Angebotspolitik zunehmend aufgegeben. Die Frage, ob das Wachstum angemessen ist, wurde selten thematisiert, nicht zuletzt weil der Begriff einen großen Interpretationsspielraum zuläßt. Wenn man Angemessenheit des Wachstums so definiert, daß immer in ausreichendem Maße zusätzliche Arbeitsplätze geschaffen werden, das heißt weitgehend Vollbeschäftigung realisiert wird, dann war das Wachstum spätestens seit dem ersten Ölpreisschock nicht mehr angemessen.

Die Aussage, daß zum gegenwärtigen Zeitpunkt das Beschäftigungsziel besonders gefährdet sei, wird kaum jemand bestreiten. Daß dies etwas mit einer verfehlten Konjunkturpolitik zur Verstetigung des Wachstums zu tun haben könnte, wird allerdings schon bei vielen auf Unverständnis stoßen. Auch ist es inzwischen allgemein üblich zu behaupten, daß erstens ein kräftigeres Wachstum sich nicht realisieren lasse und zweitens auch ein höheres Wachstum nicht nennenswert zum Abbau von Arbeitslosigkeit beitragen könne. Die Arbeitslosigkeit wird überwiegend als strukturell interpretiert – und was strukturell ist, ändert sich nun mal langsam. Das Ziel der Vollbeschäftigung oder eines hohen Beschäftigungsstandes, wie es im Gesetz heißt, rückt damit in weite Ferne. Alles was man tun könne, seien ordnungspolitische Maßnahmen, die auch auf dem Arbeitsmarkt die Marktkräfte wieder stärker zum Tragen brächten und dafür sorgen würden, daß sich ein Preis für Arbeit einpendelt, der Angebot und Nachfrage zum Ausgleich bringt.

Ausmaß sowie ökonomische und soziale Konsequenzen des Beschäftigungsdefizits werden dabei systematisch unterschätzt. Zwar kann man sich theoretisch vorstellen, daß Marktpreise auch auf den verschiedenen Arbeitsmärkten für unterschiedliche Regionen und Qualifikationen Angebot und Nachfrage ausgleichen würden, aber ob damit auch das Beschäftigungspotential effizient genutzt würde, ist völlig offen und eher unwahrscheinlich, ganz abgesehen von der Frage, ob existenzsichernde Löhne zustande kämen.

Deutschland hat gegenwärtig einen Überschuß an Erwerbspersonen, die keine Arbeit haben: gut 7 Mio Menschen oder 18 Prozent aller Erwerbspersonen. Etwas mehr als die Hälfte davon ist arbeitslos. Der Rest bildet die „Stille Reserve" im weiteren Sinne[1]), das heißt Erwerbspersonen, die sich keine Chance ausrechnen, Arbeit zu finden, und daher auf dem Arbeitsmarkt gar nicht auftreten. Rechnete man die staatlich geförderten Beschäftigungsverhältnisse hinzu, betrüge der Überschuß gut 8 Mio Personen oder 21 Prozent.

Damit verbraucht ein erheblicher Teil der grundsätzlich Erwerbsbereiten zwar Güter und Dienstleistungen, ist aber nicht an ihrer Herstellung beteiligt. Auch wenn man unterstellt, daß die Produktivität der nicht in den Arbeitsprozeß integrierten Erwerbspersonen unter dem Durch-

---

[1]) Bundesanstalt für Arbeit: „Arbeitsmarkt 1993 – Arbeitsmarktanalyse für die alten und die neuen Bundesländer", Sondernummer der Amtlichen Nachrichten der Bundesanstalt für Arbeit, 42. Jg., Nürnberg, 30. Mai 1994, S. 23 und S. 135.

schnitt läge, sofern ihre Einbeziehung gelänge, muß man wohl davon ausgehen, daß mehr als 10 Prozent des inländischen Produktionspotentials nicht genutzt werden. Aber nicht nur das; soweit diese Personen Sozialtransfers erhalten, belastet das die öffentlichen Haushalte einschließlich der Sozialversicherung, beeinträchtigt die Investitionen und schwächt dadurch die Wachstumsdynamik der Wirtschaft. Die Marktwirtschaft, die siegreich aus dem Wettstreit der Gesellschaftsideologien hervorging und heute allgemein als denkbar bestes aller Wirtschaftssysteme angesehen wird, produziert also dessenungeachtet eine erhebliche Ressourcenverschwendung – und das nicht nur in Deutschland, sondern in nahezu allen Industrieländern.

Nach vorliegenden Prognosen[2]) wird sich die Situation in Deutschland unter wirtschaftspolitischen Status-quo-Bedingungen bis zum Jahre 2000 nicht wesentlich verbessern. Im günstigen Falle könnte der Angebotsüberschuß auf etwa 5,5 Mio Erwerbspersonen zurückgehen, unter weniger günstigen Bedingungen auf über 8 Mio steigen. Die Arbeitslosenquote läge im günstigen Falle für Westdeutschland bei gut 6 Prozent gegenüber heute 8 Prozent, in Ostdeutschland aber immer noch bei 13 Prozent, heute 16 Prozent. Im weniger günstigen Falle würde die Arbeitslosenquote in Westdeutschland auf über 9 Prozent steigen und in Ostdeutschland nahezu 20 Prozent betragen. Die gesellschaftlichen Verluste einer derartigen Ressourcenverschwendung sind nicht auf die Produktionsausfälle beschränkt. Arbeitslosigkeit entwertet Humankapital, und zwar umso mehr, je länger sie dauert. Das ist Verlust an volkswirtschaftlichem Vermögen. Die Wiederbeschäftigung der längerfristig Arbeitslosen wird immer schwieriger. Arbeitslose sind häufig sozial ausgegrenzt und verarmen bei länger anhaltender Arbeitslosigkeit. Armut, Kriminalität und Drogenprobleme gehen Hand in Hand. Das sind soziale Dauerschäden, die, wenn überhaupt, nur mit sehr hohem Aufwand eingegrenzt werden können.

---

[2]) Görzig, B. et alia: „Quantitative Szenarien zur Bevölkerungs- und Wirtschaftsentwicklung in Deutschland bis zum Jahr 2000". DIW-Beiträge zur Strukturforschung, Heft 150/1994, Verlag Duncker & Humblot, Berlin.

Abkehr vom Vollbeschäftigungsziel

Das Verständnis darüber, wie man mit diesem Problem umgehen soll, hat sich grundlegend gewandelt. In den sechziger und frühen siebziger Jahren war Vollbeschäftigung zumindest noch gleichrangig mit den anderen gesamtwirtschaftlichen Zielen, wenn nicht sogar vorrangig. Es bestand weitgehend Einigkeit darüber, daß andere Ziele hintanzustehen hätten, wenn so ein wichtiges Ziel wie das der Vollbeschäftigung gefährdet ist. Der Staat übernahm hierfür gemäß dem Gesetzesauftrag eine direkte Verantwortung. Mit der Hinwendung zur Angebotspolitik entzog sich der Staat mehr und mehr dieser Verantwortung. Ein hoher Beschäftigungsstand, wie im Gesetz gefordert, sei Sache der Tarifparteien, so hieß es, der Staat könne keine Beschäftigungsgarantie geben. Seine Aufgabe sei es vielmehr, die Wettbewerbsfähigkeit der Wirtschaft zu verbessern, so daß Investitionen und Wachstum gefördert und als Nebenprodukt vielleicht auch Arbeitsplätze geschaffen würden. Arbeitslosigkeit wird als eine Fehlentwicklung am Arbeitsmarkt angesehen, die sich weitgehend selbst wieder zu korrigieren habe. Zur Überbrückung dieses Korrekturprozesses gäbe es das soziale Netz, bei dem eigentlich nur die Finanzierbarkeit zur Diskussion steht. Ist mit mehr Arbeitslosen zu rechnen, muß eben dem einzelnen weniger gezahlt werden. Das soll dann gleichzeitig auch noch einen Anreiz für den Arbeitslosen bieten, sich intensiver um Arbeit zu bemühen (Lohnabstandsgebot).

Die Angebotspolitik war die verständliche Reaktion auf die Enttäuschungen über die Erfolge der Nachfragepolitik. Als hauptsächliches gesamtwirtschaftliches Steuerungsinstrument tendierte einseitige Nachfragepolitik dazu, zwar in Schwächephasen durch Stärkung der Nachfrage belebend zu wirken, aber in Phasen der Überhitzung nicht hinreichend die Nachfrage zu dämpfen. Sie erwies sich als inhärent inflationär, kostentreibend, effizienzmindernd und daher auch mittelfristig die Investitionsdynamik schwächend. Insofern vollzog die Angebotspolitik eine wichtige Korrektur, indem sie Kostenstabilität, Allokationseffizienz und Investitionsdynamik wieder stärker in den Vordergrund rückte. Allerdings schoß sie über das Ziel hinaus. Statt Angebotspolitik als Bereicherung der Wirtschaftspolitik zu verstehen, wurde sie als konkurrierend zur Nachfrage- und Vollbeschäftigungspolitik interpretiert, so als könne man das eine nicht tun, ohne das andere zu lassen. Angebotspolitik wurde als die konservativ-solide wirtschaftspolitische Handlungsmaxime ideologisiert und Nachfragepolitik als linke-unsolide, weil inflationstreibende, Intervention in das Marktgeschehen denunziert.

Für die Beschäftigung und die Beschäftigungspolitik hatte dies nachhaltige Konsequenzen, weil ein erheblicher Teil der Arbeitslosigkeit direkt oder konsekutiv konjunktureller Natur ist, das heißt auf zyklische Nachfragedefizite zurückgeht. Die direkte konjunkturelle Arbeitslosigkeit entsteht in der Spätphase des Konjunkturzyklus, wenn als Reaktion auf kräftig gestiegene Gewinne im Aufschwung die Löhne über die Steigerung der Produktivität hinaus erhöht werden und die Lohnstückkosten kräftig ansteigen lassen. Der dadurch ausgelöste Preisauftrieb veranlaßt die Geldpolitik, den monetären Expansionsspielraum einzuengen und die kurzfristigen Zinsen ansteigen zu lassen. Die Investitionstätigkeit schwächt sich ab, Läger werden abgebaut, die Produktion wird durch geringere Investitionen und Lagerabbau beeinträchtigt, Kurzarbeit nimmt zu, die offenen Stellen gehen zurück und Beschäftigte werden entlassen. Der konjunkturelle Abschwung hat eingesetzt.

Als Folge der zunehmenden Arbeitslosigkeit gehen die Lohnforderungen deutlich zurück. Geringere Lohnerhöhungen, abnehmende Lohndrift und Lohnspanne sowie sinkende Beschäftigung dämpfen die Verbrauchsnachfrage, was beides nochmal den Abschwung verstärkt. Allerdings kommt es auch zu einer Kostenentlastung der Unternehmen. Durch die geringeren Lohnzuwächse sinkt zudem das Inflationspotential der Wirtschaft, was den Spielraum der Zentralbank erhöht, von einem restriktiven auf einen expansiven Kurs umzuschwenken. Entscheidend ist jetzt, ob die Zentralbank diesen Spielraum nutzt oder wartet, bis sich im Preisindex der Verbrauchsnachfrage der Rückgang der Inflation auch tatsächlich widerspiegelt, wie das etwa in der jüngsten Rezession der Fall war. Obwohl die Erzeugerpreise bereits seit dem ersten Quartal 1992 stagnierten, was ein sicheres Zeichen dafür ist, daß der kostenbedingte Preisauftrieb in der produzierenden Wirtschaft zum Erliegen gekommen ist, setzte eine sehr vorsichtige monetäre Entspannungspolitik erst im Herbst des gleichen Jahres ein und erfolgte dann noch in so kleinen Schritten, daß jeder Investor sich leicht ausrechnen konnte, wie lange es sich noch auszahlen würde, Investitionsentscheidungen zu vertagen.

Eine auf Stabilisierungssignale zögerlich reagierende Zentralbank kann also den Abschwung erheblich verstärken und in die Länge ziehen. Gleiches gilt für den Staat, wenn er in der Rezession aus Gründen gesamtwirtschaftlicher Verschuldung Ausgaben kürzt, statt die im Budget eingebauten Stabilisatoren (verminderte Steuereinnahmen, höhere Ausgaben zur Finanzierung der Arbeitslosigkeit) wirksam werden zu lassen. Eine derartige prozyklische Politik verkörperte das Föderale Konsolidierungsprogramm vom Herbst 1993, das sofortige Ausgabenkürzungen und nicht etwa eine Haushaltskonsolidierung für die Phase des Aufschwungs vorsah, wie es ökonomisch vernünftig gewesen wäre. Das gemeinsame, den Abschwung verstärkende wirtschaftspolitische Verhalten von Zentralbank und Regierung ist deswegen von Bedeutung, weil das Ausmaß der konjunkturellen Arbeitslosigkeit wesentlich von der Länge und Tiefe des Abschwungs abhängt.

Bei relativ kurzen und schwachen Abschwüngen werden Arbeitskräfte durchgehalten, da Entlassung und Einstellung Kosten verursachen. Das gilt insbesondere für die meisten europäischen Arbeitsmärkte, auf denen die Entlassungskosten deutlich höher sind als beispielsweise in den USA. In einer kurzen Rezession werden im wesentlichen ineffektiv produzierende Unternehmen von den Märkten verdrängt. Die Arbeitslosenzahl muß dadurch aber nicht dauerhaft hoch bleiben, da im Verlauf einer schnellen wirtschaftlichen Erholung die Lücken in Güterangebot und Arbeitsnachfrage durch die auf den Märkten verbleibenden Firmen gefüllt werden. Bei länger anhaltenden Abschwüngen kommt es dann allerdings zu größeren Entlassungen und auch zu Rationalisierungsmaßnahmen beziehungsweise zu einem erhöhten Abbau von Produktionskapazitäten durch Konkurse, die den späteren Aufbau von Arbeitsplätzen erschweren. Deswegen läuft nach längeren Abschwüngen die Wiedereinstellung von Arbeitskräften wesentlich langsamer an als nach kurzen zyklischen Unterbrechungen.

Auch die Länge des Aufschwungs ist entscheidend für das Ausmaß der konjunkturellen Arbeitslosigkeit. Nur ein vergleichsweise langer Aufschwung erlaubt es, die in einem stärkeren Abschwung entstandenen Beschäftigungsverluste wieder auszugleichen. So wurden in den 80er Jahren immerhin mehr als 3 Mio Arbeitsplätze geschaffen. Daß dies nicht zu einem entsprechenden Abbau der Arbeitslosigkeit führte, lag an dem gleichfalls kräftig zunehmenden Arbeitskräfteangebot. Ist der Aufschwung kurz, beispielsweise weil die Löhne zu früh zu rasch steigen und die Geldpolitik entsprechend darauf reagiert, dann kommt es nicht zu einer hinreichenden Wiedereinstellung von Arbeitskräften. Im Vergleich gleicher Konjunkturphasen scheint sich eine Sockelarbeitslosigkeit aufzubauen, die dann leicht als strukturell interpretiert wird, obwohl sie eigentlich das konsekutive Ergebnis eines fehlgesteuerten Konjunkturzyklus ist.

Eine ausschließlich der Angebotspolitik verschriebene Geldpolitik tendiert zur Überzeichnung des Restriktionskurses mit dem gleichen Ergebnis wie eine angebotsorientierte Haushaltspolitik zyklusverstärkend wirken kann. Die Fixierung auf meßbare Preisniveaustabilität trübt den Blick für frühzeitige Signale von Kostendämpfungen und Nachfrageabschwächung. Selbst wenn diese Signale wahrgenommen werden sollten, werden sie als Anlaß für wirtschaftspolitisches Handeln abgelehnt. Nach dem Selbstverständnis der Angebotspolitik ist konjunkturelle Arbeitslosigkeit das notwendige Korrektiv konjunktureller Überhitzung. Arbeitslosigkeit wird bewußt in Kauf genommen, weil die über alles gesetzte Stabilität angeblich das Wachstum und damit auch langfristig die Schaffung von Arbeitsplätzen fördert. Daß zu lange konjunkturelle Abschwünge und zu schwache Aufschwünge sich auch negativ auf das Wachstum auswirken und konjunkturelle Arbeitslosigkeit sich zur Sockelarbeitslosigkeit verfestigt, bleibt dabei außer acht. Würde Angebotspolitik als Ergänzung und nicht als Alternative zur Nachfragepolitik verstanden, wäre schon ein Teil des Problems persistenter Arbeitslosigkeit gelöst.

Zum Stellenwert der strukturellen Arbeitslosigkeit

Neben der vor allem durch konjunkturelle Faktoren verursachten Arbeitslosigkeit gibt es sicher auch strukturelle Arbeitslosigkeit. Allerdings wird der strukturellen Arbeitslosigkeit in der politischen Auseinandersetzung ein viel zu großes Gewicht beigemessen. Der Grund liegt auf der Hand: Strukturelle Arbeitslosigkeit wird im wesentlichen als Folge von Marktversagen auf dem Arbeitsmarkt verstanden, für das die Tarifparteien, insbesondere die Gewerkschaften, verantwortlich sind und nicht der Staat. Wenn sich der Staat der Verantwortung für einen hohen Beschäftigungsstand entziehen möchte, ist das genau die Interpretation von Arbeitslosigkeit, die er braucht.

Strukturelle Arbeitslosigkeit wird in der Wirtschaftswissenschaft definiert als das gleichzeitige Auftreten von Angebots- und Nachfrageüberschüssen auf einzelnen Teilarbeitsmärkten für Arbeit unterschiedlicher

Qualifikation und in verschiedenen Regionen. Bei struktureller Arbeitslosigkeit mangelt es also nicht an gesamtwirtschaftlicher Nachfrage, sondern bestimmte Qualifikationen sind auch in Zeiten guter Konjunktur nicht mehr oder zumindest nicht mehr zum herrschenden Lohnsatz gefragt. Das kann an unzureichender Ausbildung liegen oder auch daran, daß durch raschen Wandel in den Prozeßtechnologien oder der nachgefragten Güterstruktur bisherige Qualifikationen obsolet geworden sind. Die angebotspolitische Therapie ist auch hier wiederum, die Lohnstruktur sich auf den Teilarbeitsmärkten nach unten ausdifferenzieren zu lassen, so daß Überschußangebote beseitigt werden. Konkret kann das heißen, daß ein bisheriger Facharbeiter, dessen Ausbildungsstand nicht mehr der neuen Technologie angemessen ist, sich zukünftig als Hilfsarbeiter verdingen muß.

In den Vereinigten Staaten, die für dieses Modell als Vorbild gelten, werden in der Tat bei Wiedereinstellungen Abschläge bis zu einem Drittel des bisherigen Lohns beobachtet. Da es nur eine sehr begrenzte Arbeitslosenversicherung gibt – lediglich jeder dritte Arbeitslose erhält Unterstützung und maximal für sechs Monate –, bleibt vielen gar nichts anderes übrig, als Niedriglohnangebote anzunehmen. So sind denn auch im reichsten Land der Welt die Reallöhne des unteren Fünftels der männlichen Lohnempfänger im Durchschnitt der 70er und 80er Jahre um nahezu ein Viertel gesunken und die des nächsthöheren Fünftel immer noch um 10 Prozent. Nur die oberen 40 Prozent aller Lohnempfänger erzielten positive Einkommenszuwächse. Für weibliche Arbeitnehmer sieht das Bild etwas besser aus, aber nur, weil in der Ausgangssituation der Lohnabstand zu männlichen Lohnempfängern noch sehr groß war. Amerika hat auf diese Weise zwar den in Deutschland und anderen europäischen Ländern beobachteten trendmäßigen Anstieg der Arbeitslosigkeit weitgehend vermeiden können, aber der fehlende Kündigungsschutz hat die Beschäftigung im Konjunkturzyklus sehr viel stärker schwanken lassen als in Deutschland. Der Anteil der wenig qualifizierten Arbeitnehmer hat eher zu- als abgenommen. Geringqualifizierte und verarmte Bevölkerungsgruppen sind weitgehend deckungsgleich.

Strukturelle Arbeitslosigkeit entsteht unter anderem dadurch, daß auch auf Auslandsmärkten andere Güter nachgefragt werden und daß sowohl im Inland wie auf den Exportmärkten neue Anbieter mit zum Teil erheblich niedrigeren Lohnkosten auftreten. Inwieweit die so entstehende strukturelle Arbeitslosigkeit nur ein temporäres oder ein längerfristiges Phänomen ist, hängt davon ab, wie rasch die inländische Industrie den Strukturwandel bewältigt, indem sie in die Herstellung neuer Güter und Dienstleistungen investiert, neue Formen der Arbeitsorganisation einführt und die Qualifikation der Beschäftigten durch Weiterbildung über die der ausländischen Niedrig-Lohn-Anbieter hinaus erhöht. Das verlangt von den Unternehmen ein hohes Maß an Flexibilität und Innovationskraft und vom Staat eine Ordnungspolitik, die einen beschäftigungsfreundlichen Strukturwandel fördert. Zu einer solchen Ordnungspolitik gehört nicht nur die Setzung wettbewerbsfreundlicher Rahmenbedingungen, sondern auch die wettbewerbspolitische Eingrenzung der Entstehung und Ausbreitung von Marktmacht privater Unternehmen. Ein besonders wichtiges Standbein ist eine Politik, die Ausbildung und lebenslanger Weiterbildung eine hohe politische Priorität einräumt.

Strukturelle Anpassung auf dem Gütermarkt an sich verändernde technologische und Wettbewerbsbedingungen ist wichtig, weil nur dadurch Wachstum und neue Beschäftigungsmöglichkeiten geschaffen werden. Nur eine wachsende Wirtschaft kann bei technischem Fortschritt und steigender Produktivität auch zusätzlich Arbeitskräfte absorbieren. Das Wachstum hat sich zwar in den vergangenen Jahrzehnten tendenziell verlangsamt, aber die Wachstumsschwelle, oberhalb der mehr Arbeitsplätze geschaffen werden, ist gleichfalls von 3,7 Prozent in den 60er Jahren auf 0,7 Prozent in den 80er Jahren gesunken[3]). Das ist eine Folge des Strukturwandels.

Die empirisch beobachteten negativen Beschäftigungswirkungen der Strukturanpassung sind im wesentlichen auf den Arbeitsplatzabbau im industrieellen Bereich zurückzuführen. Die Beschäftigung im Dienstleistungssektor expandiert vergleichsweise stetig, allerdings in Abhängigkeit vom Wachstum. Bei einer deutlichen Abschwächung des Wirtschaftswachstums genügt die Beschäftigungsexpansion im Dienstleistungssektor nicht mehr, um den Arbeitsplatzabbau im industriellen Bereich auszugleichen. All das unterstreicht, wie wichtig es für die Schaffung von Arbeitsplätzen ist, eine Strukturwandel und Wachstum fördernde Politik zu betreiben.

---

[3]) Hof, B.: „Beschäftigungsschwelle und Wachstum. Was besagt die Empirie?", in: Informationsdienst des Instituts der deutschen Wirtschaft, Nr. 13, 20. Jg. (1994), S. 4f. Die Langfassung erscheint in Kürze in den ifo-Studien 4/1994.

In der Bundesrepublik ist der Anteil der Beschäftigten im Dienstleistungssektor noch deutlich niedriger als in einer Reihe anderer Industrieländer. Daher kann man hier noch erhebliche Beschäftigungspotentiale erwarten. Insbesondere durch den Ausbau von Teilzeitarbeitsplätzen und durch Arbeitsplätze im Niedriglohnbereich ließe sich dieses Potential erschließen. Gleichwohl muß berücksichtigt werden, daß Teilzeit im wesentlichen nichts anderes ist als eine Arbeitszeitverkürzung, allerdings ohne jeglichen Lohnausgleich. Der Ausbau von Teilzeitarbeit schafft somit nicht insgesamt mehr Arbeit und mehr Einkommen, sondern verteilt ein gegebenes Arbeitsvolumen anders auf mehr Beschäftigte mit weniger Arbeitszeit. Da Teilzeit also eine Senkung der Monatseinkommen bedeutet, ist sie eher eine Möglichkeit für Familien mit höherem Einkommen oder mehr als einem Beschäftigten, deren gesamtes Haushaltseinkommen dann trotzdem noch hoch genug ist, um einen angemessenen Lebensstandard zu gewährleisten.

Ähnliches gilt für geringer Qualifizierte, deren Arbeitsplätze in der Industrie verloren gingen. Diese können im Dienstleistungssektor häufig nur mit deutlich niedrigeren Löhnen einen Arbeitsplatz finden. Das Phänomen der „working poor", also des Auftretens von Armut trotz Arbeit wäre dann, wie bereits jetzt in den USA und teilweise auch die Großbritannien, nicht unwahrscheinlich. Eine Wirtschaftspolitik, die Arbeitsplätze im Niedriglohnbereich schaffen will, muß daher geeignete Maßnahmen ergreifen, die eine Ausgrenzung von Teilen der Gesellschaft durch Armut verhindert.

Perspektiven der Beschäftigungspolitik

Das Entstehen von Sockelarbeitslosigkeit in Deutschland und einigen anderen europäischen Ländern ist weder naturgegeben noch irreparabel. Es ist nicht nur Folge einer strukturellen Verhärtung auf dem Arbeitsmarkt, sondern auch das Ergebnis einer verfehlten Konjunkturpolitik, die Zyklen verstärkt und eine rasche und anhaltende wirtschaftliche Erholung behindert. Für die Lösung des Beschäftigungsproblems gibt es somit keine einfachen Regeln, die mit gegenwärtig populären Schlagworten wie „Flexibilisierung" angemessen gekennzeichnet würden. Beschäftigungspolitik muß in den Gesamtzusammenhang der Wirtschaftspolitik eingebettet werden. Wichtige konjunktur- und strukturpolitische Ansatzpunkte sind die folgenden.

1. Die Geldpolitik darf ihre Aufgabe nicht als Preisstabilisierung um jeden Preis verstehen. Sie muß gleichzeitig zu verhindern trachten, daß konjunkturelle Abschwünge lang und tief ausfallen, indem sie rechtzeitig von einem restriktiven auf einen expansiven Kurs umsteigt. Sobald sich erste Stabilisierungstendenzen bemerkbar machen, indem beispielsweise die Lohnabschlüsse deutlich niedriger als zuvor ausfallen, sollte die Geldpolitik beginnen, so deutliche Entspannungssignale zu setzen, daß Investitionen rasch angeregt und nicht in Erwartung nur langsam sinkender Zinsen auf die lange Bank geschoben werden. Insbesondere dürfte die Geldpolitik nicht Preisstabilität dadurch zu erreichen trachten, daß der Restriktionskurs so lange fortgesetzt wird, bis Preiserhöhungen im Staatssektor durch Preissenkungen in der Privatwirtschaft ausgeglichen werden, wie das in Deutschland in jüngster Zeit geschehen ist.

2. Damit die Geldpolitik diese Rolle erfüllen kann, muß die Tarifpolitik bemüht sein, im Verlaufe des Zyklus Produktivitätssteigerungen und Lohnerhöhungen soweit wie möglich zu synchronisieren. Insbesondere nachfolgende Lohnerhöhungen in der Spätphase des Zyklus bei bereits wieder abgeschwächter Produktivitätsentwicklung wirken preistreibend und sind daher zu vermeiden. Auch die Lohnpolitik sollte danach trachten, die Antriebskräfte eines konjunkturellen Aufschwungs möglichst lang in Gang zu halten, da es nur so zu einer nachhaltigen Beschäftigungssteigerung kommen kann.

3. Neben der Lohnpolitik und der Geldpolitik sind auch die öffentlichen Haushalte und ihre sogenannten eingebauten Stabilisatoren wichtig für eine Glättung konjunktureller Schwankungen. Damit die Haushalte diese Funktion erfüllen können, darf eine stabilisierende Defizitentwicklung im Konjunkturabschwung nicht an den Grenzen einer politisch tragfähigen öffentlichen Verschuldung scheitern. Hohe Defizite und öffentliche Verschuldung haben in jüngerer Zeit in vielen Ländern das kontrazyklische Agieren der öffentlichen Haushalte erschwert oder gar unmöglich gemacht. Einsparungen in der Rezession sind genau das Gegenteil von dem, was konjunkturpolitisch erforderlich ist. Sie tragen zu einer weiteren konjunkturellen Zunahme der Arbeitslosigkeit bei. Ein auf mittlere Sicht ausgeglichener öffentlicher Haushalt ist daher auch für die Vermeidung von Arbeitslosigkeit von Bedeutung.

4. Strukturpolitische Maßnahmen zur Verminderung von Arbeitslosigkeit müssen zuallererst auf dem Gütermarkt beginnen, da die Nachfrage nach Arbeit eine vom Gütermarkt abgeleitete Nachfrage ist. Es stellt eine unangemessene Verengung der Perspektive dar, wenn Beschäftigungspolitik allein als Arbeitsmarktpolitik verstanden wird. Alle Regulierungen und wirtschaftspolitischen Maßnahmen, die auf dem Gütermarkt Strukturwandel und Wettbewerb behindern, sind auf mittlere Sicht beschäftigungsfeindlich und daher grundsätzlich abzubauen. Die Neuansiedlung von Unternehmen als Ausgleich für im Wettbewerb Ausgeschiedene ist durch staatliche Infrastrukturmaßnahmen im weitesten Sinne und Erleichterungen für Unternehmensgründungen zu unterstützen. Zu den Infrastrukturmaßnahmen gehört nicht nur der Ausbau der physischen Infrastruktur, sondern auch Bildung, Ausbildung und Weiterbildung sowie die Förderung der Grundlagenforschung. Die Gründung und Schließung von Unternehmen ist sowohl administrativ zu vereinfachen als auch kostenmäßig zu entlasten. Darüber hinaus ist sicherzustellen, daß kleinere und mittlere Unternehmen nicht diskriminiert werden, etwa bei der Vergabe von Förderungsmitteln. Das Unternehmensrecht und die Organisationsstruktur von Großunternehmen sind dahingehend zu ändern, daß die Eigentümerkontrolle wieder effektiv werden kann. Managemententscheidungen in Großunternehmen müssen wieder vermehrt einer Erfolgskontrolle mit entsprechenden Sanktionen bei Fehlentscheidungen unterzogen werden.

5. Einem strukturellen Mismatch auf dem Arbeitsmarkt muß angebotsseitig mit vermehrten Qualifikationsanstrengungen – lebenszeitliche Weiterbildung – begegnet werden. Das deutsche duale Ausbildungssystem hat sich zwar bewährt, muß aber ergänzt werden durch laufende Weiterbildung während des Arbeitslebens. Das Interesse der Arbeitgeber an Weiterbildung ist umso größer, je länger die Nutzungsdauer der Investitionen in Weiterbildung ist. Kündigung seitens des Arbeitnehmers oder Entlassungen entwerten die Investitionen in Weiterbildung. Von daher ist bei der jetzt vielfach geforderten Lockerung des Kündigungsschutzes mit Vorsicht vorzugehen. Kündigungsschutz übt gleichzeitig auf die Arbeitgeber einen gewissen Druck aus, die Qualifikation und damit die Produktivität der Arbeitskräfte zu verbessern. Allerdings sollten die mit Kündigungen verbundenen Kosten in der Form von Sozialplänen überprüft werden.

6. Die derzeit praktizierte Finanzierung der Sozialversicherung als Aufschläge auf das Arbeitseinkommen bedeutet, daß Arbeit relativ zu Kapital verteuert wird. Das ist solange kein wachstums- und konjunkturpolitisches Problem, wie zwei Bedingungen erfüllt sind: Erstens, die Gewerkschaften müssen akzeptieren, daß Leistungen für den Faktor Arbeit letztlich auch von diesem Faktor aufgebracht werden müssen; zweitens, es dürfen keine sozialversicherungsfremde Leistungen über das Versicherungsaufkommen finanziert werden, wie es beispielsweise im Zuge der deutschen Vereinigung systemwidrig geschehen ist. Die erste Bedingung erfordert für Lohnverhandlungen, daß Beitragserhöhungen aufgrund einer Leistungserweiterung des Versicherungssystems in den Tarifabschlüssen berücksichtigt werden, so daß die Bruttoeinkommen aus unselbständiger Arbeit je Beschäftigten – also einschließlich der Sozialversicherungsbeiträge der Arbeitgeber – nicht stärker steigen als die Produktivität. Die zweite Bedingung erfordert, daß dem für die Sozialversicherungen geltenden Äquivalenzprinzip strikt Rechnung getragen wird. Die Erhöhung der Beitragssätze für die Finanzierung gesamtstaatlicher Aufgaben in den neuen Bundesländern widerspricht dem Äquivalenzprinzip und benachteiligt darüber hinaus Arbeitnehmer zugunsten von Selbständigen und Beamten. Auch das Leistungsfähigkeitsprinzip, das für die Erfüllung gesamtstaatlicher Aufgaben zur Anwendung kommen sollte, wird verletzt. Eine andere Finanzierung von sozialversicherungsfremden Leistungen ist deshalb notwendig. Letztendlich bedeutet dies, die im Zuge der deutschen Vereinigung angehobenen Beitragssätze wieder zu senken und die Leistungen aufkommensneutral über das Steuersystem zu finanzieren.

7. Vor allem im Dienstleistungssektor besteht in Deutschland noch ein erhebliches Beschäftigungspotential. Zu einem guten Teil dürften dies Arbeitsplätze mit geringer Produktivität sein. Daher werden diese Arbeitsplätze nur bei sehr geringen Löhnen nachgefragt. Eine deutliche Spreizung der gegenwärtigen Lohnstruktur, mit anderen Worten eine Lohnsenkung im unteren Bereich, wäre daher notwendig. Die Erfahrungen der Vereinigten Staaten, wo in den letzten zwei Jahrzehnten solche Niedrigeinkommensbereiche entstanden sind, zeigt andererseits, daß damit große soziale Probleme, die der Gesellschaft letztlich teuer zu stehen kommen, verbunden sind. Langfristig weitaus billiger wäre es, sehr niedrige Arbeitseinkommen durch di-

rekte Beihilfen oder über eine negative Einkommenssteuer auf ein sozial verträgliches Niveau zu bringen. Bei richtiger Ausgestaltung muß das keine zusätzliche fiskalische Belastung bedeuten, da die staatlichen Zuschüsse die Finanzierung von Arbeitslosen ersetzen.

8. Um die Arbeitslosigkeit nach einer Rezession schnell abzubauen und eine Verfestigung zu verhindern, sollten die Instrumente der Arbeitszeitpolitik gezielt angewandt werden. Dies kann sowohl durch verstärkten Einsatz von Teilzeitarbeitsplätzen als auch durch insgesamt flexiblere Arbeitszeiten oder Arbeitszeitverkürzungen geschehen. Allerdings muß die Verkürzung der Arbeitszeit einkommens- und lohnstückkostenneutral vollzogen werden. Eine Arbeitszeitverkürzung sollte also erst bei wieder steigender Produktivität und ohne vollen Lohnausgleich umgesetzt werden, so daß sich Produktivitätsgewinne nicht in höheren Einkommen für den einzelnen, sondern in zusätzlichen Arbeitsplätzen niederschlagen.

Abschließende Bemerkungen

Das Erreichen eines hohen Beschäftigungsstandes ist die wichtigste Anforderung an die Wirtschaftspolitik der kommenden Jahre. Dies ist einzubinden in eine Fortsetzung der europäischen Integrationspolitik, umweltpolitische Reformen und eine Haushaltspolitik zur Konsolidierung der öffentlichen Finanzen. Ein Konflikt mit diesen drei hier nicht behandelten Politikbereichen ist nicht zu erwarten. Beschäftigungspolitik liegt im gesamteuropäischen Interesse, da nahezu alle Länder mit den gleichen Problemen zu kämpfen haben. Auch Umweltpolitik kann beschäftigungsfreundlich gestaltet werden[4]) und muß nicht mit europäischen Regelungen konfligieren. Wenn Deutschland hier eine Vorreiterrolle übernimmt, wird das auf die anderen europäischen Länder ausstrahlen und damit eine wichtige Multiplikatorwirkung haben. Wenn aber Europa Ernst macht mit Umweltpolitik, werden auch Nordamerika und der Pazi-

---

[4]) „Ökologische Steuerreform auch im nationalen Alleingang!", in: DIW-Wochenbericht 24/94, bearbeitet von: Bach, S./Kohlhaas, M./Praetorius, B.

fikraum nicht zurückstehen können. Keiner wird die sich auftuenden neuen Märkte verpassen wollen, und es könnte sehr wohl zu einem technologischen Wettlauf im Umweltbereich kommen, bei dem Deutschland ausnahmsweise mal die Nase vorne hätte. Das würde in Deutschland zur Stärkung des Wachstums beitragen, positiv auf die Beschäftigung wirken und im Verein mit einer insgesamt erfolgreichen Wachstumspolitik uns aus den gegenwärtigen Problemen wieder herausführen. Beschäftigungspolitik muß auch nicht teuer sein. Es geht im wesentlichen darum, Arbeit statt Arbeitslosigkeit zu finanzieren. Das ist durchaus mit einer Konsolidierung der öffentlichen Haushalte vereinbar.

Manfred Lennings

Beschäftigungspolitik – Der deutsche Arbeitsmarkt in der Strukturkrise

Was wird aus dem Arbeitsmarkt?

Wie in den Rezessionsjahren Mitte der siebziger und Anfang der achtziger Jahre kam es auch 1993 wieder zu einem sprunghaften Anstieg der Arbeitslosigkeit in Deutschland. Fielen in jenen Jahren die Schallmauern von einer bzw. zwei Millionen Arbeitslosen, wird jetzt für den Winter 1994/95 ein Anstieg auf drei Millionen allein in den alten Ländern nicht mehr ausgeschlossen. Nimmt man Ostdeutschland hinzu, wird im Jahr 1994 etwa jede zehnte Erwerbsperson in Deutschland ohne Arbeit sein. Zwar steht die deutsche Volkswirtschaft damit immer noch etwas besser da als die meisten europäischen Nachbarländer, doch hat sich die Situation hierzulande deutlich stärker verschlechtert als in anderen größeren Industriestaaten.

Dies gilt aber nicht nur für die Zunahme der Arbeitslosigkeit, sondern auch für das Tempo und Ausmaß des Beschäftigungsabbaus: Seit 1993 wird rund ein Drittel der seit 1983 neu geschaffenen reichlich 3 Millionen Arbeitsplätze binnen kurzem wieder verlorengegangen sein. Zudem hat der rapide Beschäftigungsverlust eine völlig neue Qualität bekommen: Anders als früher betrifft er auch hochqualifizierte Mitarbeiter, Angestellte und Teile des Managements, denn der Arbeitsplatzverlust spielt sich ganz überwiegend in der Industrie ab, die sich derzeit in einer Roßkur befindet. Die totale Umkrempelung der Organisations- und Produktionsstrukturen gefährdet dabei auch Arbeitplätze, die bisher noch als sicher galten.

Die neue Qualität der Arbeitslosigkeit stellt eine Herausforderung für alle dar, die über die Menge an bezahlter Arbeit entscheiden, die in einer Volkswirtschaft geleistet werden kann: Unternehmer und Unternehmen, Gewerkschaften und Betriebsräte, Politiker und Parteien, Gesetzgeber und Richter, aber auch jeder einzelne Arbeitnehmer an seinem Arbeitsplatz. Soll eine neue Verfestigung der Arbeitslosigkeit verhindert werden, so ist alles zu tun, was neue Beschäftigungsmöglichkeiten schafft, und alles zu unterlassen, was bestehende Beschäftigung kostet. Eine moderne Volkswirtschaft kann nicht auf das Wissen und die Fähigkeiten einer jeden zehnten Erwerbsperson verzichten, will sie nicht im internationalen Wettbewerb den Anschluß verlieren. Dies gilt in besonderer Weise gerade für junge, gutausgebildete Menschen nach der Lehre oder dem Studium. Auch Arbeitslosigkeit kann letztlich ein negativer Standortfaktor sein.

Strukturelle oder konjunkturelle Arbeitslosigkeit?

Die Wirtschaftsgeschichte lehrt, daß wirtschaftliche Entwicklung stets in Wellenbewegungen verläuft. Der wirtschaftliche Abschwung – in Umrissen bereits seit der zweiten Hälfte des Jahres 1991 erkennbar – ereilte die Bundesrepublik also keineswegs unerwartet. Und der Arbeitsmarkt, dessen Entwicklung immer der Produktion hinterherhinkt, reagierte drastisch: In der Industrie ging 1993 in manchen Branchen mehr als jeder zehnte Arbeitsplatz verloren. Zu den langjährigen Sorgenkindern Textil, Kohle und Stahl gesellten sich auch die Paradebranchen des Exportweltmeisters Deutschland. Der Beschäftigungsanteil des Verarbeitenden Gewerbes sank daher erstmals unter 30 Prozent. Viele befürchten eine Entindustrialisierung, weil industrielle Arbeitsplätze auf Dauer verlorengegangen sind.

Hinter dieser tiefgreifenden industriellen Krise verbergen sich gleich mehrere Streßfaktoren für den deutschen Arbeitsmarkt: die hausgemachte Kostenkrise, die schwunglose Konjunktur auf den Hauptexportmärkten Deutschlands und die schwache Präsenz auf den Wachstumsmärkten; die Probleme des Wirtschaftsstandorts Deutschland; der unbewältigte sektorale Strukturwandel und das Festhalten an Dinosaurier-Industrien; die Finanzierungslasten für den Wiederaufbau Ostdeutschlands; die Krise der sozialen Sicherungssysteme; die neue Konkurrenz durch die Öffnung Mittel- und Osteuropas; der Zuwanderungsdruck auf dem Arbeitsmarkt; die erhöhte Erwerbsbeteiligung von Frauen.

Alle diese Faktoren sind nicht über Nacht zu beseitigen. Daher wird es selbst bei der für dieses Jahr erwarteten Wiederbelebung der gesamtwirtschaftlichen Produktion zunächst wenig Entlastung für den angespannten Arbeitsmarkt geben. Niemand vermag jedoch den Wendepunkt vorherzusagen. Zu viele Unwägbarkeiten erschweren den Prognostikern das Geschäft: Wie groß wird die Verzögerung sein, mit der sich der Aufschwung auf dem Arbeitsmarkt auswirkt? In welchem Ausmaß läßt sich mehr Produktion überhaupt noch in neue Beschäftigung umsetzen? Wo entstehen neue Arbeitsplätze, die die endgültig abgewanderten oder vorübergehend verlorenen ersetzen? Wie kann die entstandene Arbeitslosigkeit wieder aufgeknackt werden?

Alle diese Fragen kreisen bei näherem Hinsehen um das Kernproblem, inwieweit die Schwierigkeiten am Arbeitsmarkt mit einer Belebung der Konjunktur wieder von selbst verschwinden, oder in welchem Ausmaß strukturelle Verwerfungen in der Volkswirtschaft Arbeitslosigkeit zum Dauerproblem machen. Kein Beobachter vermag diese Frage exakt zu beantworten. Doch gibt es einige Indizien dafür, daß hinter unseren Arbeitsmarktproblemen strukturelle Gründe stecken, die einen Abbau der Arbeitslosigkeit auch bei konjunktureller Besserung erst einmal auf die lange Bank schieben:

○ Zunehmende Sockelarbeitslosigkeit: Am Ende der letzten Konjunkturzyklen stand jedes Mal ein höherer Sockel an Arbeitslosigkeit in Westdeutschland. Seit 1975 wurde die Millionen-Grenze bei der Arbeitslosigkeit nur noch dreimal unterschritten, die Zwei-Millionen-Grenze seit 1983 ebenfalls. Und jetzt erwarten zahlreiche Beobachter auch den Quantensprung über die Drei-Millionen-Grenze.

○ Zunehmende Langzeitarbeitslosigkeit: Nicht nur Deutschland, sondern die meisten europäischen Volkswirtschaften leiden unter einer zunehmenden Dauer der Arbeitslosigkeit. Im europäischen Durchschnitt ist fast jeder zweite länger als ein Jahr ohne Arbeit. In Ostdeutschland, wo offene Arbeitslosigkeit noch ein eher junges Phänomen ist, übertrifft die Dauer der Arbeitslosigkeit schon den westlichen Vergleichswert. Langzeitarbeitslosigkeit ist insbesondere ein Problem für Arbeitnehmer mit vermittlungshemmenden Faktoren. Hinzu kommt aber auch, daß Langzeitarbeitslosigkeit selbst zu einem vermittlungshemmenden Merkmal wird: Je länger die Arbeitslosigkeit dauert, um so mehr veralten die beruflichen Kenntnisse und um so mehr nimmt die Einstellungsbereitschaft von Arbeitgebern ab.

○ Sinkende Wiederbeschäftigungsquoten: Ein Spiegelbild zur steigenden Langzeitarbeitslosigkeit sind die sinkenden Wiederbeschäftigungsquoten für jene, die ihren Arbeitsplatz verloren haben. 1993 gelang es nur noch 42 Prozent derjenigen, die aus den Karteien der Arbeitsämter gelöscht werden konnten, ihre Arbeitslosigkeit durch die Aufnahme einer Arbeit zu beenden. Zum Vergleich: 1985 waren es noch knapp drei Viertel aller Arbeitslosen. Aber auch dies ist kein deutsches Problem. Die Wahrscheinlichkeit für EU-Arbeitnehmer, binnen eines Jahres wieder einen neuen Arbeitsplatz zu finden, ist 1991 auf 30 Prozent gesunken. Arbeitslosigkeit ist also in allererster Linie ein Wiederbeschäftigungsproblem für die einmal arbeitslos Gewordenen.

Diese Wiederbeschäftigungshürden sind prima facie um so erstaunlicher, als in Westdeutschland seit Mitte der achtziger Jahre mehr als drei Millionen neue Arbeitsplätze entstanden sind. Das Urteil, es würden zu wenige neue Arbeitsplätze geschaffen, ist daher zu pauschal. Vielmehr muß eine Reformskizze für den belasteten Arbeitsmarkt beide Seiten der Medaille im Auge behalten: Wenn Arbeitslosigkeit vorwiegend ein Wiederbeschäftigungsproblem ist, dann müssen Wiederbeschäftigungsbarrieren abgebaut werden. Dies ist nur teilweise gleichbedeutend mit der Schaffung neuer Arbeitsplätze. Was makroökonomisch als Beschäftigungsintensität des Wachstums firmiert, ist mikroökonomisch nichts anderes als der tarifpolitische und rechtliche Datenkranz für den Arbeitsmarkt, an dem sich Arbeitsanbieter und Arbeitsnachfrager ausrichten. Einigen wenigen Ansatzpunkten zur Verbesserung der Beschäftigungsintensität des Wachstums soll im folgenden nachgegangen werden.

Behutsame Reform des Arbeitsmarktes

Ohne Zweifel muß ein Teil der niedrigen Wiederbeschäftigungsraten dem institutionellen Umfeld des Arbeitsmarktes angelastet werden. Bisher gilt nämlich als eherner Grundsatz, daß Arbeit ein besonderes Gut ist. Der Markt, auf dem Arbeit angeboten und nachgefragt wird, ist daher kein gewöhnlicher Markt. Weil die Arbeitskraft ein schutzwürdiges Gut ist, kann der Arbeitsmarkt nicht dem freien Kräftespiel von Angebot und Nachfrage allein überlassen bleiben. Eine Vielzahl historisch gewachsener und politisch gewollter Regelungen und Eingriffe macht den Arbeitsmarkt daher zu einem wettbewerblichen Ausnahmebereich.

Es bedeutet keinen Bruch mit diesen Prinzipien, wenn dennoch in Anbetracht der Arbeitsmarktlage die wichtigsten Regelungen auf den Prüfstand gehoben werden müssen. Dazu zählt zunächst das Kollektivvertragsrecht. Löhne und Arbeitsbedingungen werden nur in begrenztem Maße frei, also unmittelbar zwischen dem Unternehmen und dem Arbeitsuchenden festgelegt. Das meiste ist schon vorab zwischen den

Tarifvertragsparteien, Gewerkschaften und den Arbeitgeberverbänden kollektiv ausgehandelt und tarifvertraglich vereinbart worden. Von diesen bindenden Regelungen konnte im Einzelarbeitsvertrag nur dann abgewichen werden, wenn dies für den Arbeitnehmer günstiger ist (Günstigkeitsprinzip). Eine Abweichung nach unten – etwa eine Lohnsenkung unter die Tarifschwelle – war bisher nicht möglich.

Dies gilt im Prinzip auch heute noch. Allerdings werden mit dem Tarifvertrag in der Chemieindustrie im Januar 1994 Langzeitarbeitslosen zum ersten Mal die Gelegenheit eingeräumt, zu besonderen Wiedereinstiegstarifen mit weniger als 100 Prozent des Tariflohns einzusteigen. Damit erhalten Outsider am Arbeitsmarkt eine Chance, sich über Lohnzugeständnisse in den Arbeitsmarkt hineinzukonkurrieren. Dies kann für sie günstiger sein als Arbeitslosigkeit und deutet insoweit das Günstigkeitsprinzip neu.

Diese behutsame Kurskorrektur liegt auf einer Linie mit anderen neueren Tendenzen in der Tarifpolitik. Die Unternehmen drängen auf die Vereinbarung wirklicher Mindeststandards und echter betrieblicher Gestaltungsspielräume, beispielsweise bei der Arbeitszeit. Diese Tendenzen sind eine Reaktion auf den erhöhten Flexibilitätsbedarf der Unternehmen in der gegenwärtigen Strukturkrise. Nicht immer haben die tarifvertraglichen Regelungen in der Vergangenheit darauf ausreichend Rücksicht genommen. Die Folge ist eine im internationalen Vergleich deutlich nivellierte Lohnstruktur, die einen wesentlichen Beitrag auch zu unserem Lohnniveauproblem leistet.

Neben den kollektivrechtlichen Regeln für den Arbeitsmarkt gibt es auch ein ausgeprägtes individuelles Arbeitsrecht, das den einzelnen in seinem individuellen Arbeitsverhältnis betrifft. Zahlreiche Spezialgesetze dienen der Einkommenssicherung und dem Bestandsschutz der Arbeitnehmer. Doch gerade diese bestandsschützenden Regulierungen werden zunehmend für die Verfestigung der Arbeitslosigkeit mitverantwortlich gemacht. Sie verhindern nämlich die Funktionsfähigkeit der Arbeitsmärkte in mindestens zweierlei Hinsicht:

1. Arbeit wird für Unternehmen zu einem mehr oder weniger fixen Faktor. Dies fängt schon unmittelbar bei der Einstellung an. Bisher war die Vermittlung von Arbeitslosen und beschäftigten Arbeitsuchenden dem freien Spiel der Kräfte entzogen. Weitaus stärker beeinflussen aber die potentiellen Trennungskosten das Einstellungsverhalten von

Unternehmen. Dazu gehören insbesondere die Abfindungszahlungen im Fall einer Entlassung. Gerade was die obligatorische inhaltliche Prüfung der sachlichen Kündigungsgründe anbelangt, gilt der Kündigungsschutz in der Bundesrepublik als weit ausgebaut. Manche sehen daher in der Kündigungsschutzpraxis nur noch einen reinen Abfindungshandel. Die Folge ist, daß Neueinstellungen wegen der hohen Marktaustrittskosten nur noch sehr viel vorsichtiger vorgenommen werden. Denn ökonomisch gesprochen regiert der Marktaustritt den zukünftigen Markteintritt.

Einen weiteren Fixkostenblock stellen die Personalzusatzkosten dar. Nicht nur in der Bundesrepublik, sondern auch überall sonst in der Europäischen Union sind die Zusatzkosten stärker gestiegen als die Direktentgelte. Damit klafft selbst bei einer konstanten Steuerbelastung eine immer größere Lücke zwischen dem Arbeitgeber- und dem Arbeitnehmerlohn. Der Lohnsatz verliert seine Signal- und Steuerungsfunktion. Da ein Teil der Zusatzkosten zudem weniger flexibel ist als die nominale Stundenentlohnung, wird auch der gesamte Personalkostenblock für das Unternehmen starrer. Wenn daher die Arbeitskostenbelastung pro Beschäftigungsverhältnis nicht angepaßt werden kann, muß die Beschäftigungsmenge um so stärker reagieren. Einen Ausweg aus dieser arbeitsplatzvernichtenden Politik bietet nur eine grundlegende Reform unserer sozialen Sicherungssysteme.

2. Beides sind auch Gründe für die unzureichende Flexibilität der Reallöhne. Gerade in Krisenzeiten müssen Löhne und Gehälter auch nach unten flexibel sein; anderenfalls wird die Beschäftigungsmenge um so stärker angepaßt. Empirische Studien belegen nämlich, daß der Anstieg der Arbeitslosigkeit um so höher ausfällt, je größer die Lohnstarrheit ist.

Die Ursachen für diese Lohnstarrheiten liegen zum einen in einer faktischen Mindestlohnpraxis. Zwar gibt es in Deutschland keine gesetzlichen Mindestlöhne, doch werden in den Tarifverträgen einzelne Lohngruppen festgelegt. Bei einer überproportionalen Anhebung der unteren Tarifklassen (Sockelei) rückten die unteren Lohngruppen immer näher an die Ecklöhne der Facharbeiter heran. Da damit die Lohnpyramide nach unten schmaler wird, fielen viele Einfacharbeitsplätze der Rationalisierung zum Opfer mit der Folge, daß die Arbeitslosenquote der Niedrigqualifizierten fast doppelt so hoch ist wie jene der Facharbeiter.

Ein zweiter Grund für die Lohnstarrheiten ist eine Lohnpolitik, die Alter und Betriebszugehörigkeit ohne Rücksicht auf den altersabhängigen Produktivitätsverlauf belohnt (Senioritätsentlohnung). Wenn die Entlohnung altersbedingt über der Produktivität liegt, dann ist eine Wiederbeschäftigung einmal entlassener älterer Arbeitnehmer unwahrscheinlich, weil sie erhebliche Einbußen gegenüber der alten Beschäftigung hinnehmen müßten. Die Folge ist, daß die Arbeitslosigkeit älterer Arbeitnehmer überdurchschnittlich lange dauert und sie einen Großteil des gesamten Arbeitslosigkeitsvolumens ausmachen. Diese Tendenz wird ebenso wie die um sich greifende Frühverrentungspraxis nur dann umzukehren sein, wenn sich die Entlohnung stärker an der individuellen Produktivität eines Lebenszyklus orientiert.

Einfacharbeitsplätze: Neue Chancen für Arbeitsuchende

Wegen der aktuellen Beschäftigungsprobleme droht die Tatsache aus dem Blick zu geraten, daß noch nie in einer Rezession ein höherer Anteil der Erwerbsbevölkerung Arbeit hatte als in der gegenwärtigen. Und von Zyklus zu Zyklus gab es nicht nur mehr Arbeitslose, sondern auch mehr Erwerbstätige. Nie zuvor war deshalb die deutsche Gesellschaft in einem solch hohen Maße arbeitszentriert wie jetzt. Niemals aber auch der finanzielle Aufwand für die Folgen der Arbeitslosigkeit so hoch.

Es ist eigentlich selbstverständlich, daß eine stetig wachsende Zahl von erwerbswilligen Personen nicht mit „de luxe"-Arbeitsplätzen versorgt werden kann, wie wir sie aus den Zeiten unserer „splendid isolation" im Schutz der Mauer kannten. Nun, da sich der Eiserne Vorhang gehoben hat und immer mehr Leistungen aus den privaten Haushalten auf Marktbeziehungen verlagert werden, wird die gegenwärtige Beschäftigungskrise in Deutschland nicht mehr allein durch High Tech-Arbeitsplätze überwunden werden können. Es erweist sich immer mehr als eine Illusion, daß ein ständig wachsender Teil der Bevölkerung so weit qualifiziert werden kann, daß er die technologisch neuesten Arbeitsplätze besetzen könnte.

Es muß daher allmählich Bewußtsein dafür geschaffen werden, daß auch Einfacharbeitsplätze neue Beschäftigungsgelegenheiten für all jene bieten, die die hohe Schlagzahl in den international umkämpften Märkten nicht mithalten können und die auf der Produktivitätstreppe weiter unten stehen.

Der Befund fehlender Einfacharbeitsplätze drängt sich mit Blick auf die hierzulande unterentwickelte Dienstleistungsstruktur auf. Aber auch im Industriebereich hat sich der Stellenkegel immer mehr zu Lasten einfacher Tätigkeiten verschoben. In der Metallindustrie beispielsweise sind nur noch ein Prozent der Angestellten und vier Prozent der Arbeiter mit einfachen Tätigkeiten betraut. Durch eine geforderte Anhebung der unteren Lohngruppen wurde die Latte für Arbeitnehmer mit geringerer Produktivität immer höher gelegt. Nirgendwo sonst in der OECD wurde das untere Zehntel der Arbeitseinkommen in den 80ern so stark angehoben wie hierzulande. Auch die Abstände zwischen den untersten und den Facharbeiter-Ecklohngruppen haben sich immer mehr verringert.

Will man neue Arbeitsplätze schaffen, so gehört daher auch diese tarifpolitische Weichenstellung auf den Prüfstand. Doch diese wichtige arbeitsmarktpolitische Korrektur stößt derzeit noch an sozialpolitische und rechtliche Hindernisse: Zum einen reicht unter Umständen bei steigenden Preisen und Abgaben das Arbeitseinkommen aus einer Vollzeittätigkeit nicht mehr aus, um den Lebensunterhalt einer Familie zu sichern. Dies wäre ein Bruch mit den bisherigen Vorstellungen. Zum anderen würde die Tariföffnung nach unten bei einem konstanten Sozialhilfeniveau in einen Konflikt mit dem Lohnabstandsgebot geraten. Eine Klausel im Bundessozialhilfegesetz fordert nämlich, daß die Regelsätze der Sozialhilfe unter dem Nettoarbeitsentgelt der unteren Lohn- und Gehaltsgruppen bleiben müssen.

Es liegt aber keineswegs an diesem Lohnabstandsgebot, daß Arbeitsmarkt und „Transfermarkt" voneinander abgeschottet bleiben. Ausschlaggebend dafür ist vielmehr eine unter Arbeitsmarktgesichtspunkten höchst widersinnige rechtliche Praxis: Sozialhilfeempfänger können derzeit ihr Gesamteinkommen nur um gut 200 DM aufstocken, wenn sie einer Arbeit nachgehen. Damit wird der Anreiz zur Arbeitsaufnahme geschwächt. Die Arbeitsmarktintegration rückt in noch weitere Ferne. Die Transferempfänger sitzen gleichsam in der Armutsfalle.

Einen Ausweg aus dieser Falle weist eine behutsame Reform unseres Transfersystems. Ein Mindesteinkommen aus der Sozialhilfe müßte bis zum Erreichen einer bestimmten Einkommensgrenze durch Arbeitseinkommen aufgestockt werden können. Mit steigendem Arbeitseinkommen geht der staatliche Unterstützungssatz kontinuierlich zurück. Ein solches „kombiniertes Einkommen" hätte gleich mehrere Vorteile für den Arbeitsmarkt:

○ Der Anreiz zur Arbeitsaufnahme steigt, weil nicht mehr fast das gesamte Arbeitseinkommen weggesteuert wird. Transferempfänger können damit wieder Tuchfühlung zum Arbeitsmarkt bekommen.

○ Statt der Entweder-Oder-Situation Sozialhilfebezug oder Erwerbstätigkeit ist eine Kombination aus Arbeits- und Sozialeinkommen möglich. Arbeits- und Transfermarkt hätten wieder ein Scharnier.

○ Das Tarifsystem kann besser auf den Produktivitätsfächer am Arbeitsmarkt reagieren. Einfacharbeitsplätze können wieder besetzt werden, ohne das Abstandsgebot zu verletzen.

○ Der Anreiz zur Schwarzarbeit wird verringert, weil nicht mehr wie bisher fast das gesamte Arbeitseinkommen weggesteuert wird.

Die Arbeitsplätze der Zukunft: Produktive Dienstleistungen

Ganz ohne Zweifel darf aber eine Offensive für Einfacharbeitsplätze nicht die Produktivität des Arbeitseinsatzes aus den Augen verlieren. Gefordert ist daher eine duale Strategie. Hohe Produktivitäten werden nur von qualifizierten Mitarbeitern erwirtschaftet werden können. Die Beschäftigungskrise in der Industrie bürdet daher den produktiven, spezialisierten und hochqualifizierten Dienstleistern mehr Verantwortung für das gesamtwirtschaftliche Arbeitsplatzangebot auf. Doch beim sektoralen Strukturwandel hinkt die Bundesrepublik hinterher: Noch immer ist die Bundesrepublik im internationalen Vergleich Industrieland Nummer eins. Spiegelbildlich bleibt auch der Beschäftigungsanteil der Dienstleister mit 57 Prozent deutlich hinter den Spitzenwerten von 72 Prozent in den USA und Kanada zurück. Dem Mega-Trend zu mehr Dienstleistungen kann sich daher auch Deutschland nicht entziehen.

Der Nachholbedarf bei den Dienstleistungen wird jedoch noch von vielen zwiespältig beurteilt. Die Sorge ist, daß dieser unvermeidliche Strukturwandel zu Lasten der Produktivität gehe und damit an den Grundlagen des Wohlstandes rüttele. Noch immer gelten nämlich viele Dienstleistungen als lediglich wertverzehrende Arbeit. Doch diese Sorgen sind – was den Bereich der von Unternehmen erzeugten und am Markt verkauften Dienstleistungen anbelangt – zu einem guten Teil unbegründet:

Banken, Versicherungen, Verkehr, Kommunikation und Sonstige Dienstleistungen liegen bei der Pro Kopf-Wertschöpfung schon vor dem Verarbeitenden Gewerbe und über dem gesamtwirtschaftlichen Durchschnitt. Hält der Trend bei der Zunahme der Wertschöpfung an, so werden allein die Sonstigen Dienstleistungen in weniger als 15 Jahren das Verarbeitende Gewerbe als Wirtschaftsbereich mit der größten absoluten Wertschöpfung abgelöst haben. Derzeit beträgt der Anteil noch zwei Drittel. Schon jetzt ist der Kapitaleinsatz je Arbeitsplatz bei Dienstleistern höher als im Produzierenden Gewerbe: 1992 wurde für einen Dienstleister-Platz ein Bruttoanlagevermögen von 265.000 DM benötigt, für einen „Produzenten"-Job dagegen nur 200.000 DM. Schließlich sind Dienstleistungs-Arbeitsplätze auch noch durchweg moderner als jene im Produzierenden Gewerbe.

Von der Produktivitätsseite gibt es also grünes Licht für den Marsch in die unternehmerische Dienstleistungsgesellschaft. Daher werden Dienstleistungsarbeitsplätze auch keineswegs nur geringbezahlte Tätigkeiten beinhalten. Gerade am Beispiel der USA kann man studieren, daß die Zahl der gutbezahlten Dienste-Jobs deutlich schneller gewachsen ist als die der schlechtbezahlten Tätigkeiten. Die immer wieder beschworene Angst vor den „McJobs" ist empirisch nicht haltbar.

Wesentlich vorangetrieben wird die produktivitätssteigernde Verbesserung der Arbeitsteilung zwischen Diensten und Produktion von der Diffusion neuer Technologien. Dabei werden die ohnehin unscharf umrissenen Grenzen zwischen den Sektoren noch weiter verschwimmen. Schon heute üben vier von zehn Industrie-Beschäftigten in Wirklichkeit eine Dienstleistungstätigkeit aus. Entscheidend wird sein, ob die im internationalen Wettbewerb stehende Industrie ihre Wettbewerbsfähigkeit durch intelligente Dienstleistungsinputs verbessern kann. Daher kommt insbesondere den „Infrastrukturdiensten" Verkehr, Telekommunikation, Informationsvernetzung, aber auch den modernen Finanzdienstleistungen eine herausragende Bedeutung zu. Diese wiederum werden nur dann den nötigen Standard erreichen, wenn die Produktion neuen Wissens in Forschung und Entwicklung zu neuem industriell verwertbaren Humankapital führt. Die Wissensproduktion ist damit die Schlüssel-Dienstleistung schlechthin.

Gelingt die intelligente Symbiose von Industrie und Diensten, dann wird sich die gute Beschäftigungsbilanz der 80er Jahre für die Dienstleistungen ebenso bestätigen wie die vielzitierte Drei-Sektoren-Hypothese von Clarke und Fourastier: Während der Primäre Sektor und der Sekundäre Sektor trotz eines spürbaren gesamtwirtschaftlichen Beschäftigungsgewinns sogar absolut stagnierten bzw. schrumpften, expandierte der Tertiäre Sektor stark. Dies gilt am meisten für die wirtschaftsbezogenen und die gesellschaftsbezogenen Dienstleistungen.

Die mittelfristigen Perspektiven für die Dienstleistungsbeschäftigung in Unternehmen und Freien Berufen sind daher günstig: Die Prognos AG in Basel rechnet bis zum Jahr 2010 mit rund 2,5 Millionen zusätzlichen Arbeitsplätzen im Bereich von Kreditinstituten, Versicherungen und Sonstigen Dienstleistungen. Angesichts der Entwicklung im letzten Jahrzehnt kann dies als eine eher vorsichtige Einschätzung gelten. Ob es noch zusätzliche Potentiale gibt, hängt insbesondere von weiteren Fortschritten bei der Entmonopolisierung und Privatisierung sowie Deregulierung ab. Auch die Arbeitsteilung zwischen Markt und Staat wird somit zum strategischen Faktor für die Schaffung neuer Arbeitsplätze.

Arbeitswelt im Wandel

Von der Revolution in den Unternehmen werden in allererster Linie die Mitarbeiter betroffen sein. Eine Verschlankung der Unternehmen verlagert einen Teil der Verantwortung, aber auch des Flexibilitätsdrucks auf die Arbeitnehmer. Die Anforderungen werden anspruchsvoller; Planung und Steuerung, Qualitätssicherung und Instandhaltung werden in die Hände der Mitarbeiter gelegt; die Entscheidungs- und Handlungsspielräume vergrößern sich. Aus Mitarbeitern werden Mitgestalter.

Die Gegenbuchung: Das herkömmliche Verständnis von Erwerbsarbeit muß überdacht werden. An die Stelle des Normalarbeitsverhältnisses treten neue Arbeitszeit- und Beschäftigungsformen. Ein Beispiel aus dem Maschinenbau: Es wird nur noch produziert, was schon verkauft ist, dann aber innerhalb weniger Tage. Jeder Mitarbeiter ist dafür verantwortlich, daß die Termine eingehalten werden. Dafür kann sich jeder auch seine Arbeitszeitmenü frei wählen – der abhängig beschäftigte Zeitsouverän ist geboren.

Damit ist auch die Marschrichtung für die Arbeit der Zukunft vorgegeben. Folgende Trends zeichnen sich derzeit ab:

O Die verbreiteten Outsourcing-Aktivitäten, die die kleinen Gazellen-Unternehmen begünstigen, erfordern einen Mitarbeitertypus mit einem breiteren und weniger taylorisierten Tätigkeitsspektrum, der den Weg von der Verrichtungs- zur Fallorientierung mitgeht, wie er in der Teamarbeit und der industriellen Inselfertigung vorgezeichnet ist.

○ Die durchschnittliche Dauer eines Beschäftigungsverhältnisses wird ebenso abnehmen wie die Dauer der Zugehörigkeit zu einem einzigen Betrieb. Das japanisch-deutsche Modell der lebenslangen Beschäftigung bei einem einzigen Arbeitgeber steht zur Disposition. Stattdessen werden Fremdfirmenbezug und Contracting Out an Bedeutung gewinnen. Manche gehen schon jetzt davon aus, daß der Arbeitnehmer der Zukunft durchschnittlich mehr als sechs Arbeitsplätze im Laufe seines Erwerbslebens haben wird. Damit nicht genug: Immer wahrscheinlicher wird es auch, nicht nur einen, sondern mehrere Berufe auszuüben und gegebenenfalls auch im fortgeschrittenen Alter noch einmal umlernen zu müssen.

○ Damit verbunden ist eine Renaissance von unterschiedlichen Formen der Selbständigkeit anstelle einer abhängigen Beschäftigung. Subunternehmerschaft und Arbeit auf eigene Rechnung können zum Markenzeichen für professionalisierte Dienstleister werden. Eine tragende Rolle bei der neuen Selbständigkeit werden dabei insbesondere Frauen spielen, für die sich Selbständigkeit immer häufiger zur bevorzugten Form der Rückkehr oder des Eintritts in den Arbeitsmarkt entwickelt.

○ Neue Selbständigkeit führt nicht nur zum Abstreifen des Zeitkorsetts, sondern kann auch zur freien Wahl des Arbeitsortes führen. Insbesondere die telekommunikations- und computergestützte Heimarbeit gilt als eine realistische Form moderner Arbeit. In den USA arbeiteten schon 1991 knapp 20 Prozent aller nichtlandwirtschaftlichen Beschäftigten zu Hause. Teleheimarbeiter und Telecommuter werden insbesondere jene sein können, die mit den Produktionsfaktoren Wissen und Informationen arbeiten und die über Datenleitungen miteinander vernetzt werden können.

○ An Bedeutung gewinnen werden in einer dienstleistungsorientierten Arbeitswelt auch befristete Beschäftigungen oder Arbeitnehmerüberlassungen, beispielsweise in der Form der Arbeit auf Abruf. In den USA beispielsweise gilt schon fast jeder dritte Arbeitnehmer als „disposable worker", also als Erwerbstätiger ohne die Festanstellung in unserem herkömmlichen Verständnis.

○ Schließlich zeichnet sich derzeit auch ein Durchbruch im öffentlichen Bewußtsein ab, daß Teilzeitbeschäftigung eine völlig gleichwertige Arbeitsform ist. Unternehmen beginnen, die Produktivitätsüberlegenheit dieser Arbeitszeitform zu entdecken. Arbeitnehmern erlaubt sie die individuellere Befriedigung von Erwerbswünschen. Sie ist damit eine freiwillige und nicht verordnete Verteilung des anfallenden Arbeitsvolumens auf eine größere Zahl von Köpfen.

Ob diese „schöne neue Arbeitswelt" auch hierzulande bald Wirklichkeit wird und unser sogenanntes „Normalarbeitsverhältnis" ablöst, steht einstweilen dahin. Sicher ist aber, daß es im wirtschaftlichen Strukturwandel endogene Kräfte gibt, die eine Flexibilisierung des Arbeitseinsatzes erzwingen und zeitsouveräne, selbständige, mobile und nicht zuletzt qualifizierte Mitarbeiter erfordern. Tempo und Ausmaß der Veränderung werden allerdings nachhaltig von der Entwicklung neuer Technologien und deren Durchsickern in den Arbeitsmarkt abhängen. Dabei kommt insbesondere dem Faktor Information eine strukturbestimmende Bedeutung zu. Manche Beobachter sprechen daher gar von einem „fünften Kondratieff-Zyklus", der die herkömmliche Drei-Sektoren-Struktur aufzubrechen beginne und zu einem eigenständigen „quartären" Informationssektor führe.

Neue Hoffnung für den Faktor Arbeit

Behutsame Korrekturen in unserer Arbeitsmarktordnung und strukturelle Veränderungen in der Arbeitswelt von heute lassen hoffen, daß der gegenwärtig hochbelastete Arbeitsmarkt bei einer Wiederbelebung der gesamtwirtschaftlichen Produktion eine Chance zur Genesung hat. Ein Blick in die Statistik zeigt, daß die zuerst von Hannah Arendt formulierte Sorge unbegründet ist, den industrialisierten Gesellschaften gehe die Arbeit aus: In den OECD-Staaten sind trotz mehrfacher Rezessionen seit 1970 netto rund 80 Millionen neue Arbeitsplätze entstanden. Auch wenn dies nicht immer Beschäftigungen sein mögen, die jeder für erstrebenswert hält, so bedeuten sie doch Lohn, Brot und realen Wohlstand für alle neuen Arbeitsplatzinhaber. Einmal mehr zeigt sich, daß letztlich Arbeit die einzige Quelle des Wohlstands ist.

Gerade daher muß aber das Problem der Arbeitslosigkeit als die ernsteste nicht nur soziale, sondern vor allem auch ökonomische Herausforderung für Marktwirtschaften westlicher Prägung akzeptiert werden. Ein Verweis auf zukünftiges Wachstum allein hilft nicht weiter. Ein radikales Umdenken tut not, wollen nicht Marktwirtschaften dauerhaft mit dem Makel hoher Arbeitslosigkeit konfrontiert werden und damit in eine neue Legitimationskrise geraten.

Wichtige grundlegende Weichenstellungen sind daher nötig: die Lohnpolitik muß außenseiterfreundlich werden und die Arbeitslosen mitberücksichtigen; die Arbeitsmarktpolitik muß das Humankapital fördern statt den Lebensunterhalt zu sichern; die Arbeitsrechtsordnung muß zwar den Arbeitnehmer, nicht aber den Arbeitsplatz schützen. Solche Reformen können dazu beitragen, daß sich der Trend zu sinkenden Beschäftigungsschwellen fortsetzt und die Beschäftigung stärker auf Investition und Wachstum reagiert. Es gibt keinen Grund zur Annahme, daß nicht auch in Zukunft von Zyklus zu Zyklus mehr Arbeitsplätze angeboten werden und ein noch größerer Teil der Bevölkerung einer Erwerbstätigkeit nachgehen wird. Den Schlüssel dazu haben wir alle in der Hand.

Karl Heinrich Oppenländer

Beschäftigungspolitik – Die Sicht des Instituts für Wirtschaftsforschung

Stellungnahmen zur Beschäftigungspolitik

Das ifo-Institut hat in letzter Zeit verschiedentlich das aktuelle und wirtschaftspolitisch äußerst bedeutsame Thema „Arbeitslosigkeit und Beschäftigungspolitik" aufgegriffen, so in der Jahresversammlung des Instituts am 16. Juni 1994[1]), in einem Schwerpunktheft des ifo Schnelldienstes[2]) und anläßlich eines Symposiums unter dem Titel „Wachstum und Beschäftigung"[3]).

Diagnose und Analyse der Arbeitslosigkeit

Über die Diagnose und die Ursachenanalyse der Arbeitslosigkeit besteht weitgehend Klarheit. Das Vollbeschäftigungsziel in den Industriestaaten ist in den letzten zwanzig Jahren deutlich verfehlt worden; die standardisierte Arbeitslosenquote der OECD-Länder hat sich tendenziell erhöht und erfaßte zuletzt in den 25 Staaten mehr als 35 Millionen Personen, das sind 8,5 Prozent der Erwerbspersonen. Wo liegen die Ansatzpunkte der Bekämpfung? Sie sollten dauerhaft wirken und die Tendenz umkehren. Beschäftigungspolitik muß dabei so angelegt sein, daß sie nicht nur den Arbeitsmarkt tangiert, sondern daß sie als wesentlicher Bestandteil der Wirtschaftspolitik alle relevanten politischen Handlungsfelder erreichen kann.

Unter diesen Gesichtspunkten werden drei Aktionsfelder der Beschäftigungspolitik unterschieden. Diskrepanzen am Arbeitsmarkt zwischen Angebot und Nachfrage sollten tunlichst vermieden werden. Hier ist eine aktive Arbeitsmarktpolitk gefordert. Zweitens ist eine antizyklische Konjunkturpolitik durchzuführen, die insbesondere verhindern soll, daß die rezessionsbedingte Arbeitslosigkeit zu groß wird. Schließlich ist die Sockelarbeitslosigkeit anzugehen, die auf strukturelle Faktoren zurückzuführen ist und dadurch zum Ausdruck kommt, daß die in der Rezession

---

[1]) Vgl. ifo Schnelldienst Nr. 22/94 vom 5.8.94.
[2]) Vgl. ifo Schnelldienst Nr. 16–17/94 vom 14.6.94.
[3]) Ergebnisse veröffentlicht im ifo Schnelldienst Nr. 12/94 vom 25.4.

erhöhte Arbeitslosigkeit nicht mehr auf das vorher beobachtete Niveau zurückgeführt wird. Haben wir hier auf Dauer technologische Arbeitslosigkeit zu befürchten, oder sind auf Dauer Strukturschwächen zu beobachten, die letztlich auf die mangelnde internationale Wettbewerbsfähigkeit der deutschen Wirtschaft zurückzuführen sind? Die Wirkungen der hier notwendigen Wachstumspolitik werden im Hinblick auf die Beschäftigung zu untersuchen sein.

Grenzen der Arbeitsmarktpolitik

Das Instrumentarium der Arbeitsmarktpolitik in der Bundesrepublik Deutschland setzt an drei Stellen an: Versuche, das Arbeitsangebot zu verringern (z. B. Regelungen über das Ausscheiden aus dem Erwerbsleben, Bekämpfung der illegalen Beschäftigung), Versuche, den „Mismatch" zwischen Angebot und Nachfrage auf dem Arbeitsmarkt zu verringern und Versuche, die Arbeitsnachfrage zu erhöhen (z. B. Arbeitsbeschaffungsmaßnahmen, tarifliche Regelungen zur Verkürzung der Jahresarbeitszeit).

Sicherlich sind erhebliche Anstrengungen von der Arbeitsmarktpolitik unternommen worden, den Mismatch zu verringern. Immerhin sind augenblicklich zwei Millionen Personen in arbeitsmarktpolitische Maßnahmen eingebunden („verdeckte Arbeitslosigkeit"). An den Zahlen über die Langzeitarbeitslosigkeit (Personen, die länger als ein Jahr arbeitslos waren) ist aber zu erkennen, daß keine durchschlagenden Erfolge in der Bekämpfung erzielt werden konnten (1970 waren es 9 Prozent der Arbeitslosen, 1993 etwa 26 Prozent). Dem Sachverständigenrat zur Begutachtung der gesamtwirtschaftlichen Entwicklung (SVR) ist hier beizupflichten, der eine gezielte Strategie der Arbeitsbeschaffung für Langzeitarbeitslose befürwortet, „und zwar bei klar umrissenen Tätigkeitsfeldern"[4]). In einer Studie von ifo Dresden[5]) wird anhand eines Modells die

---

[4]) Sachverständigenrat zur Begutachtung der gesamtwirtschaftlichen Entwicklung (SVR) (1993), Zeit zum Handeln – Antriebskräfte stärken, Jahresgutachten 1993/94, Stuttgart, Ziff. 384.

[5]) Münstermann, U./Munz, S./Riedel, J./Vogler-Ludwig, K.: Quo Vadis Arbeitsmarkt in Sachsen?, ifo Dresden Nr. 4/1994, Juli 1994.

Befürchtung geäußert, daß sich „trotz der Vielzahl von individuellen und staatlichen Lösungen" die Schere zwischen Arbeitskräfteangebot und -nachfrage weiter geöffnet hätte und daß, um „so wenig wie möglich Dauerarbeitslosigkeit entstehen zu lassen ... sämtliche Instrumente der aktiven Arbeitsmarktpolitik wie Fort- und Weiterbildung, Umschulungsmaßnahmen, ABM sowie § 249 h AFG zur Qualifizierung und zum Qualifikationserhalt genutzt werden".[6] Die Reduzierung der individuellen Arbeitszeiten dürfte auf Dauer kein Patentrezept gegen die Arbeitslosigkeit darstellen. Sie ist als defensive Strategie einzustufen: der geringere Bedarf an Arbeit wird als Datum gesehen. Insofern wird Beschäftigungspolitik als Politik der Arbeitszeitumverteilung betrieben. Die unlängst vereinbarten Arbeitszeitverkürzungen (vorschnell als „Modell" gepriesen) zielen in erster Linie auf die Vermeidung von Entlassungen. Das reduziert den Beschäftigtenzuwachs im Aufschwung. „Arbeitszeitverkürzung dient damit als Instrument zur Stabilisierung der Beschäftigung, und weniger zur Schaffung zusätzlicher Beschäftigungsmöglichkeiten".[7] Das sog. VW-Modell kann auch als eine „Form von kollektiver Kurzarbeit" bezeichnet werden. „Eine solche Arbeitszeitrationierung sollte jedoch nur eine vorübergehende Notmaßnahme sein und möglichst bald von einem Arbeitszeitsystem abgelöst werden, das auf freiwilliger Basis Voll- und Teilzeiterwerbstätigkeit zuläßt".[8] Günstiger wird die Schaffung von Teilzeitarbeitsplätzen beurteilt. Da sie am ehesten auf weniger qualifizierte Tätigkeiten zugeschnitten sind (diese Arbeitsplätze sind wenig in den Betriebsablauf integriert und dürfen auch keine wesentlichen Informationsverluste verursachen), können sie zum Abbau des Mismatch beitragen. Das bislang noch ungenutzte Potential dürfte aber mit 1,5 Millionen überschätzt worden sein.

Generell sollten von einer aktiven Arbeitsmarktpolitik Anregungen dergestalt ausgehen, den Arbeitsmarkt zu flexibilisieren und das Wirtschaftswachstum beschäftigungsintensiver zu gestalten. Insbesondere sind Diskrepanzen in der Qualifikationsstruktur der Arbeitskräfte (50 Prozent der Arbeitslosen sind ohne abgeschlossene Berufsausbil-

---

[6] ebda.
[7] Vogler-Ludwig, K.: Beschäftigungsperspektiven für das vereinte Deutschland – Zeit zum Umdenken, ifo Schnelldienst Nr. 16–17 vom 14.6.1994, S. 13f.
[8] Nerb, G./Juchems, A./Körner, J./Meister, W./Neumann, F./Nierhaus, W.: Deutsche Wirtschaft – Erholung hat begonnen, Wirtschaftskonjunktur 12/1993, S. A13.

dung) zu beklagen, ebenso wie in der Entwicklung regionaler Arbeitsmärkte (Mobilitätsmangel?), in der Anpassung von Produktionsschwankungen und Beschäftigung wegen vieler Beschäftigungssicherungs- und Arbeitsschutzvorschriften.

Ein Vergleich dieser Gegebenheiten in der Bundesrepublik Deutschland mit denen in anderen Industriestaaten zeigt jedoch, daß dem deutschen Arbeitsmarkt „eine hohe interne Anpassungsfähigkeit der Arbeitskräfte an veränderte Rahmenbedingungen" (interne Flexibilität) bescheinigt werden muß, „die die geringe externe Flexibilität zumindest zum Teil kompensiert".[9]) Hier ist insbesondere darauf zu verweisen, daß zuviel Mobilität zur volkswirtschaftlichen Ineffizienz führen kann („Widerspruch zwischen einer hohen Fluktuation der Beschäftigten und der Effizienz des Faktors Arbeit"). Eine aktive Arbeitsmarktpolitik sollte vor allem verknüpft werden mit einer zukunftsgerichteten Ausbildungs- und Weiterbildungspolitik.

Einkommenspolitik versus Beschäftigungspolitik?

Im letzten SVR-Gutachten wird ein Gegensatz zwischen Einkommenspolitik und Beschäftigungspolitik konstruiert. Hier ist die entsprechende Passage:

„Es mag aus einkommenspolitischer Sicht verständlich erscheinen, wenn in den Lohnrunden die unteren Lohngruppen stärker angehoben werden. Beschäftigungspolitisch ist dies jedoch eine Fehlentwicklung. Denn der überproportionale Anstieg der Tariflöhne für einfache Arbeit verschlechtert die Chancen ungelernter Arbeitskräfte am Arbeitsmarkt. Es ist daher nicht ratsam, über eine verstärkte Lohnnivellierung von unten mit der Lohnpolitik Sozialpolitik betreiben zu wollen".[10])

Keine Frage ist natürlich, daß mehr Flexibilität in der Lohngestaltung anzustreben ist.[11]) Zur Erhöhung der regionalen Mobilität der Arbeits-

---

[9]) Vogler-Ludwig, K.: Beschäftigungsperspektiven . . ., a.a.O., S. 13.
[10]) Sachverständigenrat zur Begutachtung der gesamtwirtschaftlichen Entwicklung (SVR), Zeit zum Handeln . . ., a.a.O., Ziff. 371.
[11]) vgl. Oppenländer, K.H.: Arbeitslosigkeit und Beschäftigungspolitik, ifo Schnelldienst Nr. 22 v. 5.8.1994, S. 10.

kräfte sollte ein größeres Maß an regionaler Lohndifferenzierung beitragen. Auch in branchenwirtschaftlicher Sicht kann die Differenzierung stärker ausgestaltet sein, je nach der Höhe der Produktivitätsfortschritte oder auch danach, ob es sich um subventionierte Bereiche handelt oder nicht. Schließlich müssen sich in der Ausgestaltung der betrieblichen Lohnstruktur mehr als bisher auch leistungsbezogene Gesichtspunkte niederschlagen. Es ist aber die entscheidende Frage zu stellen, ob denn Lohnreduktionen genügend ins Gewicht fallen, um die internationale Wettbewerbsfähigkeit der Unternehmen erhöhen zu können. Es kommt schließlich nicht nur oder in erster Linie auf das Zurechtrücken der Faktorpreisrelationen an, sondern vielmehr entscheidend auf die nachfragestützende Wirkung von Innovationen. „Unternehmen, die ein gängiges Endprodukt mit veralteten Produktionsmethoden oder die überhaupt das falsche Produkt erzeugen, (sind) auch durch noch so große Lohnsenkungen ebensowenig wie durch noch so große Subventionen zu retten".[12]) Damit kommt aber der „rechtzeitigen" Produktinnovation die entscheidende Bedeutung zu und der Frage, wie das Unternehmen bei dieser Aktivität unterstützt werden kann. Das ist nur über eine entsprechende Wachstumspolitik zu bewerkstelligen.

Oft wird auch argumentiert, Qualifikationsdefizite würden die rechtzeitige Einführung neuer Techniken verhindern. Immer mehr unqualifizierte Arbeit (ungelernte und kurzfristig angelernte Tätigkeiten) würde dadurch der Arbeitslosigkeit anheimfallen. Als Ausweg wird das „amerikanische Muster" bemüht. Die OECD[13]) stellt hierzu fest, und dem ist zuzustimmen, daß das mancherorts als beispielhaft hingestellte Modell eines raschen Beschäftigungswachstums in den USA sowohl der hochqualifizierten als auch der minderqualifizierten Arbeitsplätze nur von schwachen Produktivitätsfortschritten begleitet war, so daß sich das Lohngefälle vergrößerte und die Reallöhne für die untersten Lohngruppen sich verminderten. Die relativ geringe Arbeitslosenquote in den Vereinigten Staaten wurde also auf Kosten einer drastischen Zunahme der „working poor" erkauft. Diese Personen sind nicht genügend qualifiziert, um besser bezahlt zu werden, und sie sind auch nicht durch ein soziales Netz abgesichert.

---

[12]) Streißler, E.: Theoretische Erklärungen der Arbeitslosigkeit. In: Österreichische Nationalbank (Hrsg.), Vollbeschäftigung, ein erreichbares Ziel? Wien, S. 45.
[13]) OECD: The OECD Jobs Study, Paris 1994.

Eine weitere Kontroverse entzündet sich an der Verwendung der Konzeption der produktivitätsorientierten Lohnpolitik. Sie ist sicherlich bei der Lohnfindung grundsätzlich anzuwenden. Der Produktivitätssteigerung sind aber die Veränderungen der gesamten Arbeitskosten gegenüberzustellen. Ist der Spielraum dadurch eingeengt, daß die gesetzlichen Lohnnebenkosten laufend steigen (Beiträge für Berufgenossenschaften, Zahlungen an die Rentenversicherung, die Krankenversicherung, die Arbeitslosenversicherung), so wird der Anteil der Lohnanhebungen entsprechend geringer. Ein Verlassen dieser Konzeption führte dann zu Beschäftigungsproblemen. Den für diese gesetzlichen Lohnnebenkosten sozialpolitisch Verantwortlichen ist zuzurufen, diesen Anstieg zu stoppen (Veränderung von 1970 bis 1993 von 26,5 Prozent des Bruttoarbeitsentgelts auf 37,4 Prozent).

Im Verlauf der Standortdiskussion und der Debatte über hohe und steigende Lohnstückkosten ist zur Überlegung zu geben, ob tarifliche Vereinbarungen nicht wieder mehr den Charakter von Mindestregelungen annehmen sollten. Je nach Ertragslage des einzelnen Unternehmens könnten dann Über- oder Unterschreitungen des Konzepts diskutiert werden. In den nächsten zwei bis drei Jahren sollten die Tarifabschlüsse unter der Produktivitätssteigerung der einzelnen Branche bleiben, um Spielräume auch für nichtbeschäftigte Personen zu schaffen.[14])

Verfehlte Konjunkturpolitik

Die bisherigen Betrachtungen der Arbeitsmarktpolitik haben ergeben, daß erhebliche Anstrengungen unternommen werden, der Arbeitslosigkeit mit Instrumenten der Arbeitsmarktpolitik beizukommen. Die Höhe der betroffenen Personen (zwei Millionen) und die Höhe der Ausgaben der Bundesanstalt für Arbeit nähren aber die Vermutung, daß die Anstrengungen an einer gewissen Grenze angelangt sind. Hier wird deutlich: Die Arbeitmarktpolitik hat in erster Linie eine Hilfs- und Überbrückungsfunktion. Sie ist durch eine aktive Beschäftigungspolitik zu ergänzen. Genannt waren Konjunktur- und Wachstumspolitik.

---

[14]) Nerb, G./Juchems, A./Körner, J./Meister, W./Neumann, F./Nierhaus, W.: Deutsche Wirtschaft ..., a.a.O., S. A12. Vogler-Ludwig, K.: Beschäftigungsperspektiven ..., a.a.O., S. 14.

Eine rückläufige Kapazitätsauslastung veranlaßt die Unternehmen zu Anpassungsprozessen, die zu einem regelrechten Bereinigungsprozeß führen können. D. h. die Unternehmen werden eine fehlende Nachfrage auch dazu verwenden, Beschäftigte zu entlassen, die nicht „unbedingt" im Produktionsprozess benötigt werden. Die Entlassungswelle ist besonders im derzeitigen Konjunkturzyklus hoch ausgefallen. Im Durchschnitt des Jahres 1994 wird für die BR Deutschland eine Arbeitslosenquote von 9,8 Prozent, was 3,77 Millionen Personen entspricht, geschätzt.[15]) Auch in 1995 ergibt sich – nach dieser Prognose – kaum eine Entlastung: Bei wieder ansteigendem Wirtschaftswachstum (gemessen am realen BIP) von immerhin mindestens 3 Prozent in 1995 werden in der BR Deutschland immer noch 3,75 Millionen Personen arbeitslos sein (Quote: 9,7 Prozent). Sicherlich ist davon auszugehen, daß nach Überwindung der Talsohle (nach ifo Angaben seit Frühjahr 1994) die Unternehmen infolge freier Kapazitäten zunächst mühelos eine wieder ansteigende Nachfrage ohne Neueinstellungen bewältigen können. Der Indikator „Arbeitslosigkeit" ist also ein konjunktureller „Spätindikator". Geschätzt wird, daß etwa die Hälfte der derzeitigen Arbeitslosigkeit auf konjunkturelle Gründe zurückzuführen ist. Je rascher demnach ein Aufschwung zustandekommt, desto schneller läßt sich ein Beschäftigungszuwachs erreichen. Dazu ist aber – das haben alle bisherigen Konjunkturaufschwünge gezeigt – eine Unterstützung durch die Konjunkturpolitik erforderlich.

Durch die Wiedervereinigung sind der Finanzpolitik, die in der Vergangenheit durch Investitionsprämien oder -zulagen diese Aufschwünge gestützt hatte, Fesseln angelegt: In einem groß angelegten West-Ost-Transfer sind die ostdeutschen Arbeitsmärkte gestützt worden. Dieser Prozeß dauert an. In einer solchen außerordentlichen Situation hätte die Geldpolitik der Deutschen Bundesbank eingreifen müssen. Niedrigere Zinsen können hier die Investitionstätigkeit entscheidend anregen. (Die Frage ist allerdings, ob das Investitionsverhalten zinselastisch ist.) Viel wäre schon dadurch erreicht worden, wenn durch eine entsprechende Politik ein Umschichten von Finanzanlagen in Sachanlagen bewirkt worden wäre. Lange Zeit (von Ende 1990 bis Anfang 1994) war dieser Effekt durch eine inverse Zinsstruktur gestört, d. h. der Kapitalmarktzins lag unter dem Geldmarktzins. In einer solchen Situation kann es zu einem At-

---

[15]) ifo Prognose vom Juli 1994, veröffentlicht in Wirtschaftskonjunktur 7/1994.

tentismus der Investoren kommen; sie warten weitere Zinssenkungsprozesse ab, ohne zunächst zu investieren. Hier hätte die Geldpolitik, die Einfluß auf Zinsen am kurzen Ende hat (Diskontsatz und Lombardsatz), einiges bewirken können. Das ist jedoch weitgehend ausgeblieben, da die Bundesbank bis zuletzt Inflationsgefahren sah und deshalb nur sehr zögerlich die kurzfristigen Zinsen senkte (sog. Trippelschritte). „Der Deutschen Bundesbank kann nicht der Vorwurf erspart werden, daß sie durch ... das ständige Hinauszögern von Zinssenkungen den Beschäftigungsabbau in Westdeutschland beschleunigt hat".[16])

Eine Untersuchung des Verlaufs der Phillips-Kurve[17]) zeigt, daß monetäre Stabilität durch höhere Arbeitslosigkeit erkauft werden mußte: die Phillips-Kurve hat sich, was Westdeutschland betrifft, immer mehr nach außen rechts verschoben, wobei eine zweite Bewegung nach unten (geringere Inflation) unverkennbar ist. Damit ist aber noch nicht der Stab über der Geldpolitik gebrochen. Monetäre Stabilität vermittelt unverfälschte Signale, die die Unternehmen veranlassen könnten, wieder mehr zu investieren. Das könnte man als Arbeitsplatzrelevanz unverfälschter Signale bezeichnen. Dennoch: Die Wirtschaftspolitik, insbesondere die Konjunkturpolitik hat es versäumt, auf diese Problemkonstellation hinzuweisen und somit wenig zu einer konstanten und glaubhaften Politik beigetragen. Bei diesen hohen Arbeitslosenzahlen muß die Konjunkturpolitik als verfehlt bezeichnet werden.

Innovationsorientierte Wachstumspolitik angesagt

Nach früheren Erfahrungen wird uns eine Sockelarbeitslosigkeit auch im Konjunkturaufschwung 1994 und 1995 begleiten. Das fordert die Stützung des Wachstumsprozesses heraus, genauer die Förderung der Investitionstätigkeit. Hier ist der Bemerkung des SVR[18]) durchaus zuzustimmen: „Wenn Investitionen das neueste technische Wissen verkörpern und damit auch eine größere Arbeitsproduktivität mit sich bringen,

---

[16]) Juchems, A./Langmantel, E./Nerb, G.: Finanz- und Geldpolitik – vernichten sie Arbeitsplätze? ifo Schnelldienst Nr. 16–17 v. 14.6.1994, S. 23.
[17]) vgl. Oppenländer, K.H.: Arbeitslosigkeit und Beschäftigungspolitik, ifo Schnelldienst Nr. 22 v. 5.8.1994, S.9.
[18]) Sachverständigenrat zur Begutachtung der gesamtwirtschaftlichen Entwicklung (SVR), Zeit zum Handeln ..., a.a.O., Ziff. 365.

kommen Arbeitsplätze zustande, die einen hohen Lohn tragen können". Eine solche Stützung geht über die richtige Einjustierung des Investitionsklimas weit hinaus: Es ist eine innovationsorientierte Wachstumspolitik zu kreieren. Wie schon betont, kommt der „rechtzeitigen" Produktinnovation die entscheidende Bedeutung zu. Es kommt auf die Durchsetzung von kostengünstigen neuen Produkten am Markt an, also auf die Beseitigung der Nachfrageschwäche am Gütermarkt durch Produktinnovationen und damit auf die Einleitung der Wiederbeschäftigung. Hierdurch wird die Produktivitätsentwicklung beschleunigt. Dabei ist es nicht so, daß damit Arbeitsplätze vernichtet würden („„jobkiller-Effekt", sog. technologische Arbeitslosigkeit). Vielmehr wird durch die Anderskombination der Produktionsfaktoren (schöpferische Zerstörung nach Schumpeter) und die laufende Kreierung von Produkten ein „jobknüller-Effekt" erzeugt.

Eine systematische Wachstumspolitik muß die Unternehmen unterstützen, die das Zeitalter der Informationsgesellschaft gestalten. Aus der Verbindung der Theorie der Innovation einerseits und der innovationsbezogenen Wachstumspolitik andererseits läßt sich die systematische Wachstumspolitik aus einer Neunermatrix ablesen, die die Aktionsfelder der Politik im einzelnen beschreibt.[19]

Übersicht: Ansatzpunkte der Wachstumspolitik

Innovations-akteure	Handlungsfelder der innovationsorientierten Wachstumspolitik		
	Struktur-förderung	Infrastruktur-darbietung	Erwartungs-stabilisierung
Innovator	Grundlagen-forschung	Wissen	Visionen/Dialoge
Organisation	Forschung und Technologie	Humankapital	Finanzierung
Umwelt	Wettbewerb	Wirtschaftliches Umfeld	Stabilisierung

Quelle: Oppenländer, K.H.: Zur Errichtung eines Technologierats, ifo Schnelldienst Nr. 34 v. 7.12.1993, 3–6.

[19] vgl. die nachfolgende Übersicht; vgl. hierzu Oppenländer, K.H.: Zur Errichtung eines Technologierats, ifo Schnelldienst Nr. 34 v. 7.12.1993, 3–6.

Das System Innovator wird sich vor allem auf die Umsetzung der Grundlagenforschung konzentrieren, die vom Staat (aber auch in Unternehmen) in mannigfaltiger Form geboten wird (Universitäten, Großforschungseinrichtungen usw.). Darüber hinaus werden über institutionalisiertes Wissen (Bibliotheken, Messen, Patentschriften usw.) weitere Informationen zur Verfügung gestelllt. Visionen gehören in das Blickfeld eines jeden Innovators. Das Gebiet „mittel- und langfristige Perspektiven" ist unterentwickelt (Gutachten, Sachverständigenräte, Kommissionen usw.). Der Hinweis auf Dialoge dient der Anregung, technologie- und innovationsinduzierte Produkte und Verfahren in einer breiten Öffentlichkeit zu diskutieren. Das Akzeptanzproblem in der Bevölkerung in bezug auf neue Techniken wird so kleingehalten, was wiederum die Diffusion von Innovationen fördert (Testmärkte für neue Produkte, umweltschutzgerechte Produkte usw.). Vorgeschlagen wird die Errichtung eines Technologierates, der sich dieser Thematik annimmt (beratende Funktion).

Das System Organisation (das oft mit dem System Innovator verbunden ist) kann sich einem Technikfeld gegenübersehen, das nur mit Hilfe des Staates besetzt werden kann, so z. B. wenn die Risikobereitschaft einer Unternehmung oder eines Unternehmungsverbundes zu gering ist (z. B. Kernkraft, Raumfahrt). Es kann auch die Situation eintreten, daß durch Wettbewerbsverfälschungen auf dem Weltmarkt Schlüsseltechnologien abwandern oder ihre Anwendung systematisch ausgehöhlt wird. Hier kann der Staat aufgerufen sein, einzugreifen (z. B. im Falle der Mikroelektronik).

Das Humankapital ist bei der Weiterentwicklung der Innovationen entscheidend. Der Staat trägt hier die Verantwortung in der Grundausbildung. Generell ist die Know-how-Dimension einer Organisation mitentscheidend für die Aufnahme und Verarbeitung von Signalen (Ausbau von FuE-Aktivitäten, von Personal- und Managementkapazitäten für Innovationen). Die Finanzierung von Produkt- und Prozeßinnovationen ist eine risikoreiche Angelegenheit. Ein funktionierender Bankenapparat, aber auch funktionierende Märkte für Risikokapital sind zu gewährleisten (z. B. die Beseitigung mangelnder Akzeptanz von Aktien, die Reduzierung des Sicherheitsdenkens bei Wagnisfinanzierungsgesellschaften, die Beseitigung der Diskriminierung von Eigen- gegenüber Fremdkapital im Steuersystem, Sparförderung, Investitionshilfen usw.).

Das System Umwelt ist in besonderem Maße vom Staat beeinflußt, es sind Rahmenbedingungen für das Wirtschaften zu bieten. Das gilt gleichermaßen für eine effiziente Wettbewerbsschutzpolitik und die Wettbewerbsförderungspolitik (freier Marktzutritt, Deregulierungen usw.). Im Bereich der wirtschaftsnahen Infrastruktur sind insbesondere Verkehrs- und Nachrichtenwesen, Energiewirtschaft, Umweltschutz betroffen. Meist handelt es sich hier um öffentliche Güter, was vom Staat eine besondere Verantwortung verlangt, da möglichst die Prinzipien Subsidiarität und Marktkonformität zum Tragen kommen sollen.

Im übrigen ist die Kritik zurückzuweisen, eine solche Wachstumspolitik würde unsere Wirtschaftsordnung aushöhlen. Der Staat ist hier Partner der Wirtschaft und ist im Rahmen seiner politischen Aufgabe tätig, einen „hohen Beschäftigungsstand" auf Dauer zu erhalten.

Schlußbemerkung

Die in Teilen durchaus effiziente Arbeitsmarktpolitik in der Bundesrepublik Deutschland ist durch eine Beschäftigungspolitik zu ergänzen, die sowohl die temporäre (konjunkturelle) als auch die strukturelle Arbeitslosigkeit bekämpft. In der beginnenden Aufschwungphase ist eine Stützung der Unternehmensinvestitionen unerläßlich. Die internationale Wettbewerbsfähigkeit der deutschen Wirtschaft wird gekräftigt durch eine innovationsorientierte Wachstumspolitik. Beide können die Arbeitslosigkeit entscheidend abbauen und die Grundlage für einen mittelfristig gesunden Wachstumsprozeß legen, der auch die Sockelarbeitslosigkeit vermindert.

Anton Rauscher

Beschäftigungspolitik – Die Sicht der katholischen Kirche

Die Sorge der Kirche um die Menschen ohne Arbeit

Nach der schlimmsten Krise, die die deutsche Wirtschaft seit dem Herbst 1992 getroffen hat, nimmt jetzt die Wirtschaftstätigkeit wieder zu. Vor allem steigt der Export von hochwertigen Produkten und Investitionsgütern wieder an und wirkt sich auf die Auslastung der Produktionskapazität der Betriebe günstig aus. In den östlichen Bundesländern ist ein regelrechter Aufschwung zu verzeichnen, wobei der Nachholbedarf im Baubereich und im Handwerk ungeheuer groß ist.

Diese positive Entwicklung, die auch in Europa und Nordamerika zu spüren ist, macht sich auch auf dem Arbeitsmarkt bemerkbar. Die Zahl der von Arbeitslosigkeit betroffenen Menschen, die trotz aller Gegenmaßnahmen der Bundesanstalt für Arbeit im Winter 1993/94 auf fast vier Millionen emporgeschnellt war, ist etwas zurückgegangen. Allerdings ist die Entlastung am Arbeitsmarkt vorläufig nur konjunktureller Art. In dem Maße wie die Wirtschaftstätigkeit wieder anzieht, werden zusätzliche Arbeitskräfte benötigt und eingestellt. Der strukturelle Einbruch hingegen ist nicht so leicht zu überwinden. Es waren nämlich nicht nur die Sorgenkinder in den Bereichen Kohle und Stahl oder in der Textilindustrie, die von der Wirtschaftskrise erneut gebeutelt wurden, sondern technisch hochentwickelte und florierende Wirtschaftszweige wie die Auto-und Elektroindustrie, die Chemie und der Maschinenbau, bei denen ein massiver Personalabbau erfolgte. Die Arbeitsplätze bei VW, MAN, Mercedes Benz, Siemens, Bosch, Bayer oder Hoechst galten bisher als krisenfest. Der Absatzrückgang und die verstärkte Konkurrenz auf den nationalen und internationalen Märkten zwang diese Unternehmen zu einer drastischen Verringerung der Belegschaften. Gleichzeitig versuchten sie, die Produktionskosten durch Druck auf die Zulieferbetriebe und durch weitere Maßnahmen der Rationalisierung und Automatisierung zu senken.

Das bedeutet, daß die abgebauten Arbeitsplätze auch dann, wenn sich die Wirtschaft erholt und wieder anspringt, nicht mehr vorhanden und auf Dauer verloren sind. Sicherlich werden höher qualifizierte Arbeitskräfte schneller wieder eine neue Beschäftigung finden als weniger qualifizierte. Aber die Sockelarbeitslosigkeit nimmt zu. Sie ist schon bisher nach jeder Rezession angewachsen. Ihren Kern bilden die Langzeitarbeitslosen, die ein Jahr oder länger ohne Arbeit und nur schwer vermittelbar sind.

Wirtschaft und Ethik

Die Erwartung, daß in Deutschland auch bei guter Konjunktur drei Millionen Menschen und mehr künftig keinen Arbeitsplatz haben, kann niemanden ruhig schlafen lassen, weder die Gewerkschaften und die Arbeitgeber, noch die Politiker, auch nicht die Kirchen. Diese verfügen zwar nicht über Patentrezepte irgendwelcher Art, wie die Arbeitslosigkeit überwunden werden kann. Aber die Kirchen sind vom Evangelium her befähigt und verpflichtet, die sittlichen Grundwerte einer menschengerechten Wirtschafts-und Sozialordnung herauszuarbeiten. Anhaltende Arbeitslosigkeit eines beträchtlichen Teiles der Bevölkerung ist ein Zeichen dafür, daß die wirtschaftlichen und sozialen Verhältnisse nicht in der erforderlichen Weise geordnet sind. Die Kirchen müssen auch die menschlichen, familiären, sozialen, politischen Folgen des Übels der Arbeitslosigkeit offenlegen. Die Wirtschafts- und Sozialethik kann nicht die Ökonomie und die Politik ersetzen oder sie als nachgeordnet betrachten wollen. Die Kirchen müssen derartigen Tendenzen in ihren eigenen Reihen entgegentreten und ideologisch oder machtmäßig begründete Ansprüche in die Grenzen weisen. Sie haben jedoch die Aufgabe, den Menschen und denen, die nach Wegen zur Bewältigung der Herausforderungen und der Krisen Ausschau halten, zu helfen, indem sie sozialethische Orientierung und moralische Ermutigung geben.

Die Wirtschaft ist ja nicht ein sachhaftes Geschehen, bei dem es nur um Marktkräfte, um Angebot und Nachfrage, um Wettbewerb und Produktivität ginge und wo man, wenn Sand ins Getriebe geraten ist, wie bei einer Maschine nur auf den richtigen Knopf drücken müßte, damit sie wieder rund läuft. Die Wirtschaft ist auch nicht ein Prozeß, der sich nur nach ökonomischen und sozialorganisatorischen Erfordernissen vollzieht. Die Subjekte und die bewegenden Faktoren der Wirtschaft sind nämlich die Menschen, die selbst nicht nur als Produzenten und Konsumenten eine Rolle spielen, die vielmehr nach menschenwürdigen Arbeitsbedingungen, nach gerechten Löhnen und Beteiligung an der geschaffenen Güterfülle fragen. Die Wirtschaft ist ein menschlicher und gesellschaftlicher Lebensprozeß, der seine Verantwortung und Orientierung in sittlichen Grundwerten findet.[1])

Genau an diesem Punkt setzten die Überlegungen Alfred Müller-Armacks, des Architekten der sozialen Marktwirtschaft nach dem Zweiten Weltkrieg, ein. Es kam einer geistigen Revolution gleich, als er von den Grundwerten der Freiheit und der sozialen Gerechtigkeit sprach, denen die soziale Marktwirtschaft verpflichtet sei.[2]) Nicht einfach der Kapitaleinsatz und die Arbeitsteilung, nicht bloß Markttransparenz und Wettbewerb, nicht wirtschaftliche Leistungsfähigkeit und Effizienz, auch nicht die vom Staat zu gewährleistende Rahmenordnung sind die Bestimmungsgrößen der Wirtschaft, sondern die genannten „zwei großen sittlichen Ziele". Damit war genau die Wende vollzogen, die die katholische Soziallehre in der Sozialenzyklika Quadragesimo anno (1931) und in den vielen Ansprachen Pius' XII. angemahnt hat.[3]) Eine Wirtschaftsordnung, die auf Freiheit und Verantwortung aller beteiligten Menschen und auf sozialer Gerechtigkeit beruht, das ist eine Ordnung, die gerade auch mit der christlichen Menschen- und Gesellschaftsauffassung konform geht. Damit war die Weichenstellung für ein neues Verhältnis von Kirche und Wirtschaft vorgenommen. Freiheit und soziale Gerechtigkeit sind der Boden, auf dem sich eine soziale Marktwirtschaft entfalten kann, eine Ordnung also, in der die wirtschaftliche Leistungsfähigkeit und die soziale Verantwortung füreinander bestimmend sind.

---

[1]) Es war der Begründer des Solidarismus, der Jesuit Heinrich Pesch, der gegen den Wirtschaftsliberalismus diese anthropologischen und sozialen Voraussetzungen und Grundlagen der Wirtschaft geltend machte: Lehrbuch der Nationalökonomie, Erster Band. Grundlegung (Erste Auflage 1904), 3 und 4 Freiburg i. Br. 1924, bes. S. 28–74. – Diese Grundlegung der Wirtschaftsordnung wurde später von den Jesuiten Gustav Gundlach und Oswald von Nell-Breuning ausgebaut und vertieft. Durch sie ist sie auch in der katholischen Soziallehre wirksam geworden.

[2]) Alfred Müller-Armack, Vorschläge zur Verwirklichung der Sozialen Marktwirtschaft (Mai 1948), in: ders., Genealogie der Sozialen Marktwirtschaft. Frühschriften und weiterführende Konzepte, 2., erw. Aufl., Bern und Stuttgart 1981, S. 90–109.

[3]) Die Kritik, die Pius XI. in Quadragesimo anno an den kapitalistischen Strukturen der damaligen Wirtschaft übt, hat hier ihren Schwerpunkt. In der Enzyklika ist von der „Vermachtung" der Wirtschaft als Ergebnis eines schrankenlosen Wettbewerbs die Rede (Nr. 105–108). Der freie Wettbewerb, der „von zweifellosem Nutzen" sei, könne jedoch nicht das „regulative Prinzip der Wirtschaft" sein (vgl. Nr. 88).

Das Krebsübel der Arbeitslosigkeit

Müller-Armack war überzeugt, daß die Gesundung der deutschen Wirtschaft nicht durch die Wiederholung überwundener Wirtschaftsformen, auch nicht durch eine unorganische Mischung lenkungs- und marktwirtschaftlicher Elemente zu erlangen sei, sondern durch eine neu zu gestaltende Wirtschaftsordnung, die nicht aus dem Zweckdenken und überalterten politischen Ideen hervorgeht, sondern der tieferen Begründung durch „sittliche Ideale" bedarf.

Wenn damals die Besinnung auf die Grundwerte der Gesundung der deutschen Wirtschaft die Wege ebnete und den Aufbau der sozialen Marktwirtschaft ermöglichte, dann fragt man sich unwillkürlich, ob nicht heute wiederum eine Besinnung auf diese Grundwerte nottut, um das Krebsübel der fortgeschrittenen Industriegesellschaft, nämlich die Arbeitslosigkeit wirksam zu bekämpfen. Freilich: es gibt heute genügend kritische Stimmen – nicht nur aus dem kleiner gewordenen spätmarxistischen Lager! –, die an der Fähigkeit der sozialen Marktwirtschaft zweifeln, das Ziel der Vollbeschäftigung zu verwirklichen. Ist die soziale Marktwirtschaft – ganz im Sinne der altliberalen Maxime des „größten Glücks der größten Zahl" – nicht doch nur eine feine Ordnung für die große Mehrheit der Bevölkerung, soweit sie einen Arbeitsplatz hat und gut verdient, nicht aber für die Minderheit der Bevölkerung, die aus dem Arbeitsmarkt ausgegrenzt ist? Versagt die soziale Marktwirtschaft, Arbeit für alle zu schaffen und zusammen mit der Freiheit auch die soziale Gerechtigkeit zu verwirklichen?

Dabei konnte die soziale Marktwirtschaft in der Wiederaufbauphase mehr und mehr auch die Zustimmung der Arbeitnehmer erreichen, weil sie Arbeit und Verdienst für immer weitere Kreise der Bevölkerung ermöglichte. Natürlich war die Ausgangslage damals ganz anders als heute. Die Wirtschaft lag am Boden, viele Fabriken und Wohnungen waren zerstört. Den Menschen fehlte oft das Nötigste. Dazu kamen in den Nachkriegsjahren die gewaltigen Flüchtlingsströme. Die Menschen wußten, daß sie diesen Zustand nur ändern konnten, wenn sie selbst Hand anlegten. Sie waren bereit, zuerst die Produktionsstätten wieder aufzubauen unter Verzicht auf höhere Löhne und Einkommen. Hilfe in der Not suchten viele in den Familien, bei Nachbarn und Freunden, da es noch kein dicht gesponnenes Netz der sozialen Sicherheit gab. Der Anteil der Investitionen war hoch und die Wirtschaftstätigkeit nahm in den sechziger Jahren so stark zu, daß ausländische Arbeitnehmer in größerer Zahl ins Land geholt wurden. Nur durch die gemeinsame Anstrengung konnte die wirtschaftliche und soziale Not überwunden werden, wobei die Freiheit und die soziale Gerechtigkeit die Ordnung bestimmten.

Ganz anders ist die Situation heute. Die große Mehrheit der Bevölkerung hat Arbeit und ein gutes Einkommen, zumal der Anteil der Familien und Haushalte, die über mehr als ein Arbeitseinkommen verfügen, in den zurückliegenden Jahren ständig gestiegen ist. Es ist eine Minderheit der Bevölkerung von acht Prozent – in den östlichen Bundesländern von fast 15 Prozent –, die ohne Arbeit und ohne eigenes Arbeitseinkommen ist. Diese Menschen fallen zwar nicht ins Leere; sie werden von dem inzwischen dicht geknüpften sozialen Netz aufgefangen; aber sie haben im Vergleich zu denen, die nicht von dem Übel der Arbeitslosigkeit befallen sind, viel weniger Möglichkeiten der persönlichen und sozialen Lebensgestaltung. In der Wahrnehmung ihrer Freiheit sind sie beschränkt und auch die soziale Gerechtigkeit als Grundwert unserer gesellschaftlichen Ordnung ist angeschlagen.

In den Dokumenten der Sozialverkündigung der Kirche werden das Übel der Arbeitslosigkeit und die Auswirkungen auf die davon Betroffenen und auf ihre Familien immer schärfer ins Visier genommen. Ging es in den ersten hundert Jahren der werdenden Industriegesellschaft um den gerechten Lohn für die Arbeitnehmer und um humane Arbeitsbedingungen, auch um die soziale Sicherung, tritt seit der zweiten Hälfte der siebziger Jahre die Arbeitslosigkeit in den Vordergrund. Johannes Paul II. betont in der Enzyklika Laborem exercens (1981) die „grundlegende Bedeutung", die der Arbeit im allgemeinen und der Erwerbsarbeit im besonderen zukommt: „Abbild Gottes ist der Mensch unter anderem deshalb, weil er von seinem Schöpfer den Auftrag empfangen hat, sich die Erde zu unterwerfen und sie zu beherrschen. Indem er diesen Auftrag erfüllt, spiegelt der Mensch und jeder Mensch das Wirken des Weltenschöpfers selber wider."[4]) Diese Herrschaft über die Erde vollzieht sich in und mit der Arbeit des Menschen.

Auch wenn vielen Menschen die Arbeit wegen der Mühe und Belastung, die mit ihr verbunden sind, eher als ein notwendiges Übel zum Einkommenserwerb erscheint, so kann man doch von einer Neubewertung

---

[4]) Johannes Paul II., Enzyklika Laborem exercens, 4,2 und 5,1.

der Arbeit sprechen. Die in der christlichen Tradition betonten Momente, wonach die Arbeit dem Lebensunterhalt dient, die Entfaltung der eigenen Kräfte und Fähigkeiten ermöglicht und ein Mitwirken am Schöpfungswerk Gottes beinhaltet, werden neu reflektiert. Während der Apostel Paulus die Pflicht zur Arbeit unterstreicht, die vor Müßiggang bewahrt,[5]) werden jetzt immer mehr die Nachteile und die sozialen Schäden der Arbeitslosigkeit bedacht. Die deutschen Bischöfe haben sich frühzeitig darüber Gedanken gemacht und die wirksame Bekämpfung der Arbeitslosigkeit auf den verschiedenen Ebenen gefordert:[6]) „Während früher Arbeitslosigkeit gleichbedeutend war mit Not und Elend für die ganze Familie, ist uns in den letzten Jahren immer deutlicher zum Bewußtsein gekommen, wie sehr Arbeitslosigkeit den Menschen in seiner persönlichen Würde und in seinem sozialen Ansehen trifft."[7])

Priorität für die Vollbeschäftigung

Die Neubewertung der Arbeit ist der Grund dafür, warum es nicht genügen kann, den von Arbeitslosigkeit betroffenen Menschen über ein soziales Sicherungssystem zu helfen. So wichtig es ist, daß die Wirtschaft und der Staat alles in ihrer Zuständigkeit und Macht Stehende tun, um die Arbeitslosigkeit zu bekämpfen und abzubauen, so bleibt dieses Übel der Stein des Anstoßes, solange nicht das Ziel der Vollbeschäftigung erreicht ist. Dieses Ziel ist zusammen mit der Preisniveaustabilität und dem Zahlungsbilanzgleichgewicht integraler Bestandteil des Zielsystems der sozialen Marktwirtschaft, die auf Stabilität und Wachstum des Volkswohlstandes verpflichtet ist.[8])

---

[5]) 2 Thess 3,6–12.
[6]) Am 2. März 1982 haben die deutschen Bischöfe das Wort „Pastorale Anregungen zum Problem der Arbeitslosigkeit" an die Priester, Pfarrgemeinden und Verbände gerichtet (Nr. 31 der vom Sekretariat der Deutschen Bischofskonferenz veröffentlichten Reihe „Die deutschen Bischöfe"). – In demselben Jahr, am 5. November 1982, kam es zur Erklärung der Gemeinsamen Konferenz, die sich aus Vertretern der Deutschen Bischofskonferenz und des Zentralkomitees der deutschen Katholiken zusammensetzt, zur Arbeitslosigkeit (Nr. 29 in der Reihe „Arbeitshilfen", hrsg. vom Sekretariat der DBK und vom Zdk).
[7]) Nr. 29 der Reihe „Arbeitshilfen", S. 10.
[8]) Vgl. den Artikel Wirtschaftspolitik von Egon Tuchtfeld in: Handwörterbuch der Wirtschaftswissenschaft (HdWW), Band 9, Stuttgart, New York, Tübingen, Göttingen 1982, S. 179 ff., hier besonders S. 183.

Gott sei Dank ist der Arbeitsmarkt nicht so festgefahren wie es die monatlichen Meldungen der Bundesanstalt für Arbeit über die Zahl der Arbeitslosen, der Kurzarbeiter und der offenen Stellen nahelegen könnten. Es gibt durchaus eine vielschichtige Bewegung am Arbeitsmarkt. Allerdings sind es drei Gruppen von Personen, die unsere besondere Aufmerksamkeit erfordern.

Die erste Gruppe bilden die jungen Menschen. Den gemeinsamen Anstrengungen der Wirtschaft beziehungsweise der Sozialpartner und der staatlichen Politik ist es gelungen, die Jugendarbeitslosigkeit, die sich verheerend auf das Selbstwertbewußtsein junger Menschen und ihr Verhältnis zu Gesellschaft und Staat auswirken kann, zu überwinden und gar nicht erst aufkommen zu lassen. Die jungen Menschen finden alle einen Ausbildungsplatz, auch wenn subjektive Wunschvorstellungen nicht immer in Erfüllung gehen. In manchen Ländern der Europäischen Union ist die Situation ganz anders. Der Lehrstellenmangel ist inzwischen in einer Reihe von Branchen in ein Lehrstellenüberangebot umgeschlagen, das auf keine ausreichende Nachfrage mehr stößt. Auch die Bemühungen, den jungen Menschen nach Abschluß der Lehre in ein dauerhaftes Arbeitsverhältnis zu verhelfen, sind durchaus erfolgversprechend.

Ganz anders verhält es sich mit den Langzeitarbeitslosen. Die beiden Kirchen haben schon vor Jahren eine Initiative gestartet und besondere Anstrengungen gefordert, um die Menschen, die ein Jahr und länger ohne Arbeit sind, wieder in die Arbeitswelt zu integrieren. Die Bundesregierung hat sich die Vorschläge zu eigen gemacht und zwei Programme zur Bekämpfung der Langzeitarbeitslosigkeit beschlossen. Inzwischen ist diese Art von Sockelarbeitslosigkeit noch gewachsen. Dazu gehören vorwiegend Arbeitnehmer ohne berufliche Ausbildung, sodann Menschen, die mit mehreren Risiken behaftet sind (z.B. Gesundheit; Drogenanfälligkeit; fehlende Geborgenheit in Ehe und Familie), aber auch mehr und mehr Menschen, die in unserer hochtechnisierten Welt immer weniger mithalten können und für die nicht genügend einfache Arbeitsplätze zur Verfügung stehen.

Eine dritte Gruppe umfaßt jene Bürger, die freiwillig oder dazu gedrängt vorzeitig in den Ruhestand treten, weil sie, wenn die bisherige Arbeitsstätte ihre Tore schließen muß, keinen Arbeitsplatz mehr finden, obwohl sie körperlich und geistig und von ihrer beruflichen Erfahrung her noch einsatzfähig wären. Bei ihnen stellt sich leicht das Gefühl ein, nicht mehr gebraucht zu werden.

Liegt es nun an der sozialen Marktwirtschaft, die der Arbeitslosigkeit nicht Herr wird, daß diese Menschen ohne Arbeit sind? Ist das Ziel der Vollbeschäftigung mit der sozialen Marktwirtschaft nur unter bestimmten Voraussetzungen erreichbar, dann nämlich, wenn eine leistungsfähige Wirtschaft aufgebaut werden soll? Gilt dies nur für die Phase des Übergangs von einer noch wenig entwickelten zu einer fortgeschrittenen Wirtschaft? Müssen wir uns, wenn wir die soziale Marktwirtschaft beibehalten, mit einer hohen Arbeitslosigkeit abfinden? Oder sollen wir nach einer neuen Ordnung Ausschau halten?

Diese Frage, die bei manchen Kritikern einen ideologischen Hintergrund hat, ist falsch gestellt. Eine Alternative zur sozialen Marktwirtschaft, die auf den Grundwerten der Freiheit und der sozialen Gerechtigkeit ruht, ist nicht in Sicht. Wer für die Dominanz des Grundwertes der Gleichheit eintritt und den Markt der Politik und der staatlichen Lenkung unterordnen möchte, der würde zunächst die Leistungsfähigkeit der Wirtschaft aufs Spiel setzen und dann auch die Grundwerte der Freiheit und der sozialen Gerechtigkeit.

Veränderte Rahmenbedingungen

Die Frage muß anders gestellt werden: Welches sind die Hindernisse und Fehlentwicklungen, die verhindern, daß die Grundwerte der Freiheit und der sozialen Gerechtigkeit ebenso, wie sie dies beim Aufbau der deutschen Wirtschaft bewirkt haben, auch unter den Bedingungen einer hochentwickelten Wirtschaft das Ziel der Vollbeschäftigung ermöglichen? Anders ausgedrückt: Wie haben sich die Rahmenbedingungen seither geändert, so daß Einstellungen und Verhaltensweisen, Strukturen und Maßnahmen, die im Grunde auf eine Fortschreibung der bisherigen Rahmenbedingungen gerichtet sind, nicht mehr adäquat, ja in gewisser Weise kontraproduktiv sind?

In der Wiederaufbauphase Deutschlands kam der Industrie und dem produzierenden Gewerbe großes Gewicht zu. Wir waren noch keine Dienstleistungsgesellschaft. Die Industrie konnte damals den größten Produktivitätsfortschritt durch Rationalisierung und Automatisierung der Fertigung realisieren und auch entsprechend hohe Löhne zahlen. Die übrigen Wirtschaftszweige versuchten jeweils nachzuziehen. Inzwischen hat sich die Wirtschaftsgesellschaft tiefgreifend gewandelt. Die Zahl der in der Industrie Beschäftigten ist erheblich gesunken, auch wenn aufgrund des Produktivitätsfortschritts nach wie vor Spitzenlöhne gezahlt werden können. Darüber hinaus müssen die Lohnzusatzkosten bedacht werden, die in Deutschland höher sind als in jedem anderen Industrieland. Demgegenüber sind viele mittlere und vor allem kleinere Unternehmen nicht mehr in der Lage, „nachzuziehen". Ähnliches gilt für die Dienstleistungsbereiche, die sich immer stärker ausgeweitet haben. Die Praxis der Tarifautonomie, wonach der Stärkste die Prozente vorgibt und die anderen Branchen dann gleichziehen, führt dazu, daß die Veränderung der Rahmenbedingungen nicht die erforderliche Berücksichtigung findet. Die kleineren Unternehmen und die Dienstleistungsbereiche können nicht Löhne zahlen, die mit der eigenen Produktivität nicht im Einklang stehen.

Ein weiterer Bereich betrifft die Beschäftigten- und Einkommensstruktur. Gelegentlich wird immer wieder die Frage aufgeworfen, ob uns womöglich die Arbeit ausgeht. Dabei ist die Zahl der Beschäftigten seit den Zeiten des Wirtschaftswunders nicht etwa rückläufig gewesen, sondern hat beständig zugenommen. Es sind nicht nur die ausländischen Arbeitnehmer und die nach Deutschland zugewanderten Menschen, die das Potential der Arbeitsuchenden vermehrten, sondern hauptsächlich der in den letzten beiden Jahrzehnten gewachsene Anteil der erwerbstätigen Frauen, der immer noch im Steigen begriffen ist. Gleichzeitig hat sich die Struktur der Haushalts- beziehungsweise der Familieneinkommen geändert. Während früher die Mehrzahl der Haushalte und Familien ein Arbeitseinkommen hatten, ist es heute so, daß in vielen Fällen zwei Arbeitseinkommen verfügbar sind. Dies ist eine Hauptursache für den verbreiteten Wohlstand. Bei der Lohn- und Einkommensstatistik, auch bei vielen Kommentaren zu den Arbeits- und Lohnbedingungen, wird aber immer noch so getan, als ob die früher geltenden Rahmenbedingungen noch gegeben wären. Man legt nicht das Haushaltseinkommen zugrunde, sondern das Individualeinkommen und baut darauf die Kritik an unzureichenden sozialen Lebensbedingungen auf. Eigentlich müßte man längst bei allen Verteilungsfragen differenziert vorgehen, wenn der Grundwert der sozialen Gerechtigkeit nicht zur Farce werden soll. Einen wirklichen Problembereich bilden Familien, in denen nur ein Elternteil berufstätig ist und dieses Einkommen für alle reichen muß.

Noch gar nicht abschätzen lassen sich die Veränderungen, die durch den Zusammenbruch des Sozialismus in Mittel- und Osteuropa auf uns zukommen werden. Polen, Tschechien, die Slowakei, Ungarn sind dabei, eine leistungsfähige Wirtschaft und einen Sozialstaat aufzubauen. Sie müssen dies im wesentlichen aus eigenen Kräften tun. Sie werden einen ähnlichen Weg gehen müssen wie die Westdeutschen, die den Wiederaufbau mit harter Arbeit und mit bescheidenen Löhnen bewirkten und damit die Grundlage für den späteren Wohlstand legten. Im Hinblick auf die Rahmenbedingungen interessiert die Frage, wie sich die neue Nachbarschaft zu den osteuropäischen Ländern auf die Produktion und auf die Arbeitsplätze in Deutschland auswirkt. In der Wirtschaftskrise gingen viele Arbeitsplätze verloren, die inzwischen zum Teil im Osten mit den extrem niedrigen Lohnstrukturen und kaum ins Gewicht fallenden Sozialabgaben wieder entstanden sind. Auch mittlere und kleinere Unternehmen, die bei den hohen Arbeits- und Produktionskosten in Deutschland nicht mehr richtig mithalten können, sehen in der Verlagerung von Teilen ihrer Produktion die Chance, im Markt bleiben zu können. Zugleich geht von den vielen Ausländern, die bei uns arbeiten und Geld verdienen möchten, ein Druck auf die Lohn- und Sozialstrukturen aus, den man durch Arbeitsverbote wohl kaum aufhalten kann. Sie sind in der Landwirtschaft und im Gaststättenbereich tätig, vor allem in den verschiedenen Zweigen der Bauindustrie.

Um noch eine andere Rahmenbedingung anzusprechen: In der Wiederaufbauphase gab es keine Industrie- und Forschungsfeindlichkeit. Heute ist sie weit verbreitet und schafft vielfältige Barrieren gegen die sogenannten Zukunftstechnologien. Um nicht mißverstanden zu werden: Die seit den achtziger Jahren massiv gewachsene Sorge um die Bewahrung der Schöpfung war überfällig. Zum Problem allerdings wird heute die „grüne Politik" dort, wo sie sich grundsätzlich gegen diese Technologien und die Erfordernisse des Verkehrs wendet und die industrielle Produktion verdächtigt, gegen die Natur und gegen die Menschen gerichtet zu sein. Die Folge war, daß im Bereich der Gentechnologie Produktionsstätten ins Ausland verlagert wurden oder hier im Land gar nicht erst gebaut werden. Ähnliches gilt für die friedliche Nutzung der Kernenergie, für die Vorbehalte gegen neue Verkehrssysteme wie den Transrapid. Natürlich wirkt sich diese Politik auch auf die Arbeitsplätze aus. Anstatt dafür zu sorgen, daß Umweltbelastungen durch Änderung der Technik und der Produktionsmethoden so gering wie möglich gehalten werden, will man jedweden Fortschritt verhindern.

Was die Änderungen der Rahmenbedingungen betrifft, so könnten noch andere Schwerpunkte genannt werden: das Übermaß von Gesetzen und die wuchernde Bürokratie, die neuen Ideen und Initiativen oft im Wege stehen; die „Friedensdividende", die mit dem Abbau der Rüstung und Waffenproduktion anfällt, die aber zumindest für eine Übergangszeit auch den Verlust von Arbeitsplätzen bedeutet; das Absinken der Geburtenrate, was nicht nur die Zukunft unserer Gesellschaft und Kultur gefährdet, sondern auch die entsprechende Nachfrage nach Gütern und Dienstleistungen sinken läßt.

Orientierung und Ermutigung

Die Änderung der Rahmenbedingungen ist so tiefgreifend, daß die Maxime „Weiter so!", also die Fortschreibung der bisherigen Denk- und Verhaltensweisen sowie der Strukturmechanismen zu schweren Belastungen von Wirtschaft und Gesellschaft führen werden. Hat die soziale Marktwirtschaft versagt oder ist es nicht die Unfähigkeit aller Beteiligten, die Änderung der Rahmenbedingungen zur Kenntnis zu nehmen, zu fragen, welche Konsequenzen wir daraus ziehen müssen, und diese dann auch durchzusetzen. Gegen den Strom zu schwimmen, hat noch nie zum Erfolg geführt. So sehr man es verstehen kann, wenn zum Beispiel die Stahlarbeiter in Duisburg alles daran setzten, um die Arbeitsplätze zu erhalten, so mußten sie schon nach wenigen Jahren erkennen, daß dieser vermeintliche Weg zur Sackgasse geworden war. Durchhalteparolen und Demonstrationen sind im allgemeinen schlechte Ratgeber. Auch jetzt gibt es Leute, die die Arbeitslosigkeit der sozialen Marktwirtschaft zur Last legen wollen und eine „Neuorientierung", womöglich unter Beibehaltung des Etiketts, empfehlen.[9])

Den Kirchen fällt in dieser Situation die Aufgabe zu, die Grundwerte der sozialen Marktwirtschaft von Verkrustungen zu befreien und sie in ihrem sittlichen Kern wieder in Erinnerung zu rufen. Zugleich müssen sie deutlich machen, daß die Grundwerte nur dann die Ziele der Wirtschafts- und Sozialpolitik, darunter die Vollbeschäftigung ermöglichen, wenn die

---

[9]) Vgl. die Broschüre: Solidarität am Standort Deutschland. Eine Erklärung von Sozialwissenschaftlerinnen und -wissenschaftlern, hrsg. vom Oswald von Nell-Breuning-Institut für Wirtschafts- und Gesellschaftsethik in Frankfurt, 1994. – Das Institut wird von Friedhelm Hengsbach geleitet.

geänderten Rahmenbedingungen beachtet werden und zu neuen Denk- und Verhaltensweisen sowie neuen Strukturen führen. Die Kirchen müssen den Verantwortlichen, besonders den Regierungen in Bund und Ländern nahelegen, falls erforderlich auch „unpopuläre" Maßnahmen zu ergreifen, um die Arbeitslosigkeit abzubauen und die Vollbeschäftigung anzubahnen. Die Bürger sind verständig genug, um, wenn ihnen die gewandelten Rahmenbedingungen und die Konsequenzen, die daraus gezogen werden müssen, einsichtig und glaubwürdig vermittelt werden, nicht verärgert zu reagieren, sondern sich auf die unabweisbaren Entwicklungen einzustellen. Schließlich sollten die Kirchen den Bürgern und den Verantwortlichen Mut machen, der Wirklichkeit ins Auge zu schauen.

Die katholische Soziallehre bietet ein festes Fundament für die Grundwerte der Freiheit und der sozialen Gerechtigkeit. Es ist die christliche Menschenauffassung, die einerseits die Personalität jedes Menschen und damit seine Freiheit und Verantwortlichkeit betont, die andererseits auch die soziale Dimension des Menschen und seine Einbettung in die Gesellschaft und ihre Lebenskreise vertritt. Nur eine Wirtschafts- und Sozialordnung, in der sowohl die Freiheit als auch die soziale Gerechtigkeit nicht verkürzt werden, entspricht der Würde des Menschen.[10])

Konkret beinhaltet dies, daß die Freiheit nicht durch bürokratische Wucherungen im Keime erstickt werden darf, daß sie auch nicht an eine ideologische Leine gelegt werden darf, als ob sie selbst eine Gefahr für die Gesellschaft wäre. In Wirklichkeit droht diese Gefahr von der fehlenden Verantwortlichkeit, sei es bei der industriellen Nutzung von Ressourcen, sei es bei der Einlösung der sozialen Pflichten, die der Mensch besitzt beziehungsweise übernommen hat. Deshalb darf man die Freiheit auch nicht gegen die Solidarität ausspielen. Freiheit bezieht sich nicht auf das Individuum, so daß die Gesellschaft und die sozialen Pflichten als eine Art Gegenpol erscheinen könnten. Freiheit erstreckt sich auf den Lebensbereich des einzelnen ebenso wie der gesellschaftlichen Lebenskreise. Nur

---

[10]) Die beiden ersten Bände der Reihe „Interdisziplinäre gesellschaftspolitische Gespräche an der Universität Augsburg" befassen sich mit diesen Grundfragen: Gerechtigkeit als Aufgabe. Festgabe für Heinz Lampen zum 60. Geburtstag, hrsg. v. Wilfried Bottke und Anton Rauscher, St. Ottilien 1990; Freiheit als zentraler Grundwert demokratischer Gesellschaften, hrsg. v. Heinz Lampen, St. Ottilien 1992.

in einem inneren Zusammenhang können Solidarität und Subsidiarität die Grundnormen der Gesellschaft sein.

Der Grundwert der sozialen Gerechtigkeit ist für jede Gesellschaft von größter Wichtigkeit, weil er den Ausgleich zwischen der Freiheit der einzelnen und den Erfordernissen der Gemeinschaft fordert. Dies ist keine einfache Sache; er gelingt nur, wenn eine Politik verfolgt wird, die sowohl die Freiheit des Menschen als auch seine Einbettung in die Gesellschaft achtet und fördert.

Bezogen auf die Arbeitslosigkeit kommt dem Ziel der Vollbeschäftigung, wie schon gesagt wurde, Priorität zu. Das bedeutet, daß alle anderen Ziele wie die Lohnhöhe und die Einkommen, die Sozialabgaben und die sozialen Leistungen, die Flexibilität und die Mobilität im Arbeits- und Produktionsprozeß dem Ziel der Vollbeschäftigung zuzuordnen sind. Wie diese Zuordnung konkret geschehen kann, dies hängt von allen Beteiligten ab:[11]) von den Menschen, die Denk- und Einstellungsweisen praktizieren müssen, die der Vollbeschäftigung dienlich sind; von den Arbeitgebern und von den Gewerkschaften, die die Verantwortung für die Vollbeschäftigung nicht einfach dem Staat zuschieben dürfen, sondern auch selbst eine konstruktive Tarifpolitik betreiben müssen; von der Regierung, die sich fragen muß, ob sie nicht neue Schwerpunkte setzen muß (z. B. Teilzeitarbeit; Förderung neuer möglicher Arbeitsfelder). Auch der sozialstaatliche Leistungsbereich darf nicht isoliert gesehen werden. Nur wenn alle Beteiligten bereit sind, umzudenken und auch in ihren Anforderungen an andere bescheidener aufzutreten, wird es gelingen, das Übel der Arbeitslosigkeit zu überwinden.

---

[11]) Anton Rauscher, Arbeit für alle (Reihe Kirche und Gesellschaft, Nr. 207, hrsg. v. d. Katholischen Sozialwissenschaftlichen Zentralstelle Mönchengladbach), Köln 1994, bes. S. 10 ff.

Eduard Wörmann

Beschäftigungspolitik –
Die Sicht der evangelischen Kirche

Wirtschafts- und Arbeitsmarktpolitik sind nicht spezielle Aufgaben der Kirche. Wenn aber Menschen infolge von Arbeitslosigkeit ihre Berufs- und Lebensperspektiven und ihr Selbstwertgefühl verlieren und zugleich ohnmächtig und anerkennungslos ins gesellschaftliche Abseits geraten, muß Kirche reden und handeln. Sie will zur Nächstenliebe und Solidarität mit Menschen anstiften, die in ihren Hoffnungen enttäuscht sind oder die in Angst vor der Zukunft leben, weil sie ohne Arbeit, ohne Wohnung oder ohne eine gesicherte Vorsorge für ihr Alter sind.

Zukunftsorientierung und Hoffnung spielen im menschlichen Leben eine zentrale Rolle. Die Kirche ist von ihrem Auftrag her dazu verpflichtet, dafür einzutreten und dazu beizutragen, daß die Menschen zukunftsorientiert und hoffnungsvoll leben. Durch diese Aufgabe hat die Kirche eine besondere Kompetenz. Sie kann und muß die „Eckdaten" im menschlichen Leben und Zusammenleben, die die wesentlichen Voraussetzungen und Grundlagen für die Zukunftsorientierung bilden, klar und deutlich benennen und dadurch einer zunehmenden Resignation und Perspektivlosigkeit sowie einem oberflächlichen Optimismus, der leicht in Enttäuschung endet, entgegenwirken. Arbeit, und d.h. speziell auch die Beteiligung an Erwerbsarbeit, ist ein solches Eckdatum im menschlichen Leben und Zusammenleben. Infolgedessen sind Arbeitslosigkeit und ihre Beseitigung eine Herausforderung an die gesamte Gesellschaft, der sich auch die Kirche nicht entziehen kann.

Die Kirche ist zugleich in ihrem biblisch begründeten Auftrag dazu verpflichtet, für die Realisierung von Gerechtigkeit im menschlichen Leben und Zusammenleben einzutreten. Durch ihr Reden und auch durch ihre Initiative muß sie daran mitwirken, daß alle Menschen gleiche Chancen bekommen, sich an der Gestaltung des gesellschaftlichen Lebens zu beteiligen und darin ihre Anerkennung zu finden. Andauernde Massenarbeitslosigkeit spaltet die Gesellschaft und zerstört den im Sozialstaat notwendigen Konsens. Das kann zu einer Gefahr für die Demokratie werden. In selbstkritischem Rückblick auf die verhängnisvolle Entwicklung von Weimar zur faschistischen Diktatur und auf die Rolle der Kirche in diesem Geschehen, darf sie nicht zulassen, daß infolge anhaltender Arbeitslosigkeit, ungerechter Verteilung von Einkommen und Vermögen und der Verarmung einzelner Bevölkerungsgruppen sozialer Frieden und Instrumente demokratischer Konfliktregelungen zerstört werden.

Gerade in der gegenwärtigen Situation muß die Kirche sich darum bemühen, nachdrücklich die Gerechtigkeitsperspektive bei der Festsetzung der politischen Prioritäten und bei den Initiativen zur Bewältigung der akuten Probleme in die Meinungsbildung und Entscheidungsfindung einzubringen.

Dabei orientiert sie sich auch an zwei Verpflichtungen des Grundgesetzes:

○ an dem Sozialstaatsgebot (Art. 20,1 GG) und

○ an der Verpflichtung zur „Wahrung der Einheitlichkeit der Lebensverhältnisse" in der Bundesrepublik (Art. 73,3 GG).

Der Sozialstaat muß für einen Ausgleich der sozialen Gegensätze und damit für eine gerechte Sozialordnung sorgen – wie das Bundesverfassungsgericht 1967 festgestellt hat. Er muß einer gesellschaftlichen Ausgrenzung von Arbeitslosen, ihrer zunehmenden Verarmung und einer Polarisierung zwischen Reichen und Armen in der Gesellschaft entgegenwirken. Die „Wahrung der Einheitlichkeit der Lebensverhältnisse" erfordert, eine Polarisierung zwischen Gewinnern und Verlierern im deutschen Einigungsprozeß zu verhindern und sie, soweit sie schon eingetreten ist, gezielt zu überwinden.

Zur Funktion von Arbeit im menschlichen Leben und Zusammenleben

Im christlichen Glauben ist Arbeit „die tätige Bejahung des eigenen Daseins und die tätige Teilhabe am Schöpfungswerk Gottes" (Manfred Josuttis). Arbeit ist mehr als Erwerbsarbeit. In und durch Arbeit sind wir in biblischer Sicht Beteiligte an der Schöpfung Gottes. Durch Arbeit soll die Welt schöpfungsgemäß bewahrt und gestaltet werden.

Der Zusammenhang zwischen der Arbeit des einzelnen, ihrem gesellschaftlichen Charakter und ihrer gesellschaftlichen Bewertung kommt dadurch zum Ausdruck, daß Arbeit als Erwerbsarbeit organisiert wird und als Erwerbsarbeit mit einem bestimmten Einkommen verbunden ist. Es lassen sich gerade in der Kirche viele gute Dinge über Ehrenamt und unentgeltliches soziales und kulturelles Engagement sagen. Aber die Beteiligung an der Erwerbsarbeit bleibt ein entscheidender Faktor im persönlichen und gesellschaftlichen Leben.

Gesellschaftlich ist die Erwerbsarbeit ein Schlüssel für die Beteiligung an gesellschaftlichen Gütern und Chancen. Konkret erfüllt sie drei wesentliche Funktionen:

1. Erwerbsarbeit ist Mittel der persönlichen Existenzsicherung. Es ist wichtig, daß der Mensch selbst für sich und seine Familie die wirtschaftliche Existenzgrundlage erarbeiten kann.

2. Erwerbsarbeit ermöglicht menschliche Beziehungen. Sie ist ein Mittel der Vergemeinschaftung. In der Arbeitsteilung verbindet sie mit anderen Menschen. Der Teil der Arbeit, der durch wirtschaftlichen Austausch anderen Menschen zugute kommt, ist ein entscheidendes gesellschaftliches Band, das die Menschen verbindet und das die Gesellschaft tragfähig macht für die, die nicht arbeiten können. Es ist eine Grunderfahrung menschlicher Existenz in einer arbeitsteiligen Gesellschaft, daß Menschen durch ihre Arbeit die Grundlagen des Lebens auch der anderen schaffen bzw. sich der einzelne Mensch in seinen Lebensmöglichkeiten auf die Arbeit anderer angewiesen weiß.

3. Erwerbsarbeit bedeutet in einer entwickelten arbeitsteiligen Volkswirtschaft Beteiligung am produktiven gesellschaftlichen Leben. Sie vermittelt dadurch gesellschaftliche Anerkennung. Wenn Menschen, die arbeiten können, gesellschaftlich Arbeitsmöglichkeiten vorenthalten werden, erfolgt eine Ausgrenzung, die die einzelnen Betroffenen behindert, ihre menschlichen Möglichkeiten zu entfalten.

Diese Hauptaspekte der Erwerbsarbeit dürfen nicht voneinander isoliert werden.

In der Denkschrift „Gemeinwohl und Eigennutz" hat die Kammer für öffentliche Verantwortung der EKD an Grundaussagen christlicher Anthropologie zur Arbeit erinnert und die sich daraus ergebenden Ziele für wirtschaftliches und wirtschaftspolitisches Handeln beschrieben: „Der Mensch ist zur materiellen Selbsterhaltung auf Arbeit angewiesen. Darum soll der Ertrag der Arbeit dem Menschen ermöglichen, seinen Lebensunterhalt selbst zu erwerben. Der Sinn der Arbeit für die Selbständigkeit der Person und die Bedeutung der Arbeit für die sozialen Beziehungen begründen einen Auftrag an Staat und Wirtschaftsordnung, allen arbeitsfähigen Menschen Beteiligung an Erwerbsarbeit zu ermöglichen und der Arbeitslosigkeit zu wehren."[1])

Zugleich wird festgestellt, daß dieses Bemühen nicht zu Lasten humaner Arbeitsbedingungen gehen darf. „Die Selbständigkeit und Würde der Person muß auch in abhängigen Arbeitsverhältnissen geachtet und geschützt werden. Sie liegt allen Ansprüchen an Leistung und Zwecke der Arbeit voraus. Menschen sind mehr als ihre Arbeit. Darum setzt die Ruhe von der Arbeit der Verpflichtung zur Leistung und Effizienz humane Grenzen."[2])

Die Forderung nach Vollbeschäftigung, die ja auch ein wesentliches Element im Konzept der sozialen Marktwirtschaft ist, ergibt sich in kirchlicher Sicht aus den Grundaussagen christlicher Anthropologie. In den gegenwärtigen politischen Diskussionen und Auseinandersetzungen wird aber deutlich, daß das Ziel der Vollbeschäftigung und die Dringlichkeit seiner Realisierung umstritten ist. Umso wichtiger ist es, daran zu erinnern, daß im Konzept der sozialen Marktwirtschaft die Forderung nach einer „bewußt sozialen Steuerung des Marktes" enthalten ist, es also nicht in erster Linie nur um nachträgliche Korrekturen geht.[3])

In kirchlicher Sicht ist wirtschaftliches Handeln Instrument der Lebensversorgung. Es soll dem Ziel dienen, die materiellen Grundlagen des Lebens zu schaffen und den Bedürfnissen der Menschen gerecht zu werden. Darum heißt es in der Wirtschaftsdenkschrift: „Zunehmend läßt sich feststellen, daß das wirtschaftliche Handeln und sein Erfolg selbst zum Inhalt des Lebens werden. Aber das Leben ist mehr als Ökonomie. Darum muß einer vollständigen Ökonomisierung des Lebens widerstanden werden. Der Mensch ist mehr als das, was er wirtschaftlich leistet; ... Es hat lange gedauert, bis die sozial zerstörerischen Folgen der kapitalistischen Wirtschaftsweise durch eine grundlegend veränderte Sicht der Gesellschaft und in einem neuen Verständnis des Staates als Sozialstaat und der Marktwirtschaft als soziale Marktwirtschaft korrigiert werden

---

[1]) Vgl. Gemeinwohl und Eigennutz; Wirtschaftliches Handeln in Verantwortung für die Zukunft; eine Denkschrift der Evangelischen Kirche in Deutschland, im Auftrag des Rates der EKD hrsg. vom Kirchenamt der EKD, Gütersloh 1991, S. 89.
[2]) Gemeinwohl ..., S. 89.
[3]) Gemeinwohl ..., S. 53f.

konnte. Heute befinden wir uns am Beginn eines vergleichsweise noch tiefgreifenderen Prozesses der Umorientierung, der zu einer ökologisch und global verpflichteten sozialen Marktwirtschaft führen muß."[4])

Menschliche und gesellschaftliche Folgen der Arbeitslosigkeit

Es ist eine dramatische Situation, wenn über 4 Millionen Menschen von der Beteiligung an Erwerbsarbeit ausgeschlossen werden. Arbeitslose sind Menschen, die etwas leisten wollen und es nicht dürfen. Sie erleben am eigenen Leib, daß die Arbeitslosigkeit sie an ihrem Lebensnerv trifft. Arbeitslosigkeit nimmt ihnen die Möglichkeit, für sich und ihre Familien die wirtschaftliche Grundlage selbst zu erarbeiten. Sie verlieren ihre beruflichen Fähigkeiten und Anerkennung. Sie werden gesellschaftlich ausgegrenzt und diskriminiert. Arbeitslosigkeit macht die, die es trifft, psychisch und physisch und auch wirtschaftlich kaputt und versetzt die, denen Arbeitslosigkeit droht, in Angst und Schrecken. Das dürfen Christen und Kirche nicht als unabwendbares Schicksal wort- und tatenlos hinnehmen.

Durch langandauernde Arbeitslosigkeit ist nach den aktuellen Einsparungen in öffentlichen Haushalten der Weg in die Einkommensarmut vorgezeichnet. In der sozialen Absicherung spiegeln sich die Hierarchien und Selektionsprozesse des Arbeitsmarktes wieder. Die durch Arbeitslosigkeit hervorgerufene Verarmung setzt sich in anderen Bereichen der sozialen Sicherung, vor allem bei der Altersversorgung, fort. „Je weniger ein Arbeitnehmer im Produktionsprozeß verdient und je weiter er vom normalen Arbeitsverhältnis entfernt ist, desto niedriger ist gemeinhin seine soziale Absicherung."[5]) Insbesondere dort, wo Arbeitszeitverkürzung ohne Lohnausgleich und Teilzeitarbeit umgesetzt werden, sind die Folgen für die soziale Sicherung genau zu bedenken. Das Gefälle vom Arbeitslosengeld über die Arbeitslosenhilfe und der damit einsetzenden „Bedürftigkeitsprüfung" bis hin zur Sozialhilfe ist verbunden mit immer

---

4) Gemeinwohl ..., S. 125f.
5) ADAMY, W., STEFFEN, J.: Finanzierungsprobleme des Sozialstaats in der Beschäftigungskrise; Sozialpolitik zwischen solidarischer Sicherung und marktkonformer Funktionalität, Regensburg 1990, S. 12.

stärkerem ökonomischen Druck und weiteren Ausgrenzungserfahrungen. Arbeitslosigkeit ist inzwischen der häufigste Grund für den Bezug von Sozialhilfe. Die unterschiedlichen sozialen Sicherungssysteme mit ihren unterschiedlichen Finanzierungen (Arbeitslosengeld aus Beiträgen zur Arbeitslosenversicherung, Arbeitslosenhilfe aus Mitteln des Bundeshaushalts, Sozialhilfe aus kommunalen Haushalten) verleiten in der Beschäftigungskrise immer wieder dazu, Defizite zwischen verschiedenen Haushalten zu verschieben und Einsparungen zu Lasten der Betroffenen vorzunehmen.

Ein Teil der von der Wirtschaft und der Wirtschaftspolitik vorgeschlagenen und auch schon eingeleiteten Maßnahmen zur Bewältigung der Massenarbeitslosigkeit gehen einseitig zu Lasten der Opfer der Krise. Das muß kritisch gesehen und gesagt werden. Arbeitslose empfinden es als zynisch, wenn ihnen nach Verlust des Arbeitsplatzes zusätzliche massive Einschränkungen und Disziplinierungen durch Absenkung der Lohnersatzleistungen und der Sozialleistungen zugemutet werden. Nach 20 Jahren Massenarbeitslosigkeit darf doch wohl nicht mehr der Eindruck erweckt werden, daß Arbeitslose an ihrem Schicksal selbst schuld seien.

Arbeitslosenhilfe und Sozialhilfe sind durch politische Entscheidungen bewußt zur Sicherung des Existenzminimums bestimmt worden. Wenn sie ständig in Höhe und Dauer zur Disposition gestellt werden, verunsichert das Menschen über den Kreis der Hilfeberechtigten hinaus in ihrem Vertrauen auf die Verläßlichkeit staatlicher Bestimmungen. Gleichzeitig nimmt sie diesen Menschen die Möglichkeit, für ihre eigene Zukunft und die Rahmenbedingungen zu planen. Gerade am Umgang mit den „Letzten" erweist sich – zumindest in kirchlicher Sicht –, ob und in welchem Maße die Orientierung an Menschenwürde und Gemeinwohl politisch gewollt und umgesetzt wird. Damit alle das Lebensnotwendige bekommen, in notwendiger Weise an Gütern und Chancen in der Gesellschaft beteiligt werden, sollen die Letzten zu Ersten werden – jedenfalls so sagt es die Bibel (Matth. 20). Eine gerechtere Verteilung ist die Voraussetzung für die Gemeinschaft aller.

Die gesellschaftlich destabilisierende Wirkung der Arbeitslosigkeit ist nicht zu unterschätzen. Steigende Gewaltbereitschaft und zunehmender Rassismus sind nur Signale von im Hintergrund ablaufenden weitreichenden Desintegrationsprozessen. Sich immer stärker ausbreitende

Dauerarbeitslosigkeit hat nicht nur zerstörerische Konsequenzen für die Existenz der unmittelbar Betroffenen, sondern wirkt auch zerstörerisch auf das demokratische Gefüge der Gesellschaft. „Bereits die Existenz dieser Schicht verschärft ... gerade bei denen die Deklassierungsängste, die ihr nicht angehören, aber für sich den sozialen Abstieg nicht mehr ausschließen können."[6] – Der ressentimentgeladene Protest und der Kampf der Unterprivilegierten untereinander sind bereits jetzt gesellschaftliche Realität. Eine genauere Untersuchung dieser Zusammenhänge ist eine aktuelle Aufgabe für Sozialforschung und christliche Gesellschaftslehre.

Zu Initiativen und Strategien gegen Arbeitslosigkeit

Offensive Initiativen und Strategien gegen Arbeitslosigkeit und ihre menschlich und gesellschaftlich zerstörerischen Folgen müssen möglichst nah an der Situation der betroffenen Menschen einsetzen. Nur so wird Arbeitslosigkeit und ihre Folgen realistisch wahrgenommen. Es wird verhindert, daß sie bagatellisiert und ihre wirkungsvolle Beseitigung zeitlich hinausgeschoben wird. Massenarbeitslosigkeit verursacht in einer Gesellschaft, die zentral durch Erwerbsarbeit strukturiert wird,

---

[6] Vgl. KRONAUER,M., VOGEL,B.: Erfahrungen mit Arbeitslosigkeit heute: Zwischen Chance auf Zeit und sozialer Ausgrenzung, in: SOFI-Mitteilungen Nr.20, Göttingen 1993, S. 12. Vgl. auch S. 11: „Die Existenz der sozialen Schicht der Dauerarbeitslosen stellt die Legitimität einer Gesellschaftsordnung in Frage, in der die Teilhabe am materiellen Wohlstand und an sozialer Anerkennung noch immer in einem entscheidenden Maße an die Voraussetzung gebunden ist, Erwerbsarbeit zu leisten. Je weniger die Gesellschaft in der Lage ist, diese Zugangsvoraussetzungen zu gewährleisten, je mehr sich also die Schicht der Dauerarbeitslosen ausweitet, desto schwieriger wird es, auch nur den Anschein der Legitimität aufrecht zu erhalten. Und je mehr sich das Bewußtsein verbreitet, daß in der Ausgrenzung vom Arbeitsmarkt eine allgemeine Krise der gesellschaftlichen Organisation und Verteilung der Erwerbsarbeit zugespitzt zum Ausdruck kommt, wird die Arbeitslosigkeit zum politischen Sprengstoff, der, wenn keine progressive Lösung des Problems gefunden wird, sich im ressentimentgeladenen Protest und dem Kampf der Unterprivilegierten untereinander zu entladen droht."
Bereits die EKD-Studie aus dem Jahre 1982 stellte fest, daß mit der Arbeitslosigkeit eine Krise der Gesellschaft verbunden ist. Vgl. „Solidargemeinschaft von Arbeitenden und Arbeitslosen" – Sozialethische Probleme der Arbeitslosigkeit – eine Studie der Kammer der Evangelischen Kirche in Deutschland für soziale Ordnung, herausgegeben von der Kirchenkanzlei im Auftrage des Rates der Evangelischen Kirche in Deutschland, Gütersloh 1983, 2. Auflage, S. 5.

eine Krise. Es ist unangemessen, den betroffenen Menschen zuzumuten, diese Krise individuell zu bewältigen. Die Kirche kann und darf solche Tendenzen zur Individualisierung des gesellschaftlichen Problems Arbeitslosigkeit nicht hinnehmen, oder sie sogar noch verstärken. Sie darf sich nicht auf moralische Appelle zur Akzeptanz der Arbeitslosen in der Gesellschaft beschränken, sondern muß dazu beitragen, daß die Auseinandersetzung mit der Arbeitslosigkeit von allen gesellschaftlichen Kräften solidarisch angegangen wird.

In der gesellschaftlichen Arbeitsteilung sind Wirtschaft und Wirtschaftspolitik primär für Vollbeschäftigung zuständig und verantwortlich. Sie haben dafür zu sorgen, daß alle, die es wollen, an Erwerbsarbeit beteiligt werden. „Es bleibt die vorrangige Aufgabe der Wirtschaft und der Wirtschaftspolitik, Arbeitsplätze zu erhalten und neue zu schaffen durch die Entwicklung neuer Produkte und die Erschließung neuer Märkte."[7])

Die Initiative der Kommission der Europäischen Gemeinschaften, mit einem Weissbuch eine europaweite mittelfristige Strategie für mehr Wachstum, Wettbewerbsfähigkeit und Beschäftigung anzuregen, zeigt, daß die Probleme hoher Arbeitslosigkeit zunehmend als umfassende politische Herausforderung gesehen werden. Die falsche Alternative zwischen arbeitsmarktpolitischen Einzelmaßnahmen und globaler Wachstumsförderung erscheint zunehmend überwindbar zugunsten integrierter Konzepte, die den erforderlichen Strukturwandel der europäischen Industriegesellschaften unterstützen und die Qualität des Wachstums und seine Beschäftigungsintensität als sich wechselseitig bedingende Faktoren sehen. Das Weissbuch der EG Kommission setzt auf eine „neue Solidarität zwischen denjenigen, die Arbeit haben und denjenigen, die arbeitslos sind sowie zwischen denjenigen, die ihr Einkommen aus Arbeit beziehen und denjenigen, die ihr Einkommen aus Kapital beziehen".[8]) Diese Zielvorstellungen decken sich an vielen Stellen mit den kirchlich entwickelten Forderungen. Die dort enthaltenen Anregungen erfordern neue Initiativen und Anstrengungen auf unterschiedlichen Handlungsebenen.

---

[7]) Beschluß der Synode der EKD 1993 „Arbeitsmarkt und soziale Verantwortung".
[8]) Kommission der Europäischen Gemeinschaften: Wachstum, Wettbewerbsfähigkeit, Beschäftigung – Herausforderungen der Gegenwart und Wege ins 21. Jahrhundert – Weissbuch, Brüssel 1993, S. 147.

Förderung des Strukturwandels durch eine globale Wachstums- und Beschäftigungspolitik

Neben die Unterstützung der Exportwirtschaft, gerade auch im Blick auf die mittel- und osteuropäischen Reformstaaten, gehört in diesem Zusammenhang auch ein ökologisches Modernisierungsprogramm. Dabei kommt es darauf an, öffentliche Ausgaben gezielt zur Infrastrukturverbesserung zu nutzen und verstärkt private Investitionen anzuregen. Umwelt-, Verkehrs-, Energie- und Informationstechnologien bestimmen langfristige Wachstumschancen. Eine beschäftigungssichernde Technologieentwicklung in diesen Bereichen zielt gleichzeitig auf die qualitative und quantitative Entwicklung. Es muß ein falsches Gegeneinander zwischen hochtechnischen Lösungen und Strukturinvestitionen in die Bereiche, die direkt das Leben der Menschen betreffen (Wohnraumversorgung, Wohnumfeldverbesserung, öffentlicher Personennahverkehr usw.), vermieden werden.

Förderung der Innovations- und Investitionsbereitschaft von Unternehmen

In den Unternehmen kommt es darauf an, die in den Mitarbeiterinnen und Mitarbeitern repräsentierten Leistungspotentiale zu nutzen und zu entfalten, um dauerhaft nachfragegerechte Güter und Dienstleistungen entwickeln zu können und zu produzieren. Dies bedeutet, daß in bestimmten Situationen erforderlicher Beschäftigungsabbau nicht von vornherein Arbeitslosigkeit für die betroffenen Mitarbeiterinnen und Mitarbeiter bedeuten darf. Intelligente Verbindungen zwischen Wirtschaftsförderung und Arbeitsmarktpolitik wären geeignet, die Entwicklung neuer Produkte und Dienstleistungen zu unterstützen und persönliche Umorientierung und Weiterqualifizierung zu ermöglichen.

Die vielfach geforderte engere Verzahnung von öffentlicher Forschung mit anwendungsbezogener Entwicklung in der Industrie hat eine personal- und arbeitsmarktpolitische Analogie. Dabei geht es nicht in erster Linie nur um eine schnelle und reibungslose Vermittlung auf unterschiedliche Arbeitsplätze mit ihren unterschiedlichen Qualifikationsanforderungen, sondern auch darum, die innovatorischen Impulse, die aus einer überlegten unternehmerischen Personalentwicklung hervorgehen, zu unterstützen. Dieses gilt sowohl für traditionelle Unternehmen, die sich im Strukturwandel umzuorientieren haben und erkennen müssen, daß Entlassungen nicht das geeignete Instrument zur Bewältigung des Strukturwandels sein können, als auch für neue Unternehmen und Existenzgründungen, die in der Anfangsphase nach einer besonderen Unterstützung suchen. Es ist unternehmerische Verantwortung Kapital und Menschen so zusammenzubringen, daß Produkte und Dienstleistungen entstehen, die den Bedürfnissen der Menschen gerecht werden. Öffentliche Förderung von Forschung und Entwicklung neuer Produkte sowie die bisher bei weitem nicht ausreichende öffentliche Förderung einer Personalentwicklung, die Arbeitslosigkeit vermeiden hilft, dürfen in den Unternehmen nicht nur zu Mitnahmeeffekten führen, sondern müssen zu unternehmerischen Initiativen auch tatsächlich genutzt werden.

Teilen von Arbeit und Einkommen als Weg zu mehr Beschäftigung

Das wirksamste Instrument gegen Arbeitslosigkeit, solange qualitatives Wirtschaftswachstum sie nicht abbaut, ist die Verteilung von Arbeit und Einkommen durch Arbeitszeitverkürzung und solidarischen Lohnausgleich. „Neue Formen reduzierter und flexibler Arbeitszeit, auch ohne vollen Lohnausgleich, sind eine Möglichkeit, Entlassungen zu verhindern und stattdessen durch solidarisches Teilen von Arbeit und Einkommen für möglichst viele Beschäftigte Arbeitsplätze zu erhalten. Durch solche Vorstöße werden neue Wege zur Bekämpfung der akuten Krise erprobt. Sie können nur gelingen, wenn von allen Beteiligten ideologische Blockaden überwunden werden. Es muß dabei dafür gesorgt werden, daß es zu sozial verträglichen Lösungen kommt."[9])

Massenentlassungen in einzelnen Unternehmungen und Industriezweigen können nur verhindert werden, wenn im Widerstreit der Interessen neue Konzepte, Arbeit, Einkommen und vor allem auch Vermögen zu teilen, gefunden und durchgesetzt werden. Durch verschiedene Formen reduzierter und flexibler Arbeitszeiten, auch ohne vollen Lohnaus-

---

9) EKD-Synode 1993.

gleich, können Entlassungen verhindert und für möglichst viele Beschäftigte Arbeitsplätze erhalten werden. Von solidarischem Teilen kann aber erst dann gesprochen werden, wenn in den betreffenden Unternehmen alle Beteiligten mit ihren Löhnen und Einkommen proportional gleichwertig dazu in Anspruch genommen werden.

Ausbau einer „überbrückenden Arbeitsmarktpolitik"

Bereits 1987 hat die Sozialkammer der EKD mit der Studie „Gezielte Hilfen für Langzeitarbeitslose" einen „integrierten Ansatz" zum Abbau von Langzeitarbeitslosigkeit gefordert. Dabei wird Langzeitarbeitslosigkeit übrigens nicht nur als Problem bestimmter leistungsgeminderter Gruppen auf dem Arbeitsmarkt verstanden, sondern auch im engen Zusammenhang mit technologisch und wirtschaftlich bedingten Strukturveränderungen und den sich daraus ergebenden veränderten Qualifikationsanforderungen. Langzeitarbeitslosigkeit ist auch eine Folge davon, daß Massenarbeitslosigkeit noch nicht gezielt genug wirtschaftspolitisch und arbeitsmarktpolitisch verhindert und bekämpft worden ist. Für die Lösung dieser schwierigen Probleme und Aufgaben sieht die Studie Möglichkeiten darin, in der Region oder vor Ort wirtschafts- und arbeitsmarktpolitische Instrumente und Programme sowie Finanzierungsprogramme grenzüberschreitend zwischen den verschiedenen Ressorts und Institutionen zu bündeln. Die Vorschläge dieser Studie wurden z.T. in den Sonderprogrammen der Bundesregierung zur Bekämpfung der Langzeitarbeitslosigkeit aufgegriffen. Die so angeregten Projekte haben gezeigt, daß in Zeiten des Arbeitskräftebedarfs (wie im Vereinigungsboom in den westlichen Bundesländern im Jahre 1990) auch leistungsgeminderte Langzeitarbeitslose durch konzertierte Förderung in den Arbeitsmarkt integrierbar sind.

Solange das Ziel der Vollbeschäftigung nicht realisiert ist, müssen durch zusätzliche arbeitsmarktpolitische Initiativen und Instrumente allen Menschen, die Arbeit suchen, Beteiligung an Erwerbsarbeit ermöglicht werden. Es ist menschlich und gesellschaftlich sinnvoller, Arbeit statt Arbeitslosigkeit zu finanzieren. Aktive Arbeitsmarktpolitik muß neue Strukturen öffentlich gestalteter Arbeit schaffen. Elemente der Lohnsubvention, der besonderen Förderung schwervermittelbarer Arbeitsloser und der Finanzierung von Sach- und Personalkosten beschäftigungsfördernder Einrichtungen in Betrieben, besonderen Gesellschaften und Projekten müssen aufeinander abgestimmt werden.

Als Ziel und Maßstab für die Gestaltung der Bedingungen und des Rahmens für neue arbeitsmarktpolitische Initiativen hat die EKD-Synode 1991 festgestellt: „Ziel muß es sein, den betroffenen Menschen neue Lebensperspektiven zu vermitteln, ihren Mut zur Eigeninitiative zu stärken und ihnen bei der beruflichen Umorientierung und Wiedereingliederung zu helfen. Vor Ort müssen dazu für jeden sichtbar und spürbar Möglichkeiten geschaffen werden, durch die die Betroffenen zu Beteiligten werden."

Neue beschäftigungs- und arbeitsmarktpolitische Instrumente können ihre Brückenfunktion in den Arbeitsmarkt nur erfüllen, wenn sie im Hinblick auf die Qualität der Arbeitsbeziehungen, die Beteiligung von Mitbestimmungsrechten der Beschäftigten und die tarifrechtlichen Eingruppierungen Mindestbedingungen erfüllen. Die Integrationschancen für Beschäftigte in öffentlich geförderter Arbeit nehmen zu, je mehr die Arbeitsverhältnisse regulären Beschäftigungsverhältnissen entsprechen. Weniger durch Disziplinierungsdruck, als vielmehr durch entsprechende Rahmenbedingungen, in denen die Oualität des Arbeitsauftrages und die Arbeitsbeziehungen sowie die Entlohnung motivieren, kann die gewünschte Eigeninitiative geweckt und gefördert werden.

Mindestbedingungen, um persönliche Bereitschaft zu Eigenverantwortung und Eigeninitiative sowie zur gesellschaftlichen Solidarität zu wecken, sind:

○ Neue Beschäftigungsverhältnisse und -gesellschaften müssen den dort Beschäftigten die Chance bieten, aus dem Trend einer zunehmenden Verarmung und Verschuldung infolge von Arbeitslosigkeit herauszukommen. Die Arbeit muß sich lohnen, d. h. es muß ein Einkommen erzielt werden, das deutlich über dem im Bundessozialhilferecht definierten Existenzminimums liegt.

○ Die Qualität der angebotenen Arbeit muß bisher Arbeitslosen den Erhalt ihrer Qualifikation oder berufliche Neuorientierung durch Fortbildung und Umschulung ermöglichen. In Erfüllung gesellschaftlich notwendiger Arbeit wird den Beschäftigten deutlich, daß sie mit ihren Fähigkeiten noch gefragt sind und gebraucht werden.

○ Die Entgelte für diese Arbeiten müssen tarifvertraglich vereinbart werden. Das vermittelt den dort Beschäftigten gesellschaftliche Anerkennung, die auch dadurch zum Ausdruck kommt, daß die Arbeitsverhältnisse im Sinne des Arbeitsrechtes gestaltet sind. Die Zahlung von Beiträgen zur Kranken- und Rentenversicherung stärken Eigenverantwortung und Zukunftsorientierung der Beschäftigten.

In diesem Zusammenhang muß aus kirchlicher Sicht und d. h. aufgrund vieler Gespräche mit Arbeitslosen, nicht zuletzt auch Langzeitarbeitslosen, darauf aufmerksam gemacht werden, daß die Forderung nach und Diskussion über Arbeitsloseneinstiegstarife, untertarifliche Bezahlung oder Schaffung von Niedriglohnsektoren die betroffenen Menschen stark verunsichert und entmutigt, statt ihre Eigeninitiative zu mobilisieren. Durch diese Diskussion und Begriffe fühlen sich Arbeitslose zusätzlich diskriminiert.

Auch wenn der Begriff des „zweiten Arbeitsmarktes" ursprünglich im kirchlichen Bereich entstanden ist, ist er jetzt doch als irreführend zu beurteilen und darum zu vermeiden.[10])

Er wird inzwischen dazu gebraucht, zweitklassige Arbeitsverhältnisse zu schaffen und zu rechtfertigen. Er kann auch von der Wirtschaft und der Wirtschaftspolitik als Rechtfertigung benutzt werden, um die eigene Verantwortung für bestimmte Gruppen von Arbeitslosen an andere gesellschaftliche oder politische Institutionen zu delegieren. Besser ist es von dem „einen" Arbeitsmarkt mit einem Anteil öffentlich geförderter Arbeit zu sprechen und auch entsprechend politisch zu handeln.

Elemente einer überbrückenden Arbeitsmarktpolitik sind:

○ Förderung inner- und außerbetrieblicher beruflicher Qualifizierung, die etwa durch Sozial- und Beschäftigungspläne mit anderen Instru-

---

[10]) Das Stichwort „zweiter Arbeitsmarkt"brachte die Studie „Solidargemeinschaft zwischen Arbeitenden und Arbeitslosen" 1982 in die Diskussion. Sie ging von der Einschätzung aus, daß vor allem die steigenden Qualifikationsanforderungen die Menschen vom Erwerbsleben ausschließen. Dieses träfe vor allem die, die eingeschränkt leistungsfähig sind und die sich ohnehin schwer in den Arbeitsmarkt integrieren ließen. „Um ihnen zu helfen, sollte neben dem Arbeitsmarkt ein sogenannter 'Zweiter Arbeitsmarkt' ergänzend hinzutreten, der denjenigen eine Erwerbstätigkeit ermöglicht, die sonst längerfristig arbeitslos, schwer vermittelbar und damit weitgehend unterstützungsbedürftig wären." Solidargemeinschaft ... S. 77.

menten zur Bewältigung des Strukturwandels oder der Beschäftigungsförderung zu verbinden ist;

○ Förderung von Einrichtungen zur Basisqualifikation und zur sozialen Stabilisierung besonderer Problemgruppen mit dem Ziel ihrer beruflichen Integration;

○ Schaffung und Stabilisierung von Einrichtungen zur sozialen Begleitung bzw. zur Beratung der Arbeitgeber bei der Beschäftigung von Personen aus Problemgruppen des Arbeitsmarktes;

○ Lohnsubventionen zum Ausgleich regionaler und branchenmäßiger Nachteile bzw. individueller Leistungsminderungen.

Eine besondere Dringlichkeit besteht zur Zeit für arbeitsmarktpolitische Initiativen und Instrumente, um Jugendlichen gute Ausbildungs- und Arbeitsplatzperspektiven zu eröffnen. Viele Auszubildende haben in diesem Jahr, vor allem in Großbetrieben, nach Abschluß der Ausbildung keinen Arbeitsplatz bekommen. Gleichzeitig reduzieren Unternehmen das Angebot an Ausbildungsstellen.

Identitätsfindung und Zukunftsorientierung hängen bei Jugendlichen in starkem Maße davon ab, ob sie das Gelernte auch anwenden können. Sie brauchen Berufserfahrung. Ohne diese wird ihre Ausbildung wertlos. Sie brauchen die Aussicht auf einen dauerhaften Arbeitsplatz. Geraten Sie unmittelbar nach der Ausbildung in die Arbeitslosigkeit, wird ihr gerade angeeignetes Wissen relativ schnell wertlos. Ihre Lebensplanung erhält durch die Arbeitslosigkeit einen oft schwer korrigierbaren Bruch.

In einzelnen Unternehmen gibt es inzwischen aber auch Modelle, durch die Jugendliche durch eine Kombination von Arbeit und Weiterbildung, Arbeitszeitverkürzung oder Teilzeitarbeit stufenweise eine Perspektive auf die Übernahme in ein Arbeitsverhältnis eröffnet wird.

Für die Zukunft von Unternehmen – und auch Regionen – ist es wichtig, daß in ihnen Jugendliche eine qualifizierte Berufsausbildung und berufliche Chancen bekommen. Sie sind das beste Konzept gegen Resignation, Apathie oder auch Radikalisierung unter jungen Menschen.

Ausblick

Die Bewältigung der in der Massenarbeitslosigkeit zum Ausdruck kommenden Krise, auch die Bewältigung der Finanzkrise, kann nur gelingen, wenn die Realität und Prognosen ohne Beschönigung oder Verharmlosung wahrgenommen, der politische Wille zur sozialen Gerechtigkeit deutlich erkennbar und die Bereitschaft zur Solidarität und auch zum Teilen geweckt und in Anspruch genommen wird.

Nur wenn Solidarität zugemutet wird, kann sie sich entfalten.

„Im christlichen Verständnis von Gerechtigkeit hat die Zuwendung zu den Armen und Benachteiligten immer einen höheren Rang eingenommen, als der Ausgleich zwischen Gleichen.... Suche nach Gerechtigkeit ist eine Bewegung zu denjenigen, die als Arme und Machtlose am Rand des sozialen und wirtschaftlichen Lebens existieren und ihre Teilhabe und Teilnahme an der Gesellschaft nicht aus eigener Kraft verbessern können. Soziale Gerechtigkeit hat insofern völlig zu Recht den Charakter der Parteinahme für alle, die auf Unterstützung und Beistand angewiesen sind. Von dieser vorrangigen Ausrichtung wird die Suche nach Gerechtigkeit in christlichem Verständnis bewegt und bestimmt. Sie erschöpft sich nicht in der persönlichen Fürsorge für Benachteiligte, sondern zielt auf den Abbau der strukturellen Ursachen für den Mangel an Teilhabe und Teilnahme an gesellschaftlichen und wirtschaftlichen Prozessen."[11])

Mit „tatkräftigen" Beispielen zur Realisierung von Gerechtigkeit und auch zum Teilen können Christen und Kirche zu der notwendigen Solidarität anstiften. „Vorbilder" sind nötig, die entschieden und überzeugend erste Schritte in diese Richtung tun. Größere Leistungskraft und Leistungserfolge der einzelnen verpflichten zu gemeinwohlorientierten Beiträgen. „Einer trage des anderen Last" (Gal. 6,2).

Eine gerechte, alle Menschen beteiligende Gesellschaft, in der friedliche und lebendige Formen des Zusammenlebens sich entwickeln und die Welt schöpfungsgemäß bewahrt und gestaltet wird, ist in der Ökumene als Ziel gemeinsamen Arbeitens und Lebens beschrieben worden. Dieses Ziel gibt den konkreten politischen Initiativen und Schritten – auch in der Bewältigung der Beschäftigungskrise – eine gemeinschaftstiftende und verheißungsvolle Richtung.

---

[11]) Gemeinwohl ..., S. 108.

Nachwort

Im Grunde benötigt diese Sammlung von zum Teil sehr unterschiedlichen Meinungen zur Beschäftigungspolitik kein Nachwort. Wenn dennoch ein Abschluß formuliert wird, dann deshalb, weil es reizvoll erscheint, in einer generalisierenden Schlußbilanz das Gemeinsame und das Trennende der verschiedenen Konzepte grob zu skizzieren.

Alle Autorinnen und Autoren eint der Ansatz, daß man den Menschen helfen muß: Helfen, einen Arbeitsplatz zu finden, und herauszuhelfen aus dem Schicksal der Arbeitslosigkeit. Einig ist man sich auch in der Feststellung, daß es unabdingbar ist, dabei mehr als bisher für die Erzeugung originärer Beschäftigung und damit verbunden für die Unternehmen zu tun.

Unterschiede ergeben sich – je nach Ausgangspunkt der Überlegungen – durch die Fristigkeit der gewählten Zielhorizonte: lang-, mittel- oder kurzfristig. Unterschiede ergeben sich zwangsläufig auch nach Art der gewählten Belastungen auf der einen – oder Entlastungen auf der anderen Seite, die das jeweilige Ziel finanzierbar machen sollen.

Bei der Bewertung der Strategien zum Arbeitslosigkeitsabbau sind, neben gemeinsamen Grundaussagen, z. B. zur notwendigen besseren Verzahnung einzelner Politikbereiche, deutliche Unterschiede bei der Bewertung der Maßnahmen künstlicher Beschäftigung auf einem „Zweiten Arbeitsmarkt" und des Umfangs derartiger Maßnahmen festzustellen. Meinungsunterschiede ergeben sich auch hinsichtlich der Einführung von abgesenkten Einstiegstarifen für Arbeitslose.

Es soll hier keine Bewertung des „besten Weges" erfolgen. Das verbietet die Neutralität eines Herausgebers, gerade auch wenn er einem „Lager" zuzurechnen ist. Das verbietet auch die Zuversicht, daß der Leser auf Grund des breiten Meinungsspektrums am Ende fähig ist, sich ein selbständiges Urteil über die geeigneten Wege und Instrumenten-Mischungen zu machen.

Das vorliegende Buch sollte die Fülle der Möglichkeiten, die heute diskutiert werden, anreißen. Bei der (bewußt vorgegebenen) Kürze der Beiträge mußten zwangsläufig Prioritäten gesetzt, zugleich Argumentationsketten abgekürzt und Nebenaspekte vernachlässigt werden. Damit ist der Leser aufgefordert, an den zentralen Stellen selbst weiter zu arbeiten, zu lesen, sich eine Meinung zu bilden.

Nachwort

Ich habe die Zuversicht, daß die beschäftigungspolitischen und arbeitsmarktpolitischen Aufgaben in ihrer Wichtigkeit für Gegenwart und Zukunft und vor allem in ihrer Komplexität erkannt werden. Es handelt sich bei den zu treffenden Entscheidungen nicht um akademische Übungen – es geht letztlich für Millionen von Menschen um die Teilhabe oder Nicht-Teilhabe am Arbeitsleben; es geht für tausende von Unternehmen um ein Überleben am Standort Deutschland.

Sozialpartner, Parteien, Gesetzgeber, Wissenschaft und Kirchen müssen gemeinsam dazu beitragen und dafür gerade stehen, daß dies gelingt.

Der Herausgeber

Problemlösungen
PERSONAL
Personalführung + Technik + Organisation

Qualifizierte Mitarbeiter mit hoher Leistungsmotivation sind der entscheidende Wettbewerbsfaktor für die Unternehmen. Die Anforderungen an Personalverantwortliche und an das Personalmanagement verändern sich.

PERSONAL informiert monatlich über wichtige Trends im Personalwesen, zum Beispiel über flexible Arbeitszeitmodelle. Die Themen werden wissenschaftlich fundiert und praxisnah aufbereitet, dafür stehen:

Die Herausgeber: Prof. Dr. Dres. h.c.
Eduard Gaugler, Mannheim
Robert Pfützner, München
Prof. Dr. Ernst Zander, Hamburg
Der Schriftleiter: Prof. Dr. Hans-J. Schneider, Forchheim

PERSONAL erscheint 12mal im Jahr, Abonnements und Probehefte bestellen Sie bitte beim:

Wirtschaftsverlag Bachem GmbH
Vertrieb PERSONAL
Ursulaplatz 1
50668 Köln